복음과 성령충만 II

임 덕 규 지음

기독교문서선교회

기독교문서선교회(Christian Literature Crusade: 약칭 CLC)는
1941년 영국 콜체스터에서 켄 아담스에 의해 시작되었으며
국제 본부는 영국의 쉐필드에 있습니다.
국제 CLC는 59개 나라에서 180개의 본부를 두고, 약 650여 명의
선교사들이 이동도서차량 40대를 이용하여 문서 보급에 힘쓰고 있으며
이메일 주문을 통해 130여 국으로 책을 공급하고 있습니다.
한국 CLC는 청교도적 복음주의 신학과 신앙서적을 출판하는
문서선교기관으로서, 한 영혼이라도 구원되길 소망하면서
주님이 오시는 그날까지 최선을 다할 것입니다.

Fullness of the Holy Spirit through Jesus Christ(II)

by
Duk-Kyu Im

Korean Edition
Copyright © 2011 by Christian Literature Crusade
Seoul, Korea

서문

  이 책은 하나님의 아들 예수 그리스도를 믿는 그리스도인이 복음·기도·성령충만·전도로 답이 나오도록 하기 위하여 쓴 것입니다. 특별히 책의 제목을 『복음과 성령충만』으로 정한 것은 복음 받은 그리스도인에게 복음과 성령충만에 관한 이해가 무엇보다도 중요하다고 생각하기 때문입니다. 그 이유는 제10장에서 자세히 설명할 것입니다.

  복음 받은 예수님의 제자는 **복음·기도·성령충만·전도로 답이 나와서 복음체질·기도체질·성령충만체질·전도체질을 만들어야 합니다.** 이것이 초대교회 그리스도 제자들의 모습이었습니다. 그래서 이러한 체질을 만들기 위해서는 날마다 그리고 반복해서 하나님의 아들 예수 그리스도 복음을 들어야 하고, 이 복음언약을 실천하는 기도를 24시간 드리되 무엇보다 성령충만을 구하는 기도를 정시로, 무시로 드려야 한다고 강조하는 것입니다. 물론 성령충만은 믿음으로 받습니다.

  특별히 이 책은 성령충만을 받는 기도에 대해서는 오늘의 교계에 너무나 잘못되고 오해되어 있는 비성경적 진리들이 많이 있기 때문에 성령에 대한 바른 이해를 서두부터 언급하고 성령충만의 의의·방법·체험여부 등에 관해서 자세히 언급하였습니다. 그리하여 기도 중에 최고의 기도, 반드시 받아야 할 성령충만 기도를 정시, 무시로 하도록 강조하고 있습니다.

물론 복음·기도·성령충만의 과정은 궁극적으로는 복음전도자로서의 삶을 목적한 것입니다. 복음전도는 주님의 지상명령이기 때문에, 복음전도가 예수제자의 삶의 목적과 방향이 되어야 합니다. 그래서 복음 받은 그리스도인이 복음으로 더욱 깊이 뿌리를 내리고 성령충만 받는 것은 전도자로서의 축복의 삶을 살고자 함인 것입니다. 이런 일련의 과정들이 예수님 제자들에게 있어서는 상시적으로 나타나는 체질이 되어야 하기에 이 책은 복음을 날마다 그리고 반복적으로, 끊임없이 듣고 복음신앙을 회복하여 기도함으로 성령충만을 받아 전도자로 사는 것을 강조하는 것입니다. 모든 예수님의 제자들은 그들 나름대로 성령충만의 비밀을 갖고 기도하여 성령의 권능으로 살아야하며, 또 자신의 직업과 지위에 합당한 전도자의 삶을 찾아내서 전도자로 살아야 합니다.

바라건대 이 책이 하나님의 아들 예수 그리스도 복음을 사랑하는 모든 예수제자들에게 어떻게 이 복음의 증인으로 사는 자가 될 수 있는가에 대한 제자훈련의 좋은 교재가 되기를 기원합니다. 이 책은 이런 의도로 복음을 어느 누구보다도 사랑하는 손동윤 안수집사님과의 7년에 걸친 교제의 결실입니다. 7년 동안 한결같이 동일한 복음과 성령충만, 기도 그리고 현장에서 그리스도 중인으로서의 삶을 목표로 기도하며 교제하였던 것입니다. 7년 동안 하나님의 아들 예수 그리스도 복음을 매주 듣고 삶을 나누며 기도하면서도 한번도 난순한 반복으로 생각되지 않고 신선한 교제이었던 것은 전적으로 하나님의 은혜였으며, 예수 그리스도 복음 속에 모든 것이 다 있다는 웅변적 증거였습니다.

이 책은 교재 사용의 편의와 반복 학습의 효과를 위해 1, 2권으로 나누었습니다. 서론과 복음의 개요, 복음의 실천으로서 기도 그리고 결론 부분은 1, 2권 모두 동일하게 수록하였습니다. 이것은 이 책의 의도가 복음·기도·성령충만·전도로 답을 내는 체질을 만들기 위한 의도와 부합되는 것입니다. 복음진리와 성령충만은 언제나 새로운 것입니다. 100년 동안 반복해도 새로운 것입니다. 그것은 하나님의 생명이요 우리가 사는 길이기 때문입니다.

끝으로 대학 학사행정의 바쁜 일과 가운데서도 기쁜 마음으로 제1부를 타자해 준 서예영 집사님에게 감사를 드립니다. 또 군 입대를 앞두고 이 책의 제2부를 타자해 준 박제웅 군에게 감사하는 바 입니다. 그러나 책의 내용의 장, 절을 정하고 적절하게 구분하여 책의 가치를 바로 드러내게 한 충성교회 부목사 박철동 목사님의 수고에 무한한 감사를 드리는 바입니다.

예수 그리스도, 저에게는 항상 황홀한 이름이고, 제 생명이며 저의 모든 것입니다. 모든 영광을 하나님과 그의 아들 예수 그리스도께 돌립니다.

2011. 9.
주 안에서 임덕규

FULLNESS OF THE HOLY SPIRIT THROUGH JESUS CHRIS

목 차

서문 5

제10장 서론: 복음과 성령충만을 함께 언급한 이유 19

제11장 복음의 개요 26
    1. 기독론적 복음과 구원론적 복음 27
    2. "인생 근본 문제 해결"로서의 복음 30
    3. "역사적인 그리스도의 사건"으로서의 복음 33

제12장 복음의 실천으로서 기도 38

제13장 복음을 선포하는 구약 45
    1. 구약의 메시아 사상: 구약은 복음이 자리 잡은 기초이다(Ⅰ) 46
    2. 구약의 메시아 사상: 구약은 복음이 자리 잡은 기초이다(Ⅱ) 49
    3. 유다 역사상 민족해방사건들과 그리스도 구원 운동 52
    4. 이스라엘의 역사는 메시아(그리스도) 생애의 그림자 55
    5. "임마누엘" 예수의 약속 58
    6. "보라 내가 새 일을 행하리니" 62
    7. 제2의 출애굽. 진정한 출애굽 64
    8. 구약 부활의 환상 67
    9. 제2의 출애굽. 어떻게, 어떤 수단을 통하여? 71

10. 그리스도의 고난과 영광　75

   11. 고난의 종의 모습　79

   12. "여호와의 종"의 "고난의 의의"　83

   13. (여호와의 종의) 고난에 대한 자세(Ⅰ)　88

   14. (여호와의 종의) 고난에 대한 자세(Ⅱ)　91

   15. (여호와의 종의) 고난의 결과　94

제14장 복음과 성령의 사역　99

   1. 성령의 나타남과 능력으로(Ⅰ)　100

   2. 성령의 나타남과 능력으로(Ⅱ)　103

   3. 성령충만의 결과: 다섯 가지 역사　106

   4. 구원은 하나님께서 성령으로 우리에게 인(印)치신 것임　110

   5. 새 남편 그리스도. 섬기는 방법은 성령으로!　113

   6. 복음과 성령　117

   7. 성령이 내주하시는 기독교의 독특성　121

   8. 성령을 따라 행하라　124

   9. 교회와 성령충만　128

제15장 복음과 그리스도인의 신앙　132

   1. 누가 그리스도인으로 부름 받는가?　133

   2. 복음에의 갈망　136

3. 회개와 신앙으로 "죄 사함"과 "성령의 선물"의 두 가지
   선물을 받는다 141

4. 예수 그리스도 터(기지) 위에 세운 건축 145

5. 기독교 신앙은 "사도들과 선지자들이 닦은 기초"위에 세워졌다 150

6. 복음 받은 자의 새로운 변화 153

7. 신앙이란 생각하는 일이다. 사고(思考)야 말로 신앙의 본질이다 157

8. 신앙이란 본질적으로 활동적인 것, 신앙은 직면한 문제에
   적용하는 것이다 160

9. 믿음의 본질(Ⅰ) 163

10. 믿음의 본질(Ⅱ) 165

11. 믿음의 본질(Ⅲ) 169

12. 믿음의 본질(Ⅳ) 173

13. 그리스도 안에서 소원, 주님도 인정 176

14. 복음(福音)전도의 필요성 180

15. 전도의 내용 183

16. 복음 사역은 하나님의 단독 역사(單獨役事) 186

제16장 복음과 교회, 말씀, 율법, 아담과의 대조 189

1. 하나님이 자기 피로 사신 교회 190

2. 교회는 복음진리의 게시판 194

3. 주와 그 은혜의 말씀께 부탁 198

4. "자기 은혜의 말씀": 복음에 대한 고상한 정의 202

5. 말씀이 왕성하여, 말씀은 흥왕하여 205

6. 그리스도는 하나님의 모든 약속의 성취자 209

7. 율법과 복음의 상관관계　213

8. 율법의 기능: 범죄를 더하게 하려함, 범법하므로 더한 것　217

9. 아담의 원죄설(原罪說)과 예수그리스도 복음　220

10. 아담은 그리스도의 모형　223

11. 죄(罪)의 의인화(擬人化)　226

12. 아담과 그리스도의 대조(더욱 효과적, 압도적 우세의 그리스도)　229

13. 아담과 그리스도의 비교, 유사성　232

14. 사망의 왕국과 은혜의 왕국　236

제17장 성령충만의 내용(Ⅱ)　241

1. 복음과 성령(Ⅰ)　242

2. 복음과 성령(Ⅱ)　247

3. 생수의 강, 성령　251

4. 성령충만의 요약(Ⅰ)　256

5. 성령충만의 요약(Ⅱ)　261

6. 성령충만의 요약(Ⅲ): 성부 하나님에 의한 성령의 통치(Ⅰ)　265

7. 성령충만의 요약(Ⅳ): 성부 하나님에 의한 성령의 통치(Ⅱ)　269

8. 성령충만의 요약(Ⅴ)　273

9. 성령충만의 요약(Ⅵ): "성령충만은 어떤 체험이 따르는가?"　277

제18장 결론　281

후기　292

FULLNESS OF THE HOLY SPIRIT THROUGH JESUS CHRIS

[복음과 성령충만 Ⅰ권 목차]

서문 5

제1장 서론: 복음과 성령충만을 함께 언급한 이유 19

제2장 복음의 개요 26
    1. 기독론적 복음과 구원론적 복음 27
    2. "인생 근본 문제 해결"로서의 복음 30
    3. "역사적인 그리스도의 사건"으로서의 복음 33

제3장 복음의 실천으로서 기도 38

제4장 성령충만에 대한 기본적인 이해 45
    1. 성령에 대한 개요(Ⅰ) 46
    2. 성령에 대한 개요(Ⅱ) 51
    3. 성령에 대한 개요(Ⅲ) 59
    4. 성령에 대한 개요(Ⅳ) 66
    5. 성령충만의 의의·필요성·불충만의 죄 72
    6. 성령충만 누가 주시는가? 78
    7. 성령충만 받는 방법·결과 86

8. 성령충만 체험과 식별 92

9. 성령의 역사에 대한 중요사항 요약(Ⅰ) 99

10. 성령의 역사에 대한 중요사항 요약(Ⅱ) 105

제5장 복음의 의미와 본질 111

1. 복음의 의미(Ⅰ) 112

2. 복음의 의미(Ⅱ) 115

3. 복음의 의미(Ⅲ) 118

4. 십자가에 못 박힌 그리스도 121

5. 복음. 누구든 깨달을 수 있는 분명하고 객관적인 신적 계시 123

6. 복음. 큰 기쁨의 좋은 소식 126

7. 복음. 영원한 다윗 왕국(곧 그리스도 왕국, 혹은 하나님의 나라)의
성립과 통치의 기쁜 소식 129

8. 의의 태양 131

9. 예수님이 세상에 오신 목적 134

10. 예수는 그리스도 하나님의 아들 136

11. 복음(福音)은 기쁜 소식(Ⅰ) 138

12. 복음(福音)은 기쁜 소식(Ⅱ) 140

13. 복음(福音)은 기쁜 소식(Ⅲ) 143

14. 복음(福音)은 기쁜 소식(Ⅳ) 145

15. 복음. 세상의 모든 신비를 초월한 경건의 비밀 148

제6장 복음의 중심인 예수 그리스도 153

1. 예수 그리스도 복음의 시작: "회개의 복음" 154
2. 예수님의 삶(공생애 사역)·죽음·부활이 복음 구성 157
3. 그리스도의 죽음과 부활. 이 사실의 증인으로 사도들을 세움 160
4. 하나님의 아들 그리스도의 표적. 죽음과 부활 164
5. 예수님이 그리스도 되심의 표적. 죽음과 부활 168
6. 그리스도의 부활을 믿는 것(Ⅰ) 172
7. 그리스도의 부활을 믿는 것(Ⅱ) 175
8. 그리스도의 부활을 믿는 것(Ⅲ) 178
9. 예수님은 부활과 심판의 주. 예수 천당 불신 지옥 181
10. 그리스도로 취임. 최초의 그리고 결정적인 통치조치로
    성령을 부으심 184

제7장 복음의 언약과 핵심인 대속 187

1. 복음, 그 영원성. 영원 전부터 있었던 비밀의 경륜 188
2. 하나님의 계획과 인간의 악함의 결과 191
3. 복음은 은혜 언약이다 194
4. 복음의 핵심. 속죄의 본질은 "대속" 198
5. 죄와 용서(Ⅰ) 202
6. 죄와 용서(Ⅱ) 206
7. 전 복음의 내용, 그것은 "그리스도 예수께서 죄인을
   구원하시려고 세상에 오신 것"을 가리킨다 210

제8장 성령충만의 내용(Ⅰ) 214

   1. 성령충만을 받자! 215

   2. 믿음으로 성령충만 219

   3. 성령을 받은 증거 223

   4. 성령 강림의 약속 225

   5. 오순절 성령 강림의 의미 228

   6. 오순절 성령 강림의 목적 231

   7. 성령충만을 구하는 가장 좋은 기도 234

   8. 하나님은 신자들에게 성령이 공급되도록 성령을 다스리신다 237

   9. 바울의 기도 240

   10. 성령의 능력으로 소망 충만 243

   11. 성령충만 받기 위해 계속해서 주 예수께 나오라! 245

   12. 성령으로 기도, 성령으로 봉사 248

   13. 성령의 인도 250

   14. "성령충만"이란 정상적인 그리스도인의 생활을 말한다 255

   15. 성령충만 받음으로 신자는 "성화"되어간다. 죄를 이긴다 258

   16. 성령의 인도 받으려고 몸부림치면! 261

   17. "성령을 받으라" 264

   18. 성령의 보증 그리고 확신 266

   19. 성령의 직무는 복음. 복음은 영의 직분 270

   20. 피 위의 기름, 그리스도의 보혈에 힘입은 성령의 역사 273

제9장 결론 278

후기 288

- 이 교재를 사용하는 방법 -

1. 통독은 자유

이 교재를 통독하는 것은 자유입니다. 그러나 이 교재의 본래 목적은 통독이 그 목표는 아닙니다.

2. "네 가지 체질을 만들어라"

이 교재의 목적은 복음체질·기도체질·성령충만체질·전도체질을 만드는데 있습니다.

3. 반복이 중요하다.

복음은 인생 모든 문제의 해답이기 때문에, 진도가 중요하지 않고 복음·기도·성령충만·전도를 반복하는 것이 중요합니다.

4. 한 가지 주제만을 가지고 나누라.

예컨대, 제1장은 1장만 다루고, 제2장은 각 절마다 별도로 다루고, 제3장은 3장만, 제4장 이하는 각 절마다 한 주제로 결론이 되어 있으므로 한 가지 주제만을 가지고 나눌 것입니다.

5. 사전에 성령충만을 위해 기도하라.

인도자는 당일 교제할 주제를 읽고 묵상한 후 성령의 인도를 받도록 30분 이상 사전에 기도할 것입니다. 인도자가 성령충만을 받고 성령의 영감을 얻어야 교제가 살아날 것입니다.

6. 먼저 한 주의 삶을 나누라.

복음교재를 읽고 나누기 전에, 한 주 동안 현장에서 체험한 복음적인 삶을 나눌 것입니다.

7. 성령의 음성을 들으라.

복음적인 삶을 나눌 때에 서로에게 필요한 하나님의 은혜를 성령의 감동으로 깨달을 것입니다.

8. 복음교재를 읽고 언약의 메시지를 붙잡으라.

복음교재를 읽고 자신들의 삶 속에 필요한 언약의 메시지를 붙잡을 것입니다.

9. 기도하라.

먼저 언약의 메시지를 붙잡고 기도할 것이며, 동시에 성령충만을 받도록 기도할 것입니다. 무엇보다도 한 주 동안 현장에서 응답받을 기도제목을 정하고 합심하여 기도할 것입니다.

10. 현장에서 기도응답을 발견하고 증인으로 살라.

합심하여 기도한 내용이 현장에서 응답되지 않는다면 우리의 교제는 힘을 잃을 것입니다. 성령충만 받고 기도응답의 현장에 나갈 때 준비된 하나님의 은혜를 발견할 것이며, 그 은혜의 증인으로서 사랑과 섬김의 삶을 살 것입니다.

제 10 장
서론: 복음과 성령충만을 함께 언급한 이유

체질을 만들어라
복음체질
기도체질
성령충만체질
전도체질

저자는 평소에 하나님의 아들 예수 그리스도 복음 받은 신자들이 복음과 성령, 복음과 성령충만을 분리시켜서 신앙생활하고 있는 것이 아닌가 하는 의구심을 갖고 있다. 복음주의자는 성령의 역사를 별로 강조하지 않거나, 더욱이 성령충만을 지속적으로 받아야 한다는 사실에 관심이 없거나 적은 것이 아닌가 생각하고 있다. 그렇다면 아무 능력 없는 신자가 될 수 밖에 없다. **복음과 성령충만 속에 모든 축복이 다 들어있다.** 복음 받은 그리스도인이 성령충만 받고 복음을 누려야 전도의 열매를 맺고 살 수 있다.

한편 **불건전 신비주의는 성령을 예수 그리스도 복음에서 독립시켜 취급하고 있다.** 불건전 신비주의는 예수 그리스도를 중심하여 내세우는 것보다 성령을 중심한다. 성령의 은사중심으로 활동한다. 그러나 성령은 그리스도를 전파하기 위하여 사역하는 만큼 성령의 모든 사역이 언제나 예수 그리스도를 중심하는 것이다(요 15:26).

예수 그리스도와 성령, 복음과 성령충만은 분리되어서는 안 된다. 복음과 성령충만은 불가분리의 일체다. **하나님은 그의 택하신 자들을 구원하시고자 계획하셨을 때 두 가지 방법을 채택하셨다. 즉 그들을 위해 자기 아들을 주시는 것과 그들에게 그의 영을 주시는 방법이다.** 그렇게 하심으로서 성삼위 하나님이 각기 영광을 받으시는 것이다. 그러므로 하나님께서 죄가 세상에 들어올 때부터 그의 백성들에게 두 가지 주된 약속을 해주셨으니, 곧 그의 아들을 보내사 죽게 하시겠다는 것과 또한 그 아들의 활동이 열매 맺도록 하시기 위해 그의 성령을 보내시리라는 것이었다. 이처럼 우리의 구원은 성부, 성자, 성령 삼위일체 하나님의 사역이며, 결코 나누어서는 안 된다. 복음과 성령충만을 분리해서는 안 된다.

그러므로 하나님의 아들 예수 그리스도 복음과 성령은 결코 독립시켜 취급하면 안 되고 복음은 성령이 임하게 되는 지반인 것을 알아야한다. **예수 그리스도 복음은 성령께서 이 세상에서 역사하는 지반이다.** 복음은 영의 직분인 것이다. 성령님의 직무가 복음이요, 복음으로 말미암아 성령의 역사가 사람들에게 나타난다. **성령님은 오로지 복음을 통해서만 사람들에게 역사한다.** 그러므로 사람들이 성령님의 역사를 입고자 한다면, 그 사람은 복음을 항상 들어야 하고, 복음을 믿어야 한다. **복음 받은 그리스도인이 계속해서 성령으로 충만하기 위해서는 계속해서 그리스도께 와야 한다**(요 10:37-39). 그래야 복음의 열매인 전도의 결실을 거둘 수 있다.

그러므로 한국 교회, 더 나아가 세계 모든 교회에서 수행하는 그리스도 제자 훈련의 요체는 예수 그리스도 복음과 성령충만을 바르게 이해하고 믿어 둘 사이의 관계를 분리시키지 않으면서 **"오직 복음과 오직 성령", "오직 그리스도와 오직 성령충만"으로 답이 나와야 한다**고 굳게 믿는 것이다. 그리스도 제자는 매일, 매순간 예수 그리스도 복음을 듣고 신앙을 회복하고, 이 신앙으로 성령충만을 매일 매순간 구해야 한다고 믿는다. 다시 말하면 참되게 예수님을 하나님의 아들 그리스도로 믿는 복음 받은 신자는 그 다음에 해야 할 최고의 과업이 즉시 예수 그리스도 이름으로 성령충만을 구해야 한다는 말이다. 성령충만을 한번만 구하는 것이 아니라, 시간만 나면 구하되 무시로 정시로 구해야 한다는 것이다. 복음에서 성령이 떠나면, 그 순간 복음은 죽은 문서에 불과한 것이다.

복음 받은 모든 그리스도인들에게 성령충만은 선택사항이 아니라 절대적 의무사항이다. 아무리 복음을 참되게 받은 신자라도 성령충만 없이는 그리스도의 삶을 사는데 실패할 수 밖에 없다. 성령충만하지 않는 것은 신자에게는 죄인 것이다. 복음 받은 신자는 우리 구주 예수 그리스도로 말미암아 성령을 풍성히 부어주시도록 언제나 구해야 한다. **성령충만은 믿음으로 받는다.** 복음을 통해 부어주시는 풍성한 성령의 능력으로 선을 행하고 사탄과 죄악을 정복한다. 소위 영력·지력·체력·경제력·인력을 얻는다. 기적의 능력이 나타나게 되어있다. 이럴 때 신자는 전도자로 삶을 살 수 있다.

복음과 성령, 예수 그리스도와 성령은 분리될 수 없다. 하나님께서 연합시켜 놓은 일체의 관계를 인간이 분리시킬 수 없다. 오직 그리스도의 십자가만이 성령충만을 가능케 한다. 그 모든 전제조건이 십자가 공로에 의해서 주어지는 선물이다. 우리를 성령으로 충만케 하기 위해서 예수님이 십자가에서 대속의 죽음을 받으셨다. 예수의 보혈은 우리의 죄를 정결케 하는 동시에 우리를 성령의 기름으로 충만케 한다. 그리스도의 피가 의롭게 하는 능력을 나타내는 그 곳에, 성령의 기름이 성결케 하는 역사를 나타낸다(레 14:14-17). "피 위에 기름이 부어진다." 그러므로 다시 강조하거니와 복음과 성령, 예수 그리스도와 성령, 복음과 성령충만을 분리시키지 말 것이다. **복음충만, 예수충만, 성령충만은 일체다. 복음 받은 그리스도인은 계속해서 성령으로 충만하기 위해 계속해서 우리 주 그리스도께 와야 한다.** 복음언약을 붙잡고 계속 기도한다. 문제가 오면 더 복음언약 속으로 들어가 성령충만을 받으며 기도하면 된다. 기적이 일어나게 되어있다. 이렇게 복음을 제대로 누릴 때 전도자로서 열매 맺는 삶을 살 수 있다.

복음과 성령충만. 나눌 수 없을 뿐만 아니라 끊임없이 복음을 듣고 성령충만을 구해야 한다. **죄의 현존과 시간의 흐름이라는 두 가지 요인 때**

문에 어떤 인격적인 관계나 영적인 체험도 자율적 영속성을 지닐 수 없다. 각각은 계속해서 영양분을 공급하고 유지하고 부채질을 해주어야 불꽃을 보존할 수 있지, 그렇지 않으면 사라지고 말게 되어있다. 인격적인 것과 영적인 것에 적용되는 엔트로피(질서도를 떠난 무질서도)의 경로는 몰락과 죽음을 향해 가거나 위축되고 추한 모습(예컨대, 형식주의화 되거나 일상화 된 모습)을 향하고 있다. 반복을 하다보면 비범한 것도 평범하게, 혁명적인 것도 일상적인 것으로 변해버린다. 예수 그리스도는 자유롭고 신선한 분이지만, 기독교는 종종 형식적이고 죽어있거나 혹은 경직되어 있는 것이다. 그리하여 그리스도 교회와 신자는 이런 반복되는 일상의 형식에서 벗어나기 위해 힘을 다해 날마다 복음을 마음 중심에 받고 성령충만을 받아야 한다. 그래야 성령의 권능을 받고 땅 끝까지 이르러 그리스도의 증인이 될 수 있다. 그리스도의 제자로 세워질 수 있다.

복음과 성령충만. 지속해서 복음을 듣고 즉 반복하여 복음을 들으면서 무시로 정시로 성령충만을 구해야 한다. **그리스도 교회와 하나님 백성에게는 항상 복음진리를 저버리고 타락하는 경향이 있다.** 이에 대한 좋은 예가 구약성경에 나온 유대인들이다. 오랫동안 지속되는 전통과 반복되는 습관이 진리의 자리를 빼앗는 것이다. 그래서 20세기 최고의 복음주의 설교자 로이드 죤즈는 "오늘날 개신교는 16세기 초창기 개신교와 거의 정반대가 되었다."고 개탄한 바 있었다. 예수 그리스도 복음과 성령충만의 진리는 자유롭고 신선한 능력이나 조직을 갖춘 그리스도 교회는 그 조직으로 진리를 질식시켜 버린 것이다. 오늘날 소위 개혁주의 교회라고 하면서도 "오직 믿음", "오직 그리스도", "오직 은혜"의 개혁주의 모토를 실천하는 교회는 찾아보기가 매우 어렵게 된 것이 오늘의 그리스도 교회의 현실이다. 한국의 한 유명한 목사님은 그의 원로목사 추대식에서 한국교회의 진리 이탈을 이렇게 지적하였다. "그리스도 교회 찬양은 노래방 수준이고, 설교사역은 심리치료사로 변질되었다."

복음과 성령충만. 365일 반복해서 복음을 듣고 성령충만을 구해야 한다. 그리스도 교회는 365일 예수 그리스도 복음을 선포해야 하고, 성령충만을 받도록 기도해야 한다. 그리스도 제자를 양육하는 교사는 자신부터 복음과 성령충만으로 답을 내고, 섬기는 제자들과 365일 예수 그리스도와 성령충만 그리고 복음전도를 중심으로 교제해야 한다. **365일, 아니 10년, 20년간 예수 그리스도 복음을 주제로 나누어도 다함이 없을 때, 그들은 초대교회에서 세워졌던 복음과 성령으로 충만한 예수제자들이 될 수 있을 것이다.** 예수 그리스도 복음과 성령충만이 주제가 아니고 기타 주제가 교제의 중심이 되었을 때 그 제자훈련은 큰 열매를 맺지 못하게 될 것이다. 제자훈련에 기독교의 윤리나 리더십, 그리고 그리스도인의 성품 등에 관한 항목이 중요할 수 있지만, 이런 모든 주제들이 궁극적으로 예수 그리스도를 지향하는 것이 아니면 그것은 그리스도의 제자가 아닌 다른 제자가 될 수 있다. 예수 그리스도 복음 받은 제자가 나름대로 성령충만의 비밀을 터득하지 않는 한, 예수제자훈련은 열매를 맺을 수가 없을 것이다. 모든 설교, 모든 그리스도 안에서의 양육과 교제의 중심에는 항상 예수 그리스도가 계셔야 하며 예수 그리스도로 말미암아 성령충만을 받아야 한다. 복음전도를 목표로 하여야 한다.

복음과 성령충만. 100년 동안 반복해서 복음을 듣고 성령충만을 구해도 우리는 여전히 목마른 존재다. 인간은 전적으로 죄인인 것이다. 비록 구원 받은 그리스도인이라도 여전히 죄가 그 자신 안에 잔존해 있는 존재이다. 그러므로 **우리는 스스로 구원을 얻을 수 없고 오직 믿음을 통한 은혜로 말미암아 구원을 얻는다**. 유대인들과 현대교회가 잘못된 이유는 이 진리를 망각했기 때문이다. 그리스도 교회의 모든 문제들은 궁극적으로 우리가 하나님의 아들 예수 그리스도 복음신앙과 성령충만의 진리를 저버리고, 또한 인간이 전적으로 죄인이라는 사실을 망각하기 때문인 것이다. 하나님의 아들 예수 그리스도 복음 받은 그리스도인은 마땅히 예수 그리스도로 말미암아 성령충만을 받아 그의 삶에서 성령이 충만히 흘러넘치는 삶을 살아야 한다. 그래야 복음전도의 열매를 맺을 수 있다. 이것이 권능 받은 그리스도 증인, 전도자의 삶이다.

예수는 그리스도 하나님의 아들. 예수님은 하나님의 아들 그리스도시라는 증거로 죽은 자 가운데서 부활하셨다. 부활하신 예수님은 하나님 보좌 우편에 앉아 그리스도로 통치하시면서 우리에게 성령을 보내주셨다. 예수님은 지금 성령을 통해서 우리와 함께 하신다. 그러므로 우리에게 성령충만을 받으라고 명령하신다. 성령충만은 믿음으로 받는다. 성령충만 받아 성령의 권능으로 땅 끝까지 증인이 되라고 명하신다. 복음전도자로서 살라고 명하시는 것이다. 각인에게 합당한 전도자로서의 삶을 찾아내야 한다. 그러므로 우리 모두는 즉시 성령충만을 받도록 기도할 것이다. 때를 얻든지 못 얻든지 복음을 전할 것이다.

※ 성령충만을 받도록 어떻게 기도할 것인가? "제12장 복음의 실천으로서의 기도"의 마지막 부분(pp.43-44)에 성령충만을 구하는 기도의 한 예시를 수록하였다. 참고하여 기도할 것이다. 이 성령충만을 구하는 기도는 모든 그리스도인 교제에 있어서 빠뜨리지 말고 반드시 해야 할 우선순위 사항이다. 기도하고 또 기도하기 바란다.

제 11 장
복음의 개요

체질을 만들어라
복음체질
기도체질
성령충만체질
전도체질

1. 기독론적 복음과 구원론적 복음

"**예수, 그는 누구인가?**", "**예수, 그는 무엇을 하셨는가?**"에 대한 답이 복음이다. 인간은 예수님이 누구인가를 알고 믿을 때에 구원을 얻는다. 인간이 예수님을 알지 못하면 예수님이 하신 일은 그 사람에게 효과를 내지 못한다.

"**예수, 그는 누구인가?**" **예수님은 하나님의 아들**이시다. **예수님은 그리스도**이시다. 이것이 복음이다. 소위 기독론적 의미의 복음이다. 예수님이 그리스도라고 할 때 그리스도는 인생문제 해결의 직함이다. 선지자·제사장·왕의 직함을 그리스도라고 한다.

하나님은 택한 백성 이스라엘을 구원하시기 위해서 선지자, 제사장, 왕을 보내셨다. 이들은 모두 기름을 부어 구별하여 세우셨다. 이 기름부음 받은 자를 히브리어로 '메시아'라고 한다. 그러므로 위의 세 직분은 부분적 메시아아로 앞으로 오실 온전한 메시아를 예표한 것이다. 때가 차매 하나님께서 예언대로 보내신 온전한 메시아가 왔으니, 곧 '예수'님인 것이다. 예수님은 한 몸에 선지자·제사장·왕의 3직을 수행하셨으므로 예수님을 그리스도라고 하는 것이다. 그리스도는 메시아에 대한 헬라어 표현이다.

그러므로 예수를 믿는다는 것은 예수를 그리스도(메시아)로 믿고 영접하는 것이다. 예수 그리스도를 믿는다는 말은 예수를 그리스도로 믿는다는 말과 같다. 인간은 예수님을 그리스도로 바로 알고 믿을 때 구원을 얻는다. 예수님이 그리스도이심을 알고 믿을 때 예수님께서 하신 일이 그 사람에게 효과를 가져오는 것이다. 그러면 예수님께서 하신 일은 어떤 것인가? 예수님께서 지상에 오셔서 하셨던 구원의 사역은 무엇이었는가? **"예수, 그는 무엇을 하셨는가?" 예수님은 우리 죄를 대신해서 죽음을 당하시고 다시 살아나셨다.** 이것이 복음이다. 소위 구원론적 의미의 복음이다. 예수님은 우리 죄를 대신해서 십자가에서 피 흘려 죽으시고 장사한지 사흘 만에 다시 살아나셨다. 이 그리스도의 죽음과 부활의 사역이 예수님께서 이 세상에 오셔서 하신 일의 핵심이다. 구약성경의 모든 예언의 핵심이 바로 그리스도의 죽으심, 곧 그리스도의 십자가로 모아졌는데, 예수님이 구약성경의 예언대로 죽으시고, 또 성경대로 살아나심으로 구약에서 예언된 그리스도의 사역을 완성하셨다. 이 **그리스도의 죽음과 부활의 사역을 '그리스도의 사건'이라고 한다.** 그리스도의 사건이 구원론적 복음의 중심이다.

그러므로 구약에서 예언된 메시아(기름부음 받은 자, 그리스도)는 반드시 그리스도의 사건을 일으킬 때, 그는 메시아(그리스도)로 인정받게 되어 있었다. 그리스도의 사건, 곧 죽음과 부활의 사건을 일으킨 자만이 그리스도의 자격을 갖춘 자가 되고, 인류의 구세주가 될 수 있는 것이다. 어느 한 개인이 나타나서 자신이 그리스도임을 인정 받으려면, 그는 구약성경대로 인류의 모든 죄를 대신해서 담당하여 죽고, 또 구약성경대로 3일 만에 다시 살아나야 그는 그리스도의 자격을 갖춘 인류의 구원의 구세주가 될 수 있다.

인류 역사상 오직 한분, 2000년 전 팔레스타인에서 태어나신 예수님 한 분 만이 구약성경에서 예언된 그리스도의 죽음과 부활의 사역을 완성하시었다. 예수님은 구약성경대로 우리 죄를 위하여 죽으시고 장사 지낸바 되셨다가 구약성경대로 사흘 만에 다시 살아나신 것이다(고전

15:3-4). 예수님은 본래 하나님의 아들의 신분이셨으나 육신으로는 다윗의 혈통에서 나셨고, 성결의 영으로는 죽은 자들 가운데서 부활하사 능력으로 하나님의 아들로 인정되셨다.

예수님은 그리스도시요 살아계신 하나님의 아들이신 것이다. 이것이 복음이다. 기독론적 복음과 구원론적 복음은 동전의 앞뒤 양면과 같은 것이다.

예수는 그리스도 하나님의 아들. 예수님은 하나님의 아들 그리스도라는 증거로 죽은 자 가운데서 부활하셨다. 부활하신 예수님은 지금 성령으로 우리 가운데서 역사하신다. 그러므로 성령충만을 받으라고 명령하셨다.

우리 모두는 그 나름대로의 성령충만의 비밀을 체득하여 성령충만을 받도록 기도할 것이다. 성령의 권능 받고 현장에 나가 예수 그리스도의 증인이 될 것이다. 모든 예수님의 제자들은 생활현장에서 그만의 합당한 전도자의 삶을 살아야 한다. 기도하고 기도하기 바란다.

2. "인생 근본 문제 해결"로서의 복음

인생의 근본문제는 하나님께서 인류에게 맺어준 첫 언약(창 2:17)을 파기함으로 일어나게 되었다(창 3:7-8). 인류에게 맺어주신 하나님의 첫 언약을 행위언약이라고 한다. 이 언약에서 하나님은 아담과 아담에게 대표된 그 후손들에게 생명을 약속하셨다. 그 약속은 그들의 완전한 개인적 순종을 조건으로 하신 것이다.

그러나 인류의 시조 아담과 하와는 사탄의 간계와 유혹을 받아 금지된 실과를 먹음으로 범죄하였다. 이 범죄로 인하여 그들은 본래 가졌던 의를 잃었고, 하나님과의 교제도 끊어졌다. 곧 하나님을 떠나게 되었다. 그리하여 그들은 사망에 이르게 되었고, 그들의 영혼과 육신의 모든 부분과 모든 기능이 전부 더러워졌고 죄와 사탄의 종이 되었다.

그들은 인류의 뿌리인 고로 그들의 모든 후손들에게 그 첫 범죄의 죄책이 전가되었고, 죄로 인한 그 동일한 죽음과 부패된 성품이 대대로 유전되어 내려온다. 그렇게 되는 것은 그 후손들이 그들에게서 보통 생육법으로 출생되었기 때문이다. 인류가 선에 대하여는 전적으로 배격하며 무능해졌고, 악에 대하여는 전적으로 기울어지게 된다. 이것이 본래의 부패성, 곧 원죄이다. 여기서 본인들의 모든 자범죄들이 나온다.

이것이 마귀의 유혹으로 하나님께 범죄하여 하나님과 교제가 상실된 인간의 모습이다. 그러므로 인간의 근본문제는 인간이 하나님을 떠났다는 것이며, 그것은 인간의 범죄로 인한 것이고 그 결과는 마귀 권세 하에 들어가게 되었다는 것(곧 마귀의 자녀)이다. 요약하면 **하나님을 떠남**, **인간의 범죄**, **마귀의 자녀**가 되었다는 것이 인간의 세 가지 근본 문제가 된다.

하나님의 아들 예수 그리스도 복음은 바로 이 세 가지 인생근본문제 해결이요 답이다. 인류는 범죄하여 하나님을 떠나 죄와 사탄의 종노릇 하며 살고 하나님과 교제하는 구원에 이를 수 없기에, 하나님은 둘째 언약, 곧 예수 그리스도 복음을 주신 것이다. 하나님께서는 독생자 주 예수를 하나님과 타락한 인간 사이에 중보자로 세우셨다. 중보자의 직무는 하나님과 인간 사이에 게재(揭載)된 적대관계를 해소시키는 사역이다. 그 중보자 직함을 그리스도라고 한다.

그리스도는 '선지자'의 사역으로 인류에게 하나님을 알게 하시고, '제사장'의 사역으로 그 자신이 속죄제물과 제사장이 되어 하나님 앞에 막힌 인류의 죄악의 장벽을 없애 하나님과 교제를 회복시키시고, '왕'의 사역으로 마귀와 죄와 사망과 세상을 이기었다. 그리스도는 이 사역들을 우리의 대표로서, 또한 구주의 자격으로서, 만물의 후사로서 수행하셨고, 또 우리를 위한 심판자가 되실 자격으로 행하셨다. 예수님은 그리스도의 자격으로 이 선지자·제사장·왕의 3직을 한 몸에 수행하시므로 우리의 주와 그리스도가 되셨다. 예수님은 십자가에서 인생들의 모든 죄를 대신 담당하여 죽으시고, 동시에 그 죽음으로 사탄의 권세를 정복하셨으며, 죽은 자 가운데서 다시 살아나심으로 하나님의 아들 그리스도로 선언되셨다. 이것이 복음이다.

그러므로 모든 인간은 예수님을 하나님의 아들 그리스도로 믿으면 구원을 얻는다. 예수님을 믿는 다는 것은 예수를 메시아(그리스도)로 영접하는 것이다. 예수님을 그리스도로 영접한다는 것은 예수님 자신을 하나님께서 보여주신 선지자로 믿고 그를 따르기로 결심하는 것이고, 예수님을 제물 되신 제사장으로 모시고 그만 의지하기로 결단하는 것이며, 예수를 죄와 죽음과 사탄을 정복하신 왕으로 영접하고 그에게 복종하기로 작정하는 것이다. 이렇게 예수님을 그리스도로 영접하는 자는 하나님의 자녀가 되는 권세를 얻는다.

예수는 그리스도 하나님의 아들. 이 복음으로 우리 인생 모든 문제가 처리되고 해답을 얻는다. 이 복음으로 우리 모두는 깊이 뿌리내리기를 소원한다. 복음 받은 그리스도인의 최고의 과업은 기도하는 것이다. 기도 중의 최고의 기도 성령충만을 받도록 기도하는 것이다. 그리하여 성령의 권능받아 땅 끝까지 전도자의 축복을 누리며 사는 것이다. 자신의 위치에 합당한 전도자의 삶을 찾아낼 것이다. 즉시 성령충만을 받도록 기도하기 바란다.

3. "역사적인 그리스도의 사건"으로서의 복음

오늘날 복음주의 신앙에 있어서 문제는 역사적 입장에서 이탈했다는 사실이다. **기독교는 역사 안에서 일어난 복음의 객관적 사실들을 강조하는 것**이 그 생명이다. 그런데 근래에 들어 역사 속에서 일어난 복음의 객관적 사실, 즉 역사적인 그리스도의 사건을 강조하는 기독교 입장으로부터 인간의 내적 생활을 강조하는 중세의 입장으로 바뀌어버린 변화인 것이다. 그래서 성령의 내적 변화의 사역을 기독교 중심 요소로 여기는 복음주의자는 기독교의 역사적 신앙 및 역사적 복음과의 접촉을 쉽게 저버리게 된다. 동시에 구약성경에 나타난 하나님의 역사적 활동들이 예수 그리스도 복음, 곧 그리스도 사건의 모형으로서 연속성을 간과하게 된다.

그런다면 인간의 마음 속 보좌에 좌정하신 그리스도는 자신께서 성육신하여 인간이 되신 사실을 상실하게 되며, 구약의 역사 속에서 인간의 모습으로 나타나신 사실도 역시 무시됨을 당하게 된다. 그 결과 오직 "내적이고 영적인" 의미들만이 그리스도인들의 "내적이고 영적인" 생활에 적용될 수 있게 될 것이다. **인간의 내적인 면만을 중요시 하는 기독교는 복음을 단지 내적 생활을 추구하는 다른 모든 종교의 수준으로 끌어내리는 것이다.**

중세의 신학은 복음을 축소시키고 개인적인 차원으로 제한시킴으로써 하나님 앞에 용납됨, 즉 의로우심의 근거는 하나님께서 그리스도 안에서 단번에 행하신 일이 아니라, 하나님께서 신자 개인의 생활 속에서 계속 행하시고 있는 일이라고 주장하였다. 이것은 하나님께서 그리스도 안에서 단번에 행하신 일을 비역사화 하는 것이 된다.

그러므로 **종교개혁은 역사적인 그리스도의 사건(곧 그리스도의 죽음과 부활의 복음)을 우리 구원의 근거로 회복시켰으며**, 이어서 구약 역사의 객관적인 중요성도 되살려 내었다. 구약의 모든 사건을 권선징악적인 차원에서 떠나 그리스도의 사건의 모형적 의미로 해석하게 된 것이다.

우리가 신약성경을 연구하면 할수록, 예수님과 사도들 및 신약의 기록자들이 구약에 대해 지닌 확신, 곧 구약은 성경이며, 이 성경은 그리스도를 가리킨다는 확신이 더욱 분명히 드러난다. 구약성경이 그리스도를 어떻게 증거하고 있는가는 신약성경에 근거해서 풀어야 할 과제인 것이다. 우리는 인류구원의 역사는 진행해 나가는 하나의 역사적 과정이며, 이러한 구원역사의 진행과정은 그리스도의 인격과 사역에 그 목표와 그 초점을 두고 있고, 거기서 그 성취가 이루어지는 것임을 믿어야 한다.

하나님의 아들 예수 그리스도 복음을 믿는 믿음이란, 본질적으로 하나님께서 약 2천년 전에 우리를 위하여 그리스도 안에서 어떤 일 곧 그리스도의 사건을 행하셨다는 선포를 받아들이는 것이며, 그것을 확고히 고수하는 것이다. 그리스도인의 개인적인 경험은 매우 중요한 것이 틀림없으나, 그것은 앞서 말한 객관적 역사적인 그리스도의 사건의 열매들이다. 복음은 여전히 개개인의 필요와 연관성을 지니면서도 구원역사(그리스도의 사건)에 그 뿌리를 박고 있으며 그 토대를 두고 있다. 그러므로 복음의 핵심, 즉 하나님께서 그리스도 안에서 행하신 역사적 사실들(그리스도의 죽음과 부활이라는 역사적인 그리스도의 사건)이 강조 되어야 하고, 개인의 주관적인 체험을 우선적으로 강조하는 신비적인 풍조는 경계해야 한다. 객관적이고 역사적인 구원의 사실들이 바로 파악되고 믿어질 때, 비로소 그리스도인의 주관적인 경험도 바로 이해될 수 있는 것이다. 기독교는 결단코 우연히 진리를 깨달은 어떤 종교적 천재에 의하여 막연히 전해진 종교가 아니라 준비된 세계, 기다리는 마음속에 인류 역사상 가장 알맞은 때에 하나님이 인류 역사 속에 보내신 그의 아들 예수 그리스도로 말미암아 이루어진 것이다.

그러므로 구약성경의 **"이스라엘의 출애굽 사건"**은 하나님께서 **"구원의 모델"**로 제시한 하나님의 계시이며 하나님께서 하나님 나라에 들어가는 길을 계시하려는 의도를 가지고 있었다. 그 길은 우리 인간들을 하나님 나라 밖에 붙잡아두고 있는 속박으로부터의 기적적인 구원을 포함하고 있는 것이다. 그러므로 그 길은 진정한 구원의 계시를 위한 **"제2의 출애굽 사건"**이 따라야 했다. 그것은 영적인 구원이 되어야 했기 때문이다. 그래서 첫 번째 출애굽은 애굽에서의 종살이였지만, 제2의 출애굽은 애굽의 종살이 보다 훨씬 더 고된 종살이인 바벨론 포로생활이었다.

제2의 출애굽, 곧 바벨론 포로생활은 **정치적 해방자 고레스**에 의해 정치적으로 성취되지만, 구약 선지자들은 즉시 진정한 출애굽 사건의 주인공으로 **"고난 받는 종"**(메시아)의 출현을 예언한다. 그러므로 제2의 출애굽을 **"누가"**, **"어떻게"** 성취하느냐에 대해서 이사야 선지자는 구약예언의 최고의 핵심이고 비밀인 **"고난 받는 종"**(메시아)의 **"죽음과 부활"**을 통해 성취될 것이라고 예언하는 것이다. 이사야 선지자의 "메시아의 죽음과 부활"의 예언은 문자적으로, 신약시대 "예수"님에 의해서 성취되었다. 이렇게 성취된 복음, 곧 **역사적인 그리스도의 사건**"은 창세전에 성부·성자·성령 삼위일체 하나님에 의해서 체결된 영원한 언약(구속언약)이었으며, 이 구속언약이 인간의 역사 속에서 하나님의 시간표에 따라 실현된 것이다. 그러므로 **"역사적인 그리스도의 사건"**은 인류역사의 중심이다. 하나님의 구원계시의 역사는 과거에서 시작하여 미래로 흘러간다. 그런데 그 중간에 그리스도의 십자가(그리스도의 사건)가 서 있다. 과거와 미래라고 하는 두 개의 영원에 있어서 그리스도의 십자가(그리스도의 사건)가 중심이 된다. 과거에 주어진 하나님의 명령과 계시가 이 그리스도의 사건을 회전축으로 하여 미래의 영광으로 전환되는 것이다.

그러므로 **"역사적 그리스도의 사건"**은 인류소망의 기초인 것이며, 모든 인류는 이 역사적 그리스도의 사건을 그 마음 중심에 세우고 거기로부터 흘러나오는 하나님의 은혜를 받고 살아야 하는 것이다. 곧 **"예수 그리스도"**와 예수 그리스도가 왕 노릇하시는 **"하늘나라"**를 소망으로 알고, **"오직 신앙"**, **"오직 그리스도"**, **"오직 은혜"**, **"오직 전도"**, **"오직 하나님께 영광"**으로 살아야 하는 것이다. 이럴 때 그리스도인이 천국 가는 길에는, 그 길이 풍족한 하나님의 은혜와 함께 준비되어 있게 된다. 그리고 그 준비된 은혜('때를 따라 돕는 은혜')를 날마다 구해 받으며 살아간다. 이것이 "역사적인 그리스도의 사건"으로서 복음 받은 그리스도인의 삶이다.

예수는 그리스도 하나님의 아들. 예수는 하나님의 아들 그리스도라는 증거로 죽은 자 가운데서 부활하셨다. 이 복음으로 우리 인생 모든 문제가 처리되고 해답을 얻는다. 이 복음으로 깊이 뿌리내리기를 기원한다.

기독교는 결단코 우연히 진리를 깨달은 어떤 종교적 천재에 의해서 막연히 전해진 종교가 아니라 하나님께서 창세전에 계획하시고, 인류 역사 속에서 하나님의 아들 예수 그리스도의 죽음과 부활의 역사적 사건으로 성취된 복음이다. 모든 그리스도인은 이 "역사적 그리스도의 사건"

의 복음으로 깊이 뿌리를 내릴 것이다. 그리고 이 복음의 능력, 곧 성령의 권능을 얻도록 성령충만을 구할 것이다. 성령의 권능으로 땅 끝까지 증인이 되는 전도자의 삶을 살 것이다. 즉시 기도하기 바란다. 성령충만을 받을 것이다. 모든 일을 전도 속에서 생각하며 살 것이다.

제 12 장
복음의 실천으로서 기도

체질을 만들어라
복음체질
기도체질
성령충만체질
전도체질

여기서 우리는 기도 전체를 이야기하고자 하는 것은 아니다. 우리는 한 개인이 그리스도의 제자로 세워지고자 할 때에, 복음 받은 그리스도 제자들에게 기도의 중요성을 일깨우고자 하는 것이다.

하나님의 아들 예수 그리스도의 복음은 모든 것임을 우리는 안다. 우리는 우리에게 필요한 것과 우리에게 없는 것이 모두 하나님과 우리 주 예수 그리스도 안에 있다는 것과 하나님께서는 자신의 풍성하심이 그리스도 안에 충만히 있게 하셔서(골 1:19; 요 1:16), 마치 우리가 넘쳐흐르는 샘물에서 물을 퍼내듯 그리스도께로부터 얼마든지 은혜를 얻게 하도록 하셨다는 사실을 모든 그리스도인 제자들은 알아야 한다.

그렇다면 우리는 그리스도 안에 있는 그것을 찾으며, 기도로 하나님께 구해야 한다. 복음의 적용은 기도다. 복음의 실천은 기도다. 복음을 누리는 길이 기도라는 말이다. 참된 복음(신앙)은 기도를 일으킨다. 그러므로 기도는 복음의 적용이요 실천이다. 기도는 복음(신앙)의 최상의 실천이다. 우리는 기도를 통하여 복음이 약속한 하나님의 은혜를 매일 받을 수 있다. **만일 복음에 기도가 없으면, 복음은 죽은 문서에 불과하다.**

예수님은 복음(신앙)과 기도를 밀접하게 결합시키셨다. 마가복음 11: 22-24을 보면 "예수님이 그들에게 대답하여 이르시되 하나님을 믿으라 내가 진실로 너희에게 이르노니 누구든지 이 산더러 들리어 바다에 던져지라 하며 그 말하는 것이 이루어질 줄 믿고 마음에 의심하지 아니하면 그대로 되리라 그러므로 내가 너희에게 말하노니 무엇이든지 기도하고 구하는 것은 받은 줄로 믿으라 그리하면 너희에게 그대로 되리라"고 하였다.

예수님은 먼저 "하나님을 믿으라"고 복음(신앙)을 명하시면서, 즉시 이 복음(신앙)에 기도를 덧붙이셨다. "무엇이든지 기도하고 구하는 것은 받은 줄로 믿으라"고 기도를 덧붙이신 것이다. 예수님은 복음에 기도가 따르지 않으면, 복음은 죽은 문서에 불과한 것을 누구보다 잘 아셨다.

이런 사실을 극명하게 나타내 주는 사건은 예수님이 자기 고향에 가셨을 때에 더욱 명확히 드러났다. 기도 없이는 복음의 능력이 나타날 수 없었던 것이다. 마가복음 6:5-6에 보면 "거기서는 아무 권능도 행하실 수 없어 다만 소수의 병자에게 안수하여 고치실 뿐이었고 그들이 믿지 않음을 이상히 여기셨더라"고 하였다.

예수님은 고향(나사렛)을 방문하시어 그곳에서도 다른 곳에서와 같이 많은 능력을 행하시기를 원하셨다. 예수님은 그들로 자신이 하나님의 아들 그리스도이심을 믿게 하여 자신에게 간구하기를 원하셨다. 그러나 예수님은 많은 능력을 행하실 수가 없었다. 그 이유는 고향사람들이 예수님께 나와서 간구하지 않았기 때문이었다. 그래서 예수님은 그들이 믿지 않음을 이상히 여기셨다. 하나님의 은혜 받는 것을 싫어하는 불신앙 같이 이상한 일은 없다. 복음 받은 그리스도인이 기도하지 않는 것보다 이상한 일은 없다.

복음(신앙)은 영이요, 기도는 몸이라고 비유할 수 있다. 영과 몸이 결합하여 완전한 사람을 만들어 준다. 복음(신앙)이 바른 것이라면 반드시 기도를 일으키게 되어 있다. 또한 기도가 복음(신앙)에서 나온 것이 아니라면 그 기도는 올바른 것이 못된다. 우리는 기억해야 한다. 참된 복음(신앙)은 기도를 일으킨다. 동시에 기도는 복음(신앙)의 최상의 실천이다.

"무릎으로 사는 그리스도인"(생명의 말씀사)이란 기도에 관한 책이 있다. 만사가 기도에 의해 좌우된다는 주장을 하면서, 모든 실패의 원인을 기도하지 않는데서 다음과 같이 찾고 있다. 바른 견해라고 본다.

"어찌하여 수많은 그리스도인들이 그토록 자주 패배하는가? 기도를 너무 적게 하기 때문이다. 어찌하여 수많은 교회 일꾼들이 그토록 자주 용기를 잃고 낙심하는가? 기도를 너무 적게 하기 때문이다. 어찌하여 대부분의 사람들이 그들의 사역을 통해 '어둠에서 빛으로' 이끌어내는 영혼이 그토록 적은가? 기도를 너무 적게 하기 때문이다. 어찌하여 우리교회는 하나님을 향한 뜨거운 불이 타오르지 않는가? 참된 기도가 너무 적기 때문이다.

주 예수님은 오늘도 여전히 능력이 무한하신 분이시다. 주 예수님은 여전히 인간들의 구원을 갈망하고 계신다. 그의 팔이 짧아 구원하지 못하시는 것이 아니라, 우리가 더 많이 더 진실하게 기도하지 않기 때문에 그의 팔을 내밀 수가 없는 것이다. 우리가 분명히 알아야 할 것은 모든 실패의 원인은 은밀한 기도를 하지 못하는데 있다는 사실이다."

복음 받은 그리스도인에게 있어서 기도보다 중요한 것이 없다. **특히 그리스도인 제자훈련에 있어서 기도보다 중요한 것이 없다.** 물론 하나님의 아들 예수 그리스도 복음이 무엇보다 중요한 것이지만, 참된 복음(신앙)은 기도를 일으키기 때문에, 그리고 기도야말로 복음의 최상의 실천이기 때문에 **제자훈련에 있어서 기도보다 중요한 것은 없다.**

그러나 복음 받은 그리스도인 제자훈련에 있어서 기도는 그 이상의 것이 있다. 그것은 그리스도 제자로서 한 주동안 전도자로서 사는 힘과 지혜를 얻는 시간이기 때문이다. **서로를 위해 기도하고 성령충만을 위해 합심하여 간절히 기도하며, 한 주동안 전도자로서 승리와 목표를 위하여 기도하는 것은 제자훈련에 있어서 가장 중요한 것이다.** 두 사람의 합심

기도는 더욱 능력 있는 약속의 기도이기 때문에 기도 후에 각자는 현장에 나가서 그 기도응답의 결과를 확인하며 사는 삶을 살게 된다. 기도하는 대로 이루어지는 응답을 찾아 누리며 사는 자가 되어야 한다. 그러므로 그리스도인의 제자훈련 과정 중 기도시간은 사실상 상호 복음적 교제시간 가운데 가장 중요하고, 의미 있으며, 또한 가장 기대 되어지는 영역이기도 한 것이다. 지금까지의 복음 받은 그리스도인 형제들과의 교제를 통해서 볼 때 복음적인 삶과 전도 열매를 서로 나눈 이후의 기도야말로 서로를 세워주고, 능력을 얻고, 현장의 승리를 약속 받으며, 전도자로 세워져 가는 최고의 시간이라고 믿는다. 그리스도인의 교제 가운데 만일 기도가 빠진다면, 그 교제의 열매는 반감 되거나 유산된 것이라고 보아도 과언이 아니다.

예수는 그리스도 하나님의 아들. 예수는 하나님의 아들 그리스도라는 증거로 죽은 자 가운데서 부활하셨다. 예수님은 지금 성령을 통해서 우리 가운데서 역사하신다. 그래서 우리 모두는 성령충만을 받으라고 명령 받고 있다.

기도해야 한다. 기도 없는 복음은 죽은 문서다. 참된 복음(신앙)은 반드시 기도를 일으키게 되어 있다. 기도는 복음(신앙)의 최상의 실천이다. 기도해야 한다. 무엇보다 기도 중의 최고의 기도인 성령충만 받기를 반드시 기도해야 한다. 성령충만 받는 기도는 그리스도인 제자훈련의 모든 모임과 활동 속에 빠지지 않고 성령의 권능을 받도록 반드시 기도해야 한다. 더 많이 받도록 기도해야 한다. 더욱 더 많이 성령충만을 받도록 기도하고 기도해야 한다. "우리 구주 예수 그리스도로 말미암아 우리에게 그 성령을 풍성히 부어 주소서"(딛 3:6)라고 반복해서 기도해야 한다.

또 한 주 동안의 현장의 삶을 놓고도 기도해야 한다. 자신이 섬기는 제자들을 위해 집중 기도해야 한다. 또한 전도계획과 전도의 문이 열리도록 기도해야 한다. 그리스도인 제자훈련, 그리스도인 교제에 있어서 기도보다 중요한 것이 없다. 합심기도는 더욱 능력 있는 기도로서 이보다 더 중요한 것은 없다. 더 이상 이론이 필요 없다. 즉시 무릎을 꿇고 기도할 것이다. 더 많이 기도할 것이다.

※ 성령충만을 받기 위한 구체적 기도는 대단히 사적이기 때문에 문자화하는 것이 꺼려지는 것이지만, 사실은 이런 현실적이고 구체적 기도가 현장의 그리스도 제자들에게는 무엇보다 중요한 것이기 때문에 저자 자신의 솔직한 성령충만 기도를 수록하였다. **모든 그리스도인 제자는 그 나름대로의 성령충만의 비밀을 가지고 기도해야 하는데**, 그것은 곧 복음으로 답이 나온 그리스도 제자의 최고의 요구조건이기도 한 것이다. 물론 성령충만은 믿음으로 받는다.

"살아계신 하나님 아버지, 약속하신 성령을 충만히 부어 주실 것을 기도합니다. 우리 주 예수 그리스도로 말미암아 저에게(우리에게) 성령을 풍성히 부어 주시옵소서. 더 풍성하게 부어 주소서. 아버지여, 성령을 예수 그리스도로 말미암아 더욱 더 풍성하게 부어 주소서. 더 풍성히 부어 주소서. 아버지여, 성령을 풍성하게 부어 주소서. 더 많이 부어 주소서. 강물처럼 부어 주소서. 내 배에서 생수의 강이 흘러나도록 부어 주소서. 더 풍성하게 부어 주소서. 제 메마르고 열매 맺지 못한 갈라진 땅

같은 내 심령에 성령을 풍성히 부어 주소서. 그리하여 제 심령이 성령의 샘이 되게 하시며, 거룩하고 의로운 열매를 맺게 하소서. 아버지여! 성령을 충만히 부으소서. 더 풍성하게 제 심령에 부어 주소서. 성령충만, 더 많이 충만, 성령충만…… …한없이 충만, 성령충만, 성령충만, 성령충만, 성령충만…… …더 많이 성령을 충만히 부어주소서. 아버지여, 성령충만을 주소서. 주여! 성령을 부으소서. 주님이여! 더 많이 성령을 부어주소서. 성령이여! 제 심령에 임하소서. 더 충만히 임하소서. 권능으로 임하소서. 예언의 영으로 임하소서. 치료의 영으로 임하소서. 위로의 영으로 임하소서. 간구하는 영으로 임하소서. 온유의 영으로 임하소서. 겸손의 영으로 임하소서. 증거의 영으로 임하소서. 희락의 영으로 임하소서. 권능의 영으로 임하소서. 오! 성령님이여 더 충만히 임하소서. 아버지여 성령충만을 부어주소서…성령충만, 성령충만, 성령충만…성령충만을 주소서…성령충만…성령충만…**성령충만을 주소서**"

끊임없이 기도할 수 있다. 여기서 **성령을 붓는다는 것은 성령의 위(位)가 아니라 성령의 은사와 은혜에 대하여 하는 말이다.** 모든 예배 시작 전에 적어도 한 시간 정도는 성령충만을 받도록 기도할 것이다. Ⅰ권 제4장 "성령충만에 대한 기본적인 이해"를 보면 "성령충만 기도"를 더 바르게 이해하고 더 능력 있게 기도할 수 있을 것이다.

제 13 장
복음을 선포하는 구약

체질을 만들어라
복음체질
기도체질
성령충만체질
전도체질

1. 구약의 메시야 사상: 구약은 복음이 자리 잡은 기초이다(Ⅰ)

1) 제2의 모세사상(제2의 출애굽의 영웅)

네 하나님 여호와께서 너희 가운데 네 형제 중에서 너를 위하여 나와 같은 선지자 하나를 일으키시리니 너희는 그의 말을 들을지니라(신 18:15).

하나님은 이스라엘 백성에게 모세와 같은 선지자를 다시 일으키시겠다고 약속하셨다. 모세는 이스라엘을 애굽의 노예상태에서 해방시켰다. 정치적 자유를 가져다주었다. 또한 광야에서는 그들에게 만나를 주고 물을 공급하는 등 경제적 문제를 해결해 주었고, 젖과 꿀이 흐르는 땅을 차지하고 국가를 이루어 살도록 했다. 신약시대 유대교는 종말의 구원을 첫 구원(출애굽)의 재현으로 보고 종말의 구원자, 즉 메시야를 모세와 같은 선지자, 즉 **제2의 모세**로도 보았다. 그래서 메시야는 제2의 출애굽의 구원을 이룰 자로 기대되었다.

빌립이 나다나엘을 찾아 이르되 모세가 율법에 기록하였고 여러 선지자가 기록한 그이를 우리가 만났으니 요셉의 아들 나사렛 예수니라(요 1:45).

[14]그 사람들이 예수의 행하신 이 표적을 보고 말하되 이는 참으로 세상에 오실 그 선지자라 하더라 [15]그러므로 예수께서 그들이 와서 자기를 억지로 붙들어 임금으로 삼으려는 줄 아시고 다시 혼자 산으로 떠나가시니라(요 6:14-15).

오병이어의 떡을 먹고 열광한 군중은 예수님을 신명기 18장15절에서 약속한 메시야로 단정 지었다. 그러나 그들이 생각하는 **메시야는 물질적이고 세상적인 메시야였다.** 그들은 로마에 항거하여 이 땅에 메시야 왕국을 건설하려고 하였다. 물론 예수님은 왕(메시야)이시고 왕 중의 왕이시었다. 그러나 그의 나라는 이 세상에 속한 것이 아니었다(요 18:36). 하나님 나라를 건설하는 방법은 폭력이 아니라 십자가를 통해서였다. 예수님의 구원은 이 세상을 초월하는 하늘나라의 영생을 가져다주는 것이다.

이 사실을 이해하지 못한 유대인들은 밤새 예수님을 쫓아다녔다. 그들의 메시야 갈망, 그들에게 정치적 자유와 경제적 풍요와 사회적 정의를 가져오는 메시야에 대한 갈망이 오병이어 기적 후에 절실하게 나타났다. 그러나 예수님은 그런 메시야가 되기 위해 세상에 오신 것이 아니었다. 그런 것들은 진정한 구원이 아닌 것이다.

그러한 것들은 한 때 얻는다고 해도 결국은 다시 배고프고, 또 부패되고, 인간은 결국 죽는 것이다. 그런 것들은 조금은 도움이 될지 모르지만 궁극적인 구원은 되지 못한다. 예수님께서 광야에서 오천 명을 먹인 사건은 문자 그대로 시간과 공간 내에서 모세가 행했던 제2의 출애굽을 이루겠다는 표적이 아니라, 하늘의 영생을 가능케 하는 양식을 가져다 줄 것에 대한 표적이었다. 메시야, 그리스도는 절대적인 의미의 구원을 가져다주는 분, 이 세상을 초월하는 하늘나라의 영생을 가져다주는 분인 것이다.

예수는 그리스도 하나님의 아들. 예수님은 하나님의 아들 그리스도시라는 증거로 구약성경에 예언한대로 죽은 자 가운데서 부활하셨다. 부활하신 예수님은 하나님 보좌 우편에 앉아 그리스도로 통치하시면서 우리에게 성령을 보내주셨다. 예수님은 지금 성령을 통해서 우리와 함께하신다. 이것이 우리에게 하나님 나라의 임하심이다. 영생을 얻음이다.

그러므로 우리에게 성령충만을 받으라고 명령하신다. 성령충만 받아 성령의 권능으로 땅 끝까지 증인이 되라고 명하신다. 복음전도자로서 살라고 명하시는 것이다. 그러므로 우리 모두는 즉시 성령충만을 받도록 기도할 것이다. 성령의 권능 받아 그리스도 증인으로 사는 것이다. 모든 그리스도의 제자들은 삶의 현장에서 그의 신분과 지위에 합당한 전도자의 삶을 찾아내야 한다. 그리하여 그 자신에게 합당한 전도자의 삶을 살아야 한다. 기도할 것이다.

2. 구약의 메시야 사상: 구약은 복음이 자리 잡은 기초이다(Ⅱ)

2) 다윗왕국의 재현(다윗왕조의 재건)

메시야 사상은 구약의 메시야 사상의 가장 중요한 뿌리인 나단의 신탁(삼하 7:12-16)에 근거하고 있다.

> [12]네 수한이 차서 네 조상들과 함께 누울 때에 내가 네 몸에서 날 네 씨를 네 뒤에 세워 그의 나라를 견고하게 하리라 [13]그는 내 이름을 위하여 집을 건축할 것이요 나는 그의 나라 왕위를 영원히 견고하게 하리라 [14]나는 그에게 아버지가 되고 그는 내게 아들이 되리니 그가 만일 죄를 범하면 내가 사람의 매와 인생의 채찍으로 징계하려니와 [15]내가 네 앞에서 물러나게 한 사울에게서 내 은총을 빼앗은 것처럼 그에게서 빼앗지는 아니하리라 [16]네 집과 네 나라가 내 앞에서 영원히 보전되고 네 왕위가 영원히 견고하리라 하셨다 하라(삼하 7:12-16).

선지자 나단의 신탁 내용은 하나님이 다윗에게 그의 생애 끝에 그의 씨 하나를 일으켜서 그의 왕위에 앉히고 그의 왕위를 영원토록 할 것이며 그를 자기의 아들로 삼겠다고 하신 약속이다. 나단의 신탁은 다윗왕조를 성립시키는 것이었다. 그런데 다윗왕조의 멸망과 더불어 이 나단의 신탁은 종말에 재현될 예언으로 재해석되었다. 여기서 유대교의 가장 중요한 메시야 사상이 나왔다. 하나님께서 다시 한번 다윗의 씨를 일으켜서 다윗왕조를 재건하고, 다윗이 이스라엘에게 주었던 정치적 자유와 경제적 풍요, 사회적 정의 등, 이런 샬롬을 이룩하도록 할 것이다. 그래서 유대인들은 다윗의 씨, 순(가지), 아들, 또는 다윗, 또는 하나님의 아들을 고대하였다.

> ²이 복음은 하나님이 선지자들을 통하여 그의 아들에 관하여 성경에 미리 약속하신 것이라 ³그의 아들에 관하여 말하면 육신으로는 다윗의 혈통에서 나셨고 ⁴성결의 영으로는 죽은 자들 가운데서 부활하사 능력으로 하나님의 아들로 선포되셨으니 곧 우리 주 예수 그리스도시니라(롬 1:2-4).

사도 바울은 예수 그리스도 복음이 구약예언의 성취, 곧 유대교 메시야 사상의 가장 중요한 뿌리인 나단의 신탁을 그대로 성취했다고 말한다. 유대 메시야 사상은 육신적인 것이었다. 다윗 왕조는 하나님 나라의 그림자이며 모조품이었다. 정치적·경제적·사회적 자유와 풍요를 가져오는 상대적 메시야가 아니라, 예수님은 인간을 창조주 하나님께 연합시켜 인간의 근본문제인 죄와 죽음을 극복하고 온전한 생명(완전한 자유와 정의, 무한한 풍요, 영원 등으로 이루어진 삶)을 가져다주는 메시야가 되려한 것이다.

예수는 그리스도 하나님의 아들. 예수님은 하나님의 아들 그리스도라는 증거로 죽은 자 가운데서 부활하셨다. 부활하신 예수님은 지금 성령으로 우리 가운데서 역사하신다. 곧 그리스도의 통치다.

유대교적 메시야가 우리에게 제공해 줄 수 있는 것은 하나님 나라의 모조품 밖에 없다. 그 모조품은 절대적 구원이 되지 못한다. 예수님께서 선포한 하나님 나라는 그것의 모조품인 다윗왕조를 재건하는 것이 아니고, 진정한 하나님의 통치를 이루기 위한 것이었다. 진정한 하나님의 통치는 절대적 자유, 절대적 풍요, 절대적 정의를 가져오는 것이다. 이 하나님의 통치가 예수님께서 그리스도로 취임하신 후 보내신 성령을 통해서 복음 받은 그리스도인에게 이루어졌다.

그러므로 모든 그리스도인은 성령충만을 받으라고 명령 받는다. 성령충만을 약속하셨으니 구하기 바란다. 더 많이 기도하기 바란다. 믿음으로 성령충만을 받는다. 성령의 권능 받고 자신의 삶 속에 이루어진 영생의 삶, 곧 하나님과 교제하는데서 오는 신적인 삶(곧 영생)을 구가할 것이며, 그의 증인이 될 것이다. 복음을 전하는 전도자로 살 것이다. 모든 그리스도의 제자들은 삶의 현장에서 그의 신분과 지위에 합당한 전도자의 삶을 찾아내야 한다. 가정주부는 가정주부다운 전도자의 삶을 회사원은 회사원다운 전도자의 삶을 기업가는 기업가다운 전도자의 삶을 찾아내서 전도자로서 사는 것이다. 기도할 것이다.

3. 유다 역사상 민족해방 사건들과 그리스도 구원 운동

¹¹너희는 떠날지어다 떠날지어다 거기서 나오고 부정한 것을 만지지 말지어다 그 가운데에서 나올지어다 여호와의 기구를 메는 자들이여 스스로 정결하게 할지어다 ¹²여호와께서 너희 앞에서 행하시며 이스라엘의 하나님이 너희 뒤에서 호위하시리니 너희가 황급히 나오지 아니하며 도망하듯 다니지 아니하리라(사 52:11-12).

그러므로 너희는 그들 중에서 나와서 따로 있고 부정한 것을 만지지 말라 내가 너희를 영접하여(고후 6:17).

그리스도의 성육신에 대한 예언이 앗수르 군대에서 건져지리라는 약속을 비준하기 위한 의도를 지니고 있었던 것과 마찬가지로 그리스도의 죽음과 부활에 대한 예언은 유다민족이 바벨론포로에서 돌아오리라는 약속을 확증하기 위한 것이다. 왜냐하면 이 모든 구원들은 큰 구속을 상징했고, 그것들에 대한 예언은 그것과 관련되어 있기 때문이다.

유다 역사상에 있는 민족해방사건들은 그것들 자체가 독립적인 의의를 갖는 것이 아니다. 그것들 자체도 장차 임할 메시야의 구원운동을 예언한다. 그러므로 신약저자들은 유다민족이 바벨론에서 해방되리라는 선지자의 예언들이 그리스도의 구원운동으로 성취되었다고 하면서(고후 6:17 참조), 사 52:11절을 인용하였다. 유다민족의 바벨론 포로 해방사건은 사람을 죄악에서 해방시키는 그리스도 구원운동에 대한 모형이다.

한편 앗수르 군대에서 건져지리라는 약속의 성육신에 대한 사 7:14절의 예언은 "**보라 처녀가 잉태하여 아들을 낳을 것이요 그의 이름은 임마누엘이라 하리라 하셨으니 이를 번역한즉 하나님이 우리와 함께 계시다 함이라**"(마 1:23)에서 성취되었다.

그리스도의 탄생에서 성취된 위의 말씀은 하나님께서 유다 왕 아하스에게 약속하셨던 표적, 즉 "보라 처녀가 잉태하여 아들을 낳을 것이요"(사 7:14)였다. 이곳에서 이사야 선지자는 하나님의 백성들로 하여금 앗수르 왕 산헤립의 침략으로부터 구원하실 것을 약속한 하나님의 약속을 기대하라고 권면하면서, 그들로 하여금 유다 백성 중 다윗의 집에서 나오실 메시야(그리스도)를 바라보도록 지시하고 있다.

여기서 우리가 추론할 수 있는 것은 유다민족이나 다윗의 집이 고통을 받는다 하더라도 하나님께서 그들을 위해 남겨둔 이러한 영광과 축복이 있는 한 그 누구도 버림을 받아 멸망당하지는 않을 것이다. 하나님께서 구약교회를 위하여 베푸신 구원은 그리스도로 말미암는 큰 구원의 모형과 상징이었다.

예수는 그리스도 하나님의 아들. 이 복음으로 우리 인생 모든 문제가 처리되고 해답을 얻는다. 이 복음으로 우리 모두는 깊이 뿌리내리기를 소원한다.

그리스도 복음은 어느 날 한 종교적 천재가 나타나 그의 교훈과 언행으로 성립된 것이 아니다. 하나님의 아들 예수 그리스도의 복음은 구약성경에 기초하여 성경대로 수천 년 혹은 수백 년 전에 예언되고, 그 예언대로 성취됨으로 성립되었다. 그 예언 성취의 중심에 유다민족의 역사상 민족해방 사건들이 그리스도 구원운동의 모형과 상징이 되었다는 사실이다. 이런 그리스도 구원운동의 역사적 사건은 감히 타종교가 흉내 낼 수 없는 신적(神的) 행위인 것이다. 오직 하나님의 아들 예수 그리스도 복음만이 참 진리요, 유일한 진리요, 유일한 구원의 길인 것임을 확신하기 바란다.

그러므로 우리 모두는 하나님의 아들 예수 그리스도 복음을 마음 중심에 받고 깊이 뿌리내릴 것이다. 그리고 이 복음의 능력을 받고 살도록 약속하신 성령을 충만히 구해 받을 것이다. 복음 받은 그리스도인의 최고의 과업은 기도하는 것이다. 기도 중의 최고의 기도 성령충만을 받도록 기도하는 것이다. 그리하여 성령의 권능으로 땅 끝까지 전도자의 축복을 누리며 사는 것이다. 즉시 성령충만을 받도록 기도하기 바란다. 성령충만은 믿음으로 받는다.

4. 이스라엘의 역사는 메시야(그리스도) 생애의 그림자

¹⁴요셉이 일어나서 밤에 아기와 그의 어머니를 데리고 애굽으로 떠나가 ¹⁵ 헤롯이 죽기까지 거기 있었으니 이는 주께서 선지자를 통하여 말씀하신 바 애굽으로부터 내 아들을 불렀다 함을 이루려 하심이라(마 2:14-15).

요셉은 꿈에 지시를 받은 대로 밤중에 일어나 애굽으로 떠났다. 요셉은 그의 조상 아브라함과 같이 "갈 바를 알지 못하고"(히 11:8)도 하나님만을 절대로 의지하고 나아갔다. 그들은 헤롯이 죽기까지 애굽에 머물러 있었다.

이것은 이 모든 일에 있어서 성경의 성취였다. **"애굽으로부터 내 아들을 불렀다"** 는 호세아 11장 1절의 말씀이 이루어진 것이다. **"이스라엘의 어렸을 때에 내가 사랑하여 내 아들을 애굽에서 불러냈거늘"** (호 11:1).

호세아가 이 말씀을 했을 때에 이것은 역사적 가치를 지닌 진술이었다. 그러나 그것은 예언적 가치를 지닌 진술이기도 하였다. 그리하여 이 이스라엘이 히브리민족이 택하신 왕으로 인격화 되어 나타난 지금에 이르러서 우리는 이 역사적인 아기가 이스라엘의 부패로 말미암아 애굽으로 쫓겨 가는 것을 보게 된다. 그 옛날 이스라엘이 어렸을 때에, 즉 어린 민족이었을 때에 하나님께서 그들을 사랑하사 애굽에서 이끌어 내셨을 때와 마찬가지로, 지금도 사랑하사 하나님은 성(城)을 건설하고 한 나라를 세우실 그 택하신 왕을 한없이 사랑하신다. 그리고 그도 애굽에서 나오셔서 출애굽을 주도하시며 또한 거기에 수많은 사람들이 뒤 따르게 되어 마침내 위대한 목적이 실현될 것이다.

이에 대한 단순한 역사적 사건은 이러하다. 헤롯이 광포하여 미쳐 날뛰자 천사가 요셉과 마리아에게 나타났고, 하늘은 "**그 어린 아기의 인격 속에서 모든 이스라엘이 애굽으로 쫓겨 가는 것**"을 보았다.

그러므로 호세아의 예언 내용은 이스라엘 민족을 가리키는 것으로 여호와의 장자인 이스라엘 민족이(출 4:22) 애굽의 노예생활에서 구원 받아 나오는 것을 뜻했으나, **마태는 이를 그리스도에게 적용한 것이다. 즉 이스라엘 민족의 출애굽을 하나님의 아들이 애굽으로 피난 가셨다가 나오실 일의 그림자**로 본 것이다.

하나님의 아들이 애굽에 간 것은 오로지 이스라엘 백성 모두의 환란을 몸소 당하고, 그들의 슬픔을 몸소 당하기 위함이었다. 그러므로 그 옛날 "내 아들을 애굽에서 불러내었도다."라고 하신 것처럼, 그 왕께서 다시금 애굽에서 나오실 것이다. 그는 어린 아기에 불과하다. 그러나 후에는 또 한번의 위대하고 영광된 출애굽 사건을 일으키실 것이다. **이스라엘 전 백성은 우리에게 하나님의 은총을 회복하기 위하여 우리의 죄를 지시고 죽으신 그리스도를 상징한 것이다.**

또한 이것은 죄의 생활에서 다시 영적으로 구속받아 나오는 그림자로도 볼 것이다. 하나님께 택함을 받은 모든 사람은 본래 진노의 자식으로서 영적인 애굽에서 태어났으나, 회심으로 말미암아 사실상 그곳에서 부름을 받아 나오게 되는 것이다. 그러므로 **이스라엘의 역사를 메시야(그리스도) 생애의 그림자**로 취급한 것이다. **그리스도만이 이스라엘의 역사에 뜻을 주셨던 것이다.** 그리스도가 아브라함의 참 자손이요, 그 안에서 아브라함에 대해 약속하신 축복은 최고도로 달성되는 것이다.

예수는 그리스도 하나님의 아들. 예수님은 하나님의 아들 그리스도라는 증거로 죽은 자 가운데서 부활하셨다. 이 복음으로 우리 인생 모든 문제가 처리되고 해답을 얻는다. 이 복음으로 깊이 뿌리를 내릴 것이다.

하나님의 아들 예수 그리스도 복음은 예언된 역사적인 그리스도의 사건, 곧 그리스도의 죽음과 부활의 역사 속에서 성취이다. 인간들이 만든 종교는 감히 흉내 낼 수 없는 신적 행위인 것이다. 그리하여 이스라엘 역사는 메시야(그리스도) 생애의 그림자였다. 즉 이스라엘 민족의 출애굽을 하나님의 아들이 애굽으로 피난 가셨다가 나오실 일의 그림자로 본 것이다. 이 복음으로 참되게 뿌리를 내릴 것이다.

하나님의 아들이 이 세상에 오셔서 그리스도의 사건을 일으키시고 승천하신 후 보내신 성령님도 동일한 역사적 사건 속에서 오순절 날 성취되었다. 그러므로 모든 그리스도인은 약속하신 성령으로 충만을 받도록 기도할 것이다. 복음의 능력, 성령의 권능을 얻도록 성령충만을 위해 기도할 것이다. 성령충만의 권능으로 땅 끝까지 증인의 삶, 전도자로서의 축복의 삶을 살 것이다. 성령충만의 권능으로 땅 끝까지 증인의 삶, 전도자로서의 축복의 삶을 살 것이다. 모든 그리스도인은 삶의 현장에서 자신만을 위한 전도자의 삶을 찾아내어 전도자다운 삶을 살 것이다. 즉시 기도하기 바란다. 성령충만을 받기 바란다. 더 많이 성령충만을 받도록 기도할 것이다.

5. "임마누엘" 예수의 약속

²어떤 사람이 다윗의 집에 알려 이르되 아람이 에브라임과 동맹하였다 하였으므로 왕의 마음과 그의 백성의 마음이 숲이 바람에 흔들림 같이 흔들렸더라 ³그 때에 여호와께서 이사야에게 이르시되 너와 네 아들 스알야숩은 윗못 수도 끝 세탁자의 밭 큰 길에 나가서 아하스를 만나 ⁴그에게 이르기를 너는 삼가며 조용하라 르신과 아람과 르말리야의 아들이 심히 노할지라도 이들은 연기 나는 두 부지깽이 그루터기에 불과하니 두려워하지 말며 낙심하지 말라… ⁷주 여호와의 말씀이 그 일은 서지 못하며 이루어지지 못하리라 ⁸대저 아람의 머리는 다메섹이요 다메섹의 머리는 르신이며 육십오년 내에 에브라임이 패망하여 다시는 나라를 이루지 못할 것이며 ⁹에브라임의 머리는 사마리아요 사마리아의 머리는 르말리야의 아들이니라 만일 너희가 굳게 믿지 아니하면 너희는 굳게 서지 못하리라 하시니라 ¹⁰여호와께서 또 아하스에게 말씀하여 이르시되 ¹¹너는 네 하나님 여호와께 한 징조를 구하되 깊은 데에서든지 높은 데에서든지 구하라 하시니 ¹²아하스가 이르되 나는 구하지 아니하겠나이다 나는 여호와를 시험하지 아니하겠나이다 한지라 ¹³이사야가 이르되 다윗의 집이여 원하건대 들을지어다 너희가 사람을 괴롭히고서 그것을 작은 일로 여겨 또 나의 하나님을 괴롭히려 하느냐 ¹⁴그러므로 주께서 친히 징조를 너희에게 주실 것이라 보라 처녀가 잉태하여 아들을 낳을 것이요 그의 이름을 임마누엘이라 하리라(사 7:2-14).

아람과 에브라임(이스라엘)이 연합하여 유다를 쳤고, 유다왕 아하스는 앗수르와 동맹하여 그 침공을 막는다. 그러나 그것은 또 다시 앗수르의 침공을 부른 행동이었다. 이런 국제적 격동 속에서 '**임마누엘**'의 징조가 계시된다.

유다왕 아하스는 주전 742-727년간 통치한 악한 왕이었다. 그는 전적으로 여호와만 의지하라는 이사야의 권면에도 불구하고 아람과 에브라임(이스라엘)의 침공을 앗수르왕 디글랏 빌레셀의 힘을 빌려 막았고, 앗수르 우상을 도입하였다. 하나님은 아하스 자신 때문이 아니라, 그가 다윗의 자손이었고 또 유다왕이라는 사실 때문에 선지자 이사야를 보내서 여호와 신앙 회복을 권했다. 그리고 신앙으로 굳게 설 것을 권면했다. 그러나 만일 그가 이사야의 예언을 믿지 못하고 앗수르를 믿어 그 원조를 의뢰하면 그 앗수르로 말미암아 유다가 실패할 것을 경고했다. 구약시대 유다나라는 세상나라와 달리 여호와를 의지하므로 잘 되어가도록 되어 있었다. 이는 신약시대의 교회와 꼭 같은 처지에 있었다. 그것은 이런 의미에서는 교회의 그림자였다.

하나님께서는 유다나라가 여호와를 믿는 신앙에 확고히 서는 것을 간절히 원하셔서 "**징조를 구하라**"고 하신다. 그러나 아하스는 신앙이 없는 사람으로서 신앙이 있는 듯이 경건한 모양을 낸다. "**나는 구하지 아니하겠나이다 나는 여호와를 시험하지 아니하겠나이다**"고 하였다. 아하스는 이미 앗수르 군대와 그들의 신이 도와줄 것으로 의지하고 있었으므로, 하나님께 구하기를 원치 아니하였다.

그러나 믿지 아니하는 것보다 하나님을 더 괴롭게 하는 것은 없다. "**너희가 사람을 괴롭히고서 그것을 작은 일로 여겨 또 나의 하나님을 괴롭히려 하느냐**" 사람의 불신앙이 하나님의 약속을 무효시킬 수 없다. "그러므로 주께서 친히 징조로 너희에게 주실 것이라"고 한다. 그 징조는 "보라 처녀가 잉태하여 아들을 낳을 것이요 그 이름을 임마누엘이라"하는 것이었다.

"너희는 하나님이 너희를 위해 긍휼을 쌓아두고 계시다는 것, 그리고 너희의 현재의 환란과 위험이 아무리 클지라도 너희는 너희 하나님에게서 버림당하지 않는다는 것을 확신해도 좋다. 왜냐하면 **너희 민족, 너희 가운데서 메시야가 태어날 것이며, 너희 속에 장차 임할 축복된 자가 있는 한 너희는 멸망될 수 없기 때문이다.**"

메시야는 매우 영광스러운 방법으로 태어날 것이다. 처녀에게서 태어날 것이다. "**그 이름을 임마누엘-하나님이 우리와 같이 계심-이라 하리라**", "인간의 모습을 지니신 하나님, 우리와의 언약 속에서 우리와 화목하신 하나님이라 하리라". 이것은 그를 '예수'-곧 구세주라 칭하는 일 속에서 이루어졌다(마 1:21-25).

이 징조는 깊은 데나 높은데 있는 것이 아니라 유다백성이 익히 알고 있는 예언과 약속 그리고 다윗과 맺은 언약 속에 있는 것이었다. 그 언약의 씨는 임마누엘, 곧 하나님이 우리와 같이 계심이다. 예수님의 별명이 '임마누엘'이 된 이유가 여기에 있다. 가장 완전한 구원은 '그리스도'께서 오심으로서만 이루어진다. 하나님의 백성의 궁극적 구원은 그리스도에게만 있기에 우리는 그리스도 밖에 바라볼 것이 없다. 그 그리스도가 물론 '예수'님이다.

신자들이 이 세상에서 가끔 환난을 면하는 때도 있고, 소강상태의 평안한 시대를 만나 보기도 한다. 그러나 신자들은 그것을 대단한 관심사로 보지 않아야 한다. 신자들은 궁극적인 구원 곧, 그리스도 안에서 지닐 수 있는 평강을 사모해야 한다. 이는 마치 아브라함과 기타 족장들이 그 나온바 고향을 사모하지 않고 땅에서는 외국인과 같이 나그네로 지내면서 더 나은 본향, 곧 하늘에 있는 것은 사모함과 같다(히 11:13-16).

예수는 그리스도 하나님의 아들. 예수님은 하나님의 아들 그리스도시라는 증거로 죽은 자 가운데서 부활하셨다. 부활하신 예수님은 하나님 보좌 우편에 앉아 그리스도로 통치하시면서 우리에게 성령을 보내주셨다. 예수님은 지금 성령을 통해서 우리와 함께 하신다. 이것이 소위 '임마누엘'의 축복이다. 그러므로 우리에게 성령충만을 받으라고 명령하신다. 성령충만 받아 성령의 권능으로 땅 끝까지 증인이 되라고 명하신다. 복음전도자로서 살라고 명하시는 것이다. 그러므로 우리 모두는 즉시 성령충만을 받도록 기도할 것이다. 때를 얻든지 못 얻든지 복음을 전할 것이다. 임마누엘하시는 주예수를 전할 것이다.

6. "보라 내가 새 일을 행하리니"

[18]너희는 이전 일을 기억하지 말며 옛날 일을 생각하지 말라 [19]보라 내가 새 일을 행하리니 이제 나타낼 것이라 너희가 그것을 알지 못하겠느냐 반드시 내가 광야에 길을 사막에 강을 내리니 [20]장차 들짐승 곧 승냥이와 타조도 나를 존경할 것은 내가 광야에 물을, 사막에 강들을 내어 내 백성, 내가 택한 자에게 마시게 할 것임이라 [21]이 백성은 내가 나를 위하여 지었나니 나를 찬송하게 하려 함이니라(사 43:18-21).

애굽에서의 구원은 큰 역사였으나 바벨론에서의 구원은 보다 더 큰 역사이며 그것과 비교할 수 없기 때문에 이전 일은 기억하지 말며 생각지 말라고 한다. 바벨론에서의 구원은 보다 영적으로 영광스러운 일이었다. 애굽에서의 구원은 육적으로는 놀라운 구원이었으나, 그 때 이스라엘 백성은 거역하고 원망하고, 음란하며, 우상숭배에도 빠졌으나, 바벨론에서 구원을 받았을 때는 그런 일들은 없었던 것이다.

바벨론에서 구원은 궁극적으로는 메시야 왕국의 구원을 가리킨다. 다시 말하면 단순히 유대인들이 바벨론 포로에서 해방된 것만을 의미하지 않고, 장차 세계적으로 그리스도로 말미암아 복음을 믿는 자들이 구원받은 사실을 가리킨다.

복음의 은혜가 이방세계에 나타났을 때 그것에 의하여 광야에 길이 열렸고 사막에 강이 생겼다. 즉 무지와 죄와 사탄의 노예로 인해 사막과 같았던 세상은 거룩한 교훈과 거룩한 위안으로 축복받았고, **이러한 것을 위해 성령이 풍성히 부어졌다.** 이방인의 죄인들은 거치게 날뛰는 들짐

승 같았고, 이리떼처럼 사나웠으며 부엉이나 타조처럼 어리석음에도 불구하고 하나님께서 은혜의 폭을 넓혀 그들을 택하신 것에 대해 하나님을 존경할 것이다.

사도 바울은 이 사실이 신약시대 성취되었음을 이렇게 선언했다. "**그런즉 누구든지 그리스도 안에 있으면 새로운 피조물이라 이전 것은 지나갔으니 보라 새 것이 되었도다**"(고후 5:17).

예수는 그리스도 하나님의 아들. 예수님은 하나님의 아들 그리스도라는 증거로 죽은 자 가운데서 부활하셨다. 이 복음으로 여러분 인생 모든 문제가 처리되고 해답을 얻는다. 이 복음으로 깊이 뿌리내리기를 기원한다.

복음 받은 그리스도인이 해야 할 첫 과업은 기도하는 것이다. 복음의 약속은 우리로 기도하기 위해 주어진 것이다. 또한 기도 중에 최고의 기도는 성령의 충만을 받도록 기도하는 것이다. 성령충만은 믿음으로 받는다. 성령충만은 믿음충만이며, 곧 예수충만, 그리스도충만이다. 한편 성령충만은 진리충만이며 말씀충만이고 거룩충만이며 나아가 사랑충만이다. 기도하여 성령충만 받기를 바란다. 성령충만 받아 사랑으로 충만하여 사랑의 이중계명(하나님 사랑, 이웃 사랑)을 실천하는 그리스도의 증인이 되기를 바란다. 이것이 곧 삶의 현장에서 새로운 피조물로 변화된 그리스도인의 삶이요, 전도자다운 삶이다. 기도하기 바란다.

7. 제2의 출애굽. 진정한 출애굽

¹⁴여호와의 말씀이니라 그러나 보라 날이 이르리니 다시는 이스라엘 자손을 애굽 땅에서 인도하여 내신 여호와께서 살아 계심을 두고 맹세하지 아니하고 ¹⁵이스라엘 자손을 북방 땅과 그 쫓겨 났던 모든 나라에서 인도하여 내신 여호와께서 살아 계심을 두고 맹세하리라 내가 그들을 그들의 조상들에게 준 그들의 땅으로 인도하여 들이리라(렘 16:14-15, 23:7-8에서 반복).

이스라엘 백성은 하나님께 불순종하여 언약을 파기함으로써 약속의 땅을 떠나 바벨론의 포로가 되었다. 이스라엘의 바벨론 포로생활은 애굽에서의 종살이보다 더 쓰리고 비참한 것이었다. 바벨론의 주인은 더욱 잔혹할 것이며 그들의 삶은 더욱 쓰디 쓸 것이었다. 이것은 바벨론으로부터의 해방이 아주 혁혁할 것이며, 게다가 애굽에서의 해방보다도 그들에게 더욱 환영받는 것이 되리라는 약속(14-15절)인 것이다.

애굽에서의 노예 생활은 그들에게 점차로 거의 부지불식간에 다가와서 그들을 노예로 만든 것이었지만 바벨론에서의 종살이는 돌연히 그들에게 임했으며 온갖 두려움과 악화된 상황을 가져온 것이다. 애굽에서는 그들에게 고센이란 소유지가 있었으나 바벨론에서는 그런 것이 없었다. 애굽에서는 그들이 쓸모 있는 종으로 부림을 받았으나 바벨론에서는 미움 받는 포로로 혹사당하였다.

그러므로 바벨론으로부터 해방은 몇 가지 이유에서 애굽에서의 해방보다 빛나고 기념할 만한 것이었다. 이 두 가지 해방은 다 하나님께서 행하신 것이었고 그들이 보기에 기이하였다. 이 두 가지가 다 여호와 하나님께서 살아계신다는 증거였으며 살아계신 하나님으로 그에게 존귀와 영광을 드리며 영원히 기억할 일이었다. 그러나 이 새로운 자비는 너무나 놀랍고 반가운 것이어서 첫 번째 출애굽에 대한 기억을 지워버릴 정도였다.

그래서 본문은 이스라엘의 애굽 구출을 바벨론 구출보다 못한 것으로서 잊으라고 하는 것이다. **전자는 '능과 힘'으로 행해졌고, 후자는 '만군의 여호와의 영'으로 행해졌다**(슥 4:6). 후자에게 전자보다 사유하시는 자비가 더욱 많았다. 왜냐하면 애굽의 노예 생활보다 바벨론 포로생활에는 그들의 죄에 대한 형벌이 더 많았기 때문이다. 그러므로 바벨론으로부터 해방되는 이스라엘에게 위로가 되는 것은 그 죄악의 사함을 입었다는 것이다(이사야 40:2 "…그 노역의 때가 끝났고 그 죄악의 사함을 받았느니라…").

다시 말하면 '**이스라엘 자손을 애굽 땅에서 인도하여 내신 여호와의 사심**'과 '**이스라엘 자손을 북방 땅과 그 모든 쫓겨났던 나라에서 인도하여 내신 여호와의 사심**'의 대조는 출애굽 시킨 하나님의 경륜사역과는 전혀 다른 새로운 차원의 경륜과 사역으로 유다를 회복시키실 것에 대한 약속인 것이다. 장래의 약속의 땅으로의 귀환이 출애굽 사건 때의 하나님의 은혜와 능력과는 전혀 다른 탁월한 요소가 있음을 획기적인 의미로 암시하고 있다. **즉 앞으로 있을 구원은** 출애굽의 구원보다는 더 완전하고 튼튼하며 영원한 구원이 될 것을 강력히 시사하고 있다. 바꿔 말하면 **제 2의 출애굽으로 더 새롭고 진정한 출애굽, 곧 출애굽의 완성**이라고 볼 수 있다.

이 예언은 렘 23:7-8에서 거의 일치된 표현으로 다시 반복, 강조되고 있다. **제2출애굽 사상은** 포로기 즈음의 선지자들의 예언의 중심주제였다(사 43:16-20, 48:20-21, 51:9-11). 그리고 **이 모든 선지자들의 예언은 신약시대 예수 그리스도 구원운동으로 완전 성취되었다.** 유대인이 바벨론에서 구원받은 사건은 신약시대 예수 그리스도 복음의 구원운동의 예표였던 것이다. 그러므로 이 구원운동은 앞선 것보다 위대하기 그지없는 것이었다.

첫 번째 출애굽의 구원의 영광이 **현세적이요** 이스라엘 민족의 첫 번째 영광이었다면, 두 번째 제2의 출애굽의 구원의 영광은 영적인 영광이었다. 이 **영적인 영광**인 예수 그리스도의 구원과 그리스도 교회의 영광은 첫 번째 영광과 비교할 수 없을 정도로 위대하고 귀한 것이었다.

예수는 그리스도 하나님의 아들. 이 복음으로 우리 인생 모든 문제가 처리되고 해답을 얻는다. 이 복음으로 우리 모두는 깊이 뿌리내리기를 소원한다. 이 복음은 제2의 출애굽(바벨론 포로에서의 해방)의 완성인 진정한 출애굽의 구원이었다. 물론 그 구원은 죄와 죽음, 지옥과 사탄의 권세에서의 해방을 가져오는 영적인 구원이었다. 이 구원은 동시에 하나님과 그 아들 예수 그리스도를 만나 교제하는 영적인 영광의 구원으로 이전의 출애굽 구원과는 비교할 수 없는 영광스러운 것이었다.

이렇게 영광스러운 하나님의 아들 예수 그리스도 복음 받은 그리스도인의 최고의 과업은 기도하는 것이다. 기도 중의 최고의 기도, 성령충만 받도록 기도하는 것이다. 그리하여 성령의 권능으로 땅 끝까지 전도자의 축복을 누리며 사는 것이다. 즉시 성령충만을 받도록 기도하기 바란다.

8. 구약 부활의 환상

¹여호와께서 권능으로 내게 임재하시고 그의 영으로 나를 데리고 가서 골짜기 가운데 두셨는데 거기 뼈가 가득하더라 ²나를 그 뼈 사방으로 지나가게 하시기로 본즉 그 골짜기 지면에 뼈가 심히 많고 아주 말랐더라 ³그가 내게 이르시되 인자야 이 뼈들이 능히 살 수 있겠느냐 하시기로 내가 대답하되 주 여호와여 주께서 아시나이다 ⁴또 내게 이르시되 너는 이 모든 뼈에게 대언하여 이르기를 너희 마른 뼈들아 여호와의 말씀을 들을지어다 ⁵주 여호와께서 이 뼈들에게 이같이 말씀하시기를 내가 생기를 너희에게 들어가게 하리니 너희가 살아나리라 ⁶너희 위에 힘줄을 두고 살을 입히고 가죽으로 덮고 너희 속에 생기를 넣으리니 너희가 살아나리라 또 내가 여호와인 줄 너희가 알리라 하셨다 하라 ⁷이에 내가 명령을 따라 대언하니 대언할 때에 소리가 나고 움직이며 이 뼈, 저 뼈가 들어 맞아 뼈들이 서로 연결되더라 ⁸내가 또 보니 그 뼈에 힘줄이 생기고 살이 오르며 그 위에 가죽이 덮이나 그 속에 생기는 없더라 ⁹또 내게 이르시되 인자야 너는 생기를 향하여 대언하라 생기에게 대언하여 이르기를 주 여호와께서 이같이 말씀하시기를 생기야 사방에서부터 와서 이 죽음을 당한 자에게 불어서 살아나게 하라 하셨다 하라 ¹⁰이에 내가 그 명령대로 대언하였더니 생기가 그들에게 들어가매 그들이 곧 살아나서 일어나 서는데 극히 큰 군대더라 ¹¹또 내게 이르시되 인자야 이 뼈들은 이스라엘 온 족속이라 그들이 이르기를 우리의 뼈들이 말랐고 우리의 소망이 없어졌으니 우리는 다 멸절되었다 하느니라 ¹²그러므로 너는 대언하여 그들에게 이르기를 주 여호와께서 이같이 말씀하시기를 내 백성들아 내가 너희 무덤을 열고 너희로

거기에서 나오게 하고 이스라엘 땅으로 들어가게 하리라 ¹³내 백성들아 내가 너희 무덤을 열고 너희로 거기에서 나오게 한즉 너희는 내가 여호와인 줄을 알리라 ¹⁴내가 또 내 영을 너희 속에 두어 너희가 살아나게 하고 내가 또 너희를 너희 고국 땅에 두리니 나 여호와가 이 일을 말하고 이룬 줄을 너희가 알리라 여호와의 말씀이니라(겔 37:1-14).

유다 민족이 바벨론 포로에서 고토로 돌아오게 됨은 3중적 부활의 환상을 의미한다.

1) **영혼의 부활**: 예수 그리스도로 말미암아 죄의 사망에서 의의 생명으로, 거룩하고 천적이고 영적이며 신적인 생활로의 부활을 나타낸다.

2) **복음교회의 부활**: 바벨론의 멍에 아래서 고난 받고 박해받던 복음교회가 자유와 평화로 부활하는 것을 나타낸다.

3) **몸의 부활**: 재림시에 있을 몸의 부활을 가리킨다. 특히 신자들의 몸이 영생의 부활을 하게 될 것을 가리킨다.

유다 민족은 범죄하여 바벨론 포로로 잡혀가게 되었다. 바벨론 포로로서 절망 속에 빠져있는 백성들에게는 소망이 없었다. 포로된 유다 민족이 바벨론에서 해방되어 고토로 돌아오게 됨은, 죽은 자의 부활과 같이 어려운 일이었다(1~10절). 그러나 하나님께서는 이를 실행하실 수 있다(11~14절). 이스라엘 백성에게 소망을 주고 활력을 불어 넣어 줄 뿐만 아니라 고토로 인도해 주시는 이는 오직 하나님뿐이시다. 마찬가지로 우리에게 힘과 소망이 되고 우리를 천국백성으로 만드시고 인도하실 분도 오직 하나님이시다. 하나님께서는 그 아들 예수 그리스도를 통하여 이 일을 이루시는 것이다(요 14:6).

우리가 마른 뼈와 같이 소망 없어 보이는 인생, 곧 허물과 죄로 죽은 자들만을 본다면 낙심할 것이다. 그러나 우리가, **그런 마른 뼈와 같은 인생들을 다시 살릴 수 있는 하나님의 말씀(4~6절), 곧 하나님의 아들 예수 그리스도 복음으로 인하여 용기와 소망을 가질 수 있다. 우리의 소망은 하나님의 말씀(복음)에만 달려있다.** 그러므로 우리는 말씀과 함께 성령도 역사해 주시기 바라서 하나님께 간절히 기도하지 않으면 안 된다. "생기야! 사방에서 오너라. 와서 이 메마른 자들에게 들어가 호흡하라."

하나님의 은혜는 우리의 설교 없이도 영혼들을 구원하실 수 있으나, 우리의 설교는 하나님의 은혜 없이는 영혼들을 구원할 수가 없으며, 그 은혜는 기도로서 간구되지 않으면 안 된다. 복음전도자들은 거의 가망이 보이지 않는 자들에게도 신실하게, 그리고 부지런히 은혜의 수단을 사용해야 한다. 그들이 듣든지 안 듣든지 간에 복음을 전해야 한다.

오직 생기는 하나님께로서 온다. 하나님은 태초의 창조시에도 아담에게 생기를 불어 넣으셨다(창 2:7). 예수님도 "**그들을 향하사 숨을 내쉬며 이르시되 성령을 받으라**"(요 20:22)고 하셨다. 최후의 부활 시에도 하나님은 생기를 불어 넣으실 것이다. 기도하라. 그리고 성령충만을 받으라.

예수는 그리스도 하나님의 아들. 예수님은 하나님의 아들 그리스도라는 증거로 죽은 자 가운데서 부활하셨다. 부활하신 예수님은 지금 성령으로 우리 가운데 역사하신다. 그러므로 우리 모두에게 성령충만 받으라고 명령하신다.

  자연인 한 사람 한 사람을 볼 때는 그들이 하나님께로 돌아온다는 것은 불가능한 일이다. 그러나 불가능한 일을 가능하게 하시는 하나님의 능력이 하나님의 아들 예수 그리스도 복음으로 나타났다. 복음진리의 말씀과 함께 역사하시는 성령의 능력으로 마른 뼈같이 죽어있는 영혼은 다시 살아날 수 있는 것이다.

  그러므로 우리 모두는 하나님의 아들 예수 그리스도 복음진리의 말씀을 듣고 이 말씀을 마음 중심에 담고 기도할 것이다. 복음의 능력이 나타나도록 기도할 것이다. 무엇보다도 성령의 충만을 받도록 기도할 것이다. 약속대로 성령님은 믿는 자에게 그리고 기도하는 자에게 충만히 임하게 되어 있다. 기도할 것이다. 더 많이 기도하기 바란다. 성령의 권능 받아 그리스도의 증인으로 현장에서 역사를 일으키는 자들이 될 것이다. 주님의 전도자로 살고자하는 자들에게 세상 끝날까지 항상 함께 하실 것을 약속하셨다. 기도하기 바란다. 더 많이 기도하기 바란다. 삶의 현장에서 전도자 다운 삶을 살 것이다.

9. 제2의 출애굽. 어떻게, 어떤 수단을 통하여?

¹¹너희는 떠날지어다 떠날지어다 거기서 나오고 부정한 것을 만지지 말지어다 그 가운데에서 나올지어다 여호와의 기구를 메는 자들이여 스스로 정결하게 할지어다 ¹²여호와께서 너희 앞에서 행하시며 이스라엘의 하나님이 너희 뒤에서 호위하시리니 너희가 황급히 나오지 아니하며 도망하듯 다니지 아니하리라(사 52:11-12).

제2의 출애굽. 어떻게, 어떤 수단을 통해 이런 일이 일어나는가? 우리는 이사야 52: 13 이하에서 이 수단에 대해 알게 된다. 그것은 메시야의 비하와 승귀를 통해 이루어진다.

¹³보라 내 종이 형통하리니 받들어 높이 들려서 지극히 존귀하게 되리라 ¹⁴전에는 그의 모양이 타인보다 상하였고 그의 모습이 사람들보다 상하였으므로 많은 사람이 그에 대하여 놀랐거니와 ¹⁵그가 나라들을 놀라게 할 것이며 왕들은 그로 말미암아 그들의 입을 봉하리니 이는 그들이 아직 그들에게 전파되지 아니한 것을 볼 것이요 아직 듣지 못한 것을 깨달을 것임이라 (사 52:13-15).

"**너희는 떠날지어다 떠날지어다** …"(사 52:11)라고 선지자가 말한 것은 하나님께서 바벨론에 포로로 붙잡혀온 이스라엘을 구원하사 그들의 적인 바벨론을 멸망시키셨으니 이제 이스라엘은 빨리 바벨론을 떠나 가나안으로 돌아가라는 것이다. 소위 '**제2의 출애굽 운동**'이다. 영적으로는

죄와 사탄의 압제에서의 해방운동이다.

"…**여호와의 기구를 메는 자들이여**…"(사 52:11)는 성물을 메는 제사장들이며, 또 **"여호와께서 너희 앞에서 행하시며 이스라엘의 하나님이 너희 뒤에서 호위하시리니 너희가 황급히 나오지 아니하며 도망하듯 다니지 아니하리라"**(사 52:12)는 말씀은 이스라엘 자손들이 애굽에서 나올 때와 같은 표현이다. 그때 하나님은 구름기둥과 불기둥으로 그들의 앞에 계셔서 인도하시고(출 13:21), 뒤에 계셔서 호위하셨으며(출 14:19), 그들은 애굽인들 앞에서 당당하게 출발하였던 것이다(출 12:33, 14:8).

그러나 어떻게, 어떤 수단을 통해 이런 일이 일어나는가? 우리는 사 52:13이하에서 이 수단에 대해 알게 된다. 사 52:13-15은 이 수단에 대한 '서곡'이다. 한마디로 '메시야의 비하와 승귀'이다.

여기서 이사야 선지자는 어떤 '무엇'이 일어났음을, 곧 충격을 느낀다. 그리고 그는 가장 깊숙이 있는 심장의 고동인 '고난 받는' 여호와의 종의 사역을 우리에게 드러내 보여준다. 이 '고난 받는' 여호와의 종은 이스라엘 역사가 회전하는 축이다.

사 52:13-15은 짧은 내용이나 먼저 메시야의 **승귀(높아짐)**부터 밝힌 후(13절 **"보라 내 종이 형통하리니 받들어 높이 들려서 지극히 존귀하게 되리라"**), 그의 **비하(낮아짐)**, 즉 고난을 말하고(14절 **"전에는 그의 모양이 타인보다 상하였고 그의 모습이 사람들보다 상하였으므로 많은 사람이 그에 대하여 놀랐거니와"**), 그 고난이 세상에 미치는 축복을 밝힌다(15절 **"그가 나라들을 놀라게 할 것이며 왕들은 그로 말미암아 그들의 입을 봉하리니 이는 그들이 아직 그들에게 전파되지 아니한 것을 볼 것이요 아직 듣지 못한 것을 깨달을 것임이라"**). 혹은 다시 영광(높아짐)이 나타난 것으로 볼 수도 있다. 메시야의 대고난에는 서곡이 있어야 하는 것이다. 사 52:13-15절에서 메시야 고난의 서곡, 곧 **메시야 의 비하와 승귀**의 서곡을 밝힌 후 그 유명한 이사야 53장이 이어진다.

이스라엘 백성의 바벨론 포로에서의 해방은 제2의 출애굽의 사건으로서 영적 의미를 갖는다. 유다 역사상에 있는 민족해방사건들은 그것들 자체가 독립적인 의의를 갖는 것이 아니다. 그것들은 장차 임할 메시야 구원운동을 예언한다. 유다 민족의 바벨론 포로 해방사건은 사람을 죄악에서 해방시키는 그리스도 구원운동에 대한 모형인 것이다. 이 메시야 구원운동은 메시야의 고난(비하, 낮아짐)과 영광(승귀, 높아짐)으로 성취되는 운동이다.

메시야(그리스도)의 고난과 영광은 기독교 복음의 초석이다. 그리스도의 고난과 영광의 복음 외에 다른 복음은 없다. **이 그리스도의 고난과 영광의 복음을 받은 신자는 그들도 다같이 그리스도의 고난과 영광에 참여하게 된다.** 신자의 삶에 고난이 있다는 말이다. 그러나 고난 후에는 영광이 또한 기다리고 있다. 신자는 그리스도의 고난에 참여함을 기쁨으로 여기면서 영광을 바라보고 기도하고 기도할 것이다. 반드시 승리하게 되어 있다. 현재의 고난은 장차 우리에게 나타날 영광과 비교할 수 없는 것이다(롬 8:17).

예수는 그리스도 하나님의 아들. 예수님은 하나님의 아들 그리스도시라는 증거로 죽은 자 가운데서 부활하셨다. 예수님은 진정한 출애굽의 완성자이신 것이다. 출애굽의 완성자로서 부활하신 예수님은 하나님 보좌 우편에 앉아 그리스도로 통치하시면서 우리에게 성령을 보내주셨다. 예수님은 지금 성령을 통해서 우리와 함께 하신다. 그러므로 우리에게 성령충만을 받으라고 명령하신다. 성령충만 받아 성령의 권능으로 땅 끝까지 증인이 되라고 명하신다. 복음전도자로서 살라고 명하시는 것이다.

모든 복음 받은 그리스도인은 전도자의 삶을 찾아내야 한다. 삶의 현장에서 그의 신분과 지위에 합당한 전도자의 삶을 찾아내야 한다. 학생은 학생다운 전도자의 삶을, 교육자는 교육자다운 전도자의 삶을, 정치가는 정치가다운 전도자의 삶을, 예술인은 예술인다운 전도자의 삶을 찾아내서 전도자로서 삶을 살아야 한다. 기도하기 바란다. 성령충만 받아 성령의 권능으로 전도자다운 삶을 살기를 축원한다.

10. 그리스도의 고난과 영광

¹우리가 전한 것을 누가 믿었느냐 여호와의 팔이 누구에게 나타났느냐 ²그는 주 앞에서 자라나기를 연한 순 같고 마른 땅에서 나온 뿌리 같아서 고운 모양도 없고 풍채도 없은즉 우리가 보기에 흠모할 만한 아름다운 것이 없도다 ³그는 멸시를 받아 사람들에게 버림 받았으며 간고를 많이 겪었으며 질고를 아는 자라 마치 사람들이 그에게서 얼굴을 가리는 것 같이 멸시를 당하였고 우리도 그를 귀히 여기지 아니하였도다 ⁴그는 실로 우리의 질고를 지고 우리의 슬픔을 당하였거늘 우리는 생각하기를 그는 징벌을 받아 하나님께 맞으며 고난을 당한다 하였노라 ⁵그가 찔림은 우리의 허물 때문이요 그가 상함은 우리의 죄악 때문이라 그가 징계를 받으므로 우리는 평화를 누리고 그가 채찍에 맞으므로 우리는 나음을 받았도다 ⁶우리는 다 양 같아서 그릇 행하여 각기 제 길로 갔거늘 여호와께서는 우리 모두의 죄악을 그에게 담당시키셨도다 ⁷그가 곤욕을 당하여 괴로울 때에도 그의 입을 열지 아니하였음이여 마치 도수장으로 끌려 가는 어린 양과 털 깎는 자 앞에서 잠잠한 양 같이 그의 입을 열지 아니하였도다 ⁸그는 곤욕과 심문을 당하고 끌려 갔으나 그 세대 중에 누가 생각하기를 그가 살아 있는 자들의 땅에서 끊어짐은 마땅히 형벌 받을 내 백성의 허물 때문이라 하였으리요 ⁹그는 강포를 행하지 아니하였고 그의 입에 거짓이 없었으나 그의 무덤이 악인들과 함께 있었으며 그가 죽은 후에 부자와 함께 있었도다 ¹⁰여호와께서 그에게 상함을 받게 하시기를 원하사 질고를 당하게 하셨은즉 그의 영혼을 속건제물로 드리기에 이르면 그가 씨를 보게 되며 그의 날은 길 것이요 또 그의 손으로 여호와께서 기뻐하시는 뜻을 성취하리로다 ¹¹그가 자

기 영혼의 수고한 것을 보고 만족하게 여길 것이라 나의 의로운 종이 자기 지식으로 많은 사람을 의롭게 하며 또 그들의 죄악을 친히 담당하리로다 [12]그러므로 내가 그에게 존귀한 자와 함께 몫을 받게 하며 강한 자와 함께 탈취한 것을 나누게 하리니 이는 그가 자기 영혼을 버려 사망에 이르게하며 범죄자 중 하나로 헤아림을 받았음이니라 그러나 그가 많은 사람의 죄를 담당하며 범죄자를 위하여 기도하였느니라(이사야 53장).

이사야서는 그 구성에 있어서 성경을 축소한 책이라고 할 수 있다. 이 책은 마치 성경에 66권이 있듯이 66장으로 되어 있으며, 성경이 크게 두 부분으로 나뉘어져 있듯이 두 부분으로 구분되어 있고, 성경의 구약이 39권, 신약이 27권이듯 이사야서의 첫 부분은 1-39장까지요. 둘째 부분은 27장으로(40-66장) 되어있다.

바로 **둘째 부분(40-66장)의 중심부에 이사야 53장이 위치하고 있다.** 이사야 53장은 구약성경 예언의 가장 중심부요, 가장 깊고, 가장 높은 것이다. "이제 우리는 **구약성경 예언의 지성소에 들어선 것 같다.** 그것은 그리스도의 고난과 그 후 영광이 그려지고 또 예언된 거룩한 방인 것이다."

이 놀라운 장의 주인공은 메시야 그리스도이시고, 우리 주 예수님이시다. 예수님을 그리스도로 믿지 않는 유대인들은, 이사야 53장이 메시야 예언임을 이유 없이 반대한다. **옛날 유대인들은 이것을 메시야에 대한 것으로 해석하고 있었으나, 현대 유대인들은 이것을 왜곡하기 위해 매우 애쓰고 있다.**

구약 선지자들 가운데 있는 그리스도의 영이 입증한 두 가지 큰 사건은 그리스도의 고난과 그의 뒤따를 영광이었다(벧전 1:11 "**자기 속에 계신**

그리스도의 영이 그 받으실 고난과 후에 얻으실 영광을 미리 증언하여 누구를 또는 어떠한 때를 지시하는지 상고하니라"). 그리고 그리스도께서 모세와 모든 선지자들을 설명했을 때, 그 모든 취지와 범위는 그리스도께서 고난을 받아야 하고 그리고 나서 자기의 영광에 들어가야 한다는 것을 보여 주셨다(눅 24:26-27).

그러나 이사야 53장에서처럼 이 두 사건을 분명하고 충분하게 예언해 놓은 것은 구약 어디에도 없다. 그리고 여기에서 여러 구절들이 인용되어 신약에서의 그리스도께 적용되고 있다. 이사야 53장은 그리스도에 대한 헤아릴 수 없는 풍요함으로 채워져 있기 때문에 그것은 선지자 이사야의 예언이라기보다는 오히려 **복음전도자 이사야의 복음**이라고 불릴 수 있다.

각 구절마다 특별한 주석이 필요 없을 정도로 예수 그리스도의 비천했던 일생과 특히 예수님의 십자가 수난 장면(요 19:17-25), 그리고 수난을 통한 우리의 속죄와 주님의 승리라는 성경 최대의 클라이막스 사건과 직결되고 있다. 이사야 53장의 **내용을 개관**하면 다음과 같다.

① **사 53:1-3 : 고난의 종의 모습**
② **사 53:4-6 : 고난받는 종의 '고난의 의의'**
③ **사 53:7-9 : 고난에 대한 그의 자세**
④ **사 53:10-12 : 고난의 결과**

이에 대한 구체적 내용은 추후 하나하나 살펴볼 것이다.

예수는 그리스도 하나님의 아들. 예수님은 하나님의 아들 그리스도라는 증거로 죽은 자 가운데서 부활하셨다. 그리스도의 죽음과 부활은 구약성경에서 일관되게 예언되어 왔던 메시야 되심의 표적이었다. 이렇게 구약성경대로 죽은 자 가운데서 부활하신 예수님은 지금 성령으로 우리 가운데서 역사하신다. 그러므로 성령충만을 받으라고 명령하셨다. 우리 모두가 성령충만을 받도록 기도하여 권능 받고 복음전도자로서 축복의 삶을 살 것이다. 즉시 기도하기 바란다. 하나님께서 각인에게 주신 삶의 현장에서 그의 신분과 지위에 합당한 전도자의 삶을 발견해서 전도자의 삶을 살 것이다. 기도하기 바란다.

11. 고난의 종의 모습

¹우리가 전한 것을 누가 믿었느냐 여호와의 팔이 누구에게 나타났느냐 ²그는 주 앞에서 자라나기를 연한 순 같고 마른 땅에서 나온 뿌리 같아서 고운 모양도 없고 풍채도 없은즉 우리가 보기에 흠모할 만한 아름다운 것이 없도다 ³그는 멸시를 받아 사람들에게 버림 받았으며 간고를 많이 겪었으며 질고를 아는 자라 마치 사람들이 그에게서 얼굴을 가리는 것 같이 멸시를 당하였고 우리도 그를 귀히 여기지 아니하였도다(사 53:1-3).

구약에서 메시야의 오심을 미리 통고 받았고, 개인적으로 그를 알 기회를 가졌음에도 불구하고 유대인들이 믿지 않을 것을 예고하고 있다.

1절: **"우리가 전한 것을 누가 믿었느냐"** 유대인들은 그리스도의 복음을 멸시한다. 우리 구주 예수님 시대에 유대인들의 불신앙은 이 말씀이 응한 것으로 특별히 언급되어 있다(요 12:37-38). 그리고 이는 또한 사도들이 유대인과 이방인들에게 가르친 것이 거의 성공을 거두지 못한 일이 적용되어 있다(롬 10:16).

그리스도의 복음은 하나님의 능력으로만 믿어지는 것이다. 그러므로 본문은 **"여호와의 팔('팔'은 능력을 상징함)이 뉘게 나타났느냐"** 한다. 우리가 십자가에 못 박힌 그리스도를 믿는다는 것은 하나님의 능력, 하나님의 은혜로 가능하다. 우리의 신앙에 실로 감사하지 않을 수 없다.

2절: **"주 앞에서 자라나기를 연한 순 같고 …"** 메시야의 외모가 초라한 것을 표현한다. 그것은 **'연한 순'** 같이 나약하고 미미하며, **'마른 땅에서 나온 뿌리'** 같이 무력하고 아무런 세상 영광도 없으며, 풍채도 없었다.

메시야가 세상에 들어오신 것과 그 속에서 지니신 특성은 유대인들이 메시야에 대해 갖고 있던 관념이나 그에 관한 그들의 기대에 전혀 부합되지 않고 완전히 그 반대였다.

메시야의 혈통이 매우 위대하고 고귀하리라고 기대되었다. 그러나 다윗의 아들로 추정되는 요셉은 **가난한 목수에 불과했다.** 또한 메시야는 공개적으로 등장하고 장엄하고 괄목할 만한 모습으로 오리라고 기대되었다. 그러나 메시야 예수님은 사람 앞에서가 아니라 하나님 앞에서 자라났다. 하나님은 그를 주시하였으나 사람들은 그를 눈여겨보지 않았다. 또한 메시야는 얼굴이나 풍채에 있어서 어떤 특이한 아름다움을 지니고 있어 그것이 인생들의 눈을 매혹하고 마음을 사로잡으며 그를 본 모든 사람들의 호감을 불러일으킬 것으로 기대되었다. 그러나 그에게는 그러한 종류의 것이 하나도 없었다.

3절: "**그는 멸시를 받아 사람들에게 버림 받았으며 간고를 많이 겪었으며…**" 이 말씀은 그리스도께서 사역하시는 중에 당할 모든 일을 예언한다. 나사렛 예수 그리스도에게서 이루어지는 것은 여기 있는 예언과 정확히 부합한다.

"**그는 멸시를 받아 사람들에게 버림 받았으며**" 예수님은 하나님을 공경한다는 유대 민족에게 멸시와 천대를 받으셨다(요 1:11). 사람들은 그를 멀리했다. 이렇게 되는 이유는 예수님은 지극히 선하시고 세상은 극도로 악하기 때문이다.

"**간고를 많이 겪었으며**" 이 말은 메시야가 '**비애의 사람**', '**슬픔의 사람**'이라는 뜻이다. 메시야의 마지막 장면은 비극적이었고, 그뿐 아니라 그의 전 생애가 그러했다. 메시야는 '**우리를 위하여 죄(죄의 제물)가 되었**

으므로', 그는 죄가 우리에게 준 형벌, 즉, 우리가 '**네 평생에 수고하여야 그 소산을 먹을 것**'이라는(창 3:17) 형벌을 감당하셨고, 그렇게 함으로서 우리에 대한 혹독하고 극단적인 판결을 매우 완화시키셨다. 메시야의 형편은 여러 면에서 처참했다. 그는 정착하지 못했고 머리를 둘 곳이 없었으며, 의연금으로 살아갔으며, 방해와 위협을 당했고, "**죄인들이 자기에게 거역함을 참으셨다.**" 우리는 메시야이신 예수님이 웃으셨다는 것은 결코 읽은 적이 없으나, 그가 우셨다는 것은 가끔 읽는다. 그는 끊임없는 슬픔으로 인해 지치고 쇠약해졌기 때문에, 그가 30세가 조금 넘은 나이에 불과했을 때, 거의 50세로 보였다(요 8:57). 슬픔은 메시야의 친구였다. 그러나 감사하게도 그 슬픔은 우리를 동정(체휼)하기 위함이었고, 우리의 슬픔은 기쁨으로 변화시키기 위함이었다.

"**질고를 아는 자라**" 이는 우리의 질병을 익히 아신다는 말이다. 예수님은 우리 인생이 가진 질병의 고통을 체휼(동정)하셨다. "**사람들이 그에게서 얼굴을 가리는 것 같이 멸시를 당하였고**" 이는 사람들이 마치 나병환자를 피하는 것처럼 그들이 메시야를 보기도 싫어할 것이라는 의미다. 메시야는 천한 자로서 멸시를 당하였고, 나쁜 사람으로 거부당하였다. 그는 건축자들이 버린 돌이었다. 메시야께서 이렇게 멸시를 당하셨으므로 그를 믿는 자들은 높아진다. 사람들이 거부한 예수 그리스도를 우리가 영접하자.

예수는 그리스도 하나님의 아들. 예수님은 하나님의 아들 그리스도라는 증거로 죽은 자 가운데서 부활하셨다. 이 복음으로 우리 인생 모든 문제가 처리되고 해답을 얻는다. 이 복음으로 우리 모두는 깊이 뿌리내리기를 소원한다.

　예수님은 구약성경의 예언대로 고난의 종으로 이 세상에 오셨다. 이 세상은 그를 영접하지 않고 멸시하였다. 예수님은 그의 일생 중에 그야말로 '비애의 사람'이요 '슬픔의 사람'이었다. 예수님은 건축자들의 버린 돌이었다. 그러나 예수님은 그의 대속의 죽음과 부활로 집 모퉁이의 머리돌이 되셨다. 구원의 길을 완성하셨다.

　그러므로 우리 모두는 예수님의 하나님의 아들 그리스도 되심과 그분의 사역인 죽음과 부활을 온전히 믿고, 약속하신 성령을 충만하게 받을 것이다. 성령의 권능 받고 땅 끝까지 그리스도 증인되라는 예수님의 대위임명령을 따라 살 것이다. 즉시 성령충만을 받도록 기도할 것이다. 각인에게 합당한 복음전도자의 삶을 찾아내서 전도자의 삶을 살 것이다. 기도하고 기도하기 바란다.

12. "여호와의 종"의 "고난의 의의"

⁴그는 실로 우리의 질고를 지고 우리의 슬픔을 당하였거늘 우리는 생각하기를 그는 징벌을 받아 하나님께 맞으며 고난을 당한다 하였노라 ⁵그가 찔림은 우리의 허물 때문이요 그가 상함은 우리의 죄악 때문이라 그가 징계를 받으므로 우리는 평화를 누리고 그가 채찍에 맞으므로 우리는 나음을 받았도다 ⁶우리는 다 양 같아서 그릇 행하여 각기 제 길로 갔거늘 여호와께서는 우리 모두의 죄악을 그에게 담당시키셨도다(사 53:4-6)

('여호와의 종' 곧 메시야가 극심한 고난을 당하며 죽음에 넘기운 것은 그 자신의 죄 때문이 아니었다. 오직 세계 만민의 죄를 대속하시기 위한 고난이었다.)

4절: "그는 실로 우리의 질고를 지고 우리의 슬픔을 당하였거늘". "우리의 질고를 지셨다"함은 우리들의 육신적 질병을 대신 담당하신다는 의미이다(마태복음 8:17 **"이는 선지자 이사야를 통하여 하신 말씀에 우리 연약한 것을 친히 담당하시고 병을 짊어지셨도다 함을 이루려 하심이더라"**). 뿐만 아니라 이것은 우리 죄악의 고통을 대신 담당하여 치워버리신다는 의미도 된다. 죄악은 질병과 같아서 사람들을 죽음으로 이끈다. 메시야는 우리를 대신하여 이렇게 각양 고생을 당하실 것으로 이사야 선지자는 예언한다. 메시야의 특징이 고난이다. 이런 메시야는 오직 나사렛 예수 그리스도와 합치된다. 예수님은 고난을 통해 우리의 질고를 대신 지시고, 우리의 슬픔을 당하시므로 **"슬픔의 사람"**이 되셨다.

그러나 메시야의 대속의 고난을 깨닫지 못한 자는 그의 고난이 그의 죄로 인해 "**하나님께 맞으며**"라고 생각했다. 과연 예언대로 유대인들은 예수를 하나님의 법대로 죽어야 마땅하다고 생각하였다(요 19:6-7, 12).

 5절: "**그가 찔림은 우리의 허물 때문이요 그가 상함은 우리의 죄악 때문이라 그가 징계를 받으므로 우리는 평화를 누리고 그가 채찍에 맞으므로 우리는 나음을 받았도다**" 메시야는 우리의 죄를 대신하여 고난을 당하셨다. 곧 대속의 고난이었다. 우리의 죄는 그의 머리의 가시였고 그 손과 발의 못이었으며 그 옆구리의 창이었다. 상처와 멍은 죄의 결과로서 우리가 마땅히 받아야 했고 또 우리가 초래했던 것이다. 이것은 고후 5:14 "**…한 사람이 모든 사람을 대신하여 죽었은즉 모든 사람이 죽은 것이라**"는 말씀과 같은 진리다.

 "**그가 징계를 받으므로 우리가 평화를 누리고**" 메시야께서 이 징계에 복종함으로서 하나님과 사람간의 반목을 없애고 친목을 이루어 놓으셨다. 그는 "그의 십자가의 피로 화평을 이루셨다." 메시야, 그는 당시 가장 가혹한 형벌이었던 십자가형의 징계를 받으심으로 죄로 인해 하나님과 원수 되었던 우리가 하나님과 평화를 얻게 되었다.

 "**그가 채찍에 맞음으로 우리가 나음을 받았도다**" 죄는 범죄이다. 그것 때문에 우리는 사형을 언도받았고, 메시야는 우리를 위해 그 용서함을 사셨다. 뿐만 아니라 죄는 병이다. 그것은 직접적으로 우리 영혼을 사망으로 향하게 하며, 그리스도께서는 그 치료를 마련해 주셨다. 그가 채찍에 맞음으로, 즉 고난을 겪음으로 우리를 위해 성령과 하나님의 은혜를 사주셨다. 그리하여 메시야께서는 우리 영혼의 병인 우리의 타락을 제어하셨고 우리의 영혼이 건강한 상태에 있도록 하시어 하나님을 섬기기에 합당하고 그를 즐거워할 수 있게 해주셨다. 여기서 "**우리가 나음을 받**

았도다"에서 "**나음**"을 죄로부터의 구원으로만 보는 견해도 있으나, 육체적인 '질병의 나음'을 제외할 이유가 없다. 그러나 기적적인 치료가 항상 이루어져야 한다는 것은 "**아직**"과 "**이미**"의 **하나님 나라** 개념을 이해하지 못한 것이다. 이미 하나님의 나라는 시작되어서 전진하고 있지만, 아직 그것은 절정에 이르지 못했다. 우리는 '아직' 하나님의 자녀의 영광의 자유에 들어가지는 못했다. 언제나 완전한 건강은 '아직'이다.

6절: "**우리는 다 양 같아서 그릇 행하여 각기 제 길로 갔거늘**" 메시야, 그리스도께서 우리를 대신하여 고난을 당하신 이유가 여기 진술되는 것이다. 곧, "**우리는 다 양 같아서 그릇되어 행하**"였다는 것이다. 여기 "**우리는 다**"라는 말은, 한 사람도 제외시키지 않는 말씀이다. 이는 로마서 3:10에 "**의인은 없나니 하나도 없으며**"라는 결론을 가져온다. 인생은 마땅히 하나님의 인도하신 길로 갔어야 할 터인데 다 각기 "**제 길로 갔**"으니 그것이 죄악이다. 사람은 누구든지 자기가 이러한 죄인인 줄을 알기 전에는 그리스도의 대속적 고난의 의미를 깨닫지 못한다. 그리스도의 고난의 의미는 우리의 죄악을 담당하시기 위함이다. 우리 자신이나 혹은 다른 사람은 우리의 죄악을 대속할 수 없는 것이다. 시 49:7-8 "**아무도 자기의 형제를 구원하지 못하며 그를 위한 속전을 하나님께 바치지도 못할 것은 그들의 생명을 속량하는 값이 너무 엄청나서 영원히 마련하지 못할 것임이니라**"고 하였다. 속죄는 오직 하나님의 아들이신 그리스도께서만 하실 수 있다. 다시 말하면, 하나님께서 홀로 인생의 힘을 의지하지 않고 그 아들의 속죄적 희생으로만 이루신 것이다. "**여호와께서는 우리 무리의 죄악을 그에게 담당시키셨도다**" 우리는 이 말씀 속에서 그리스도께서 하나님의 진노 아래서 몸부림치시던 겟세마네 동산에서 고난의 순간을 내다보며 천사를 통해 힘을 얻고 마지막 싸움터인 골고다로 가는 모습을 보는 것이다.

속죄사역과 창조사역을 비교해보면, 속죄사역은 훨씬 위대하고 공들여 하신 것이다. 창조는 몇 날 동안에 하신 것이나, 속죄는 창세전부터 여러 천년 경영하시며 계속하여 오시다가 필경 독생자의 보혈을 흘려 완성하신 것이다. 바울은 말하기를 "**내가 너희 중에서 예수 그리스도와 그가 십자가에 못 박히신 것 외에는 아무 것도 알지 아니하기로 작정하였음이라**"(고전 2:2)고 하였다. 루터는 말하기를, "하나님의 아들은 나를 사랑하여 자기 자신을 나에게 주셨으니 그것은, 율법과 및 인간의 행위의 의(義)에 대하여 터진 뇌성벽력 같은 반대다. 만일 네가 하나님의 아들을 비교할 수 없는 보화로 여길진대 네 모든 종교의식과 행위와 공로는 지옥으로 던져라. 그 이유는, 네가 하나님의 아들의 죽음밖에는 하나님의 진노를 멈추어 화해시키는 것이 없다고 생각하기 때문이다"라고 하였다.

예수는 그리스도 하나님의 아들. 예수님은 하나님의 아들 그리스도라는 증거로 죽은 자 가운데서 부활하셨다. 이 복음으로 우리 인생 모든 문제가 처리되고 해답을 얻는다. 이 복음으로 깊이 뿌리를 내릴 것이다.

우리는 예수 그리스도 복음이 우리 죄를 대속하기 위한 십자가의 고난으로 완성되었다는 사실을 깊이 깨달아, 그의 대속의 죽음에 대한 깊은 감사로 항상 충만할 것이다. 이 속죄의 죽음을 통해서 하나님의 은혜는 우리에게 임한다. 예수님의 보혈을 통해 성령은 부어진다. 하나님 나라가 임하게 된다. 기도할 것이다. 복음의 능력, 성령의 권능을 얻도록 성령충만을 위해 기도할 것이다. 성령충만의 권능으로 땅 끝까지 증인의 삶, 전도자로서의 축복의 삶을 살 것이다. 즉시 기도하기 바란다. 성령충만을 받기 바란다.

성령충만은 믿음으로 받는다. 성령충만은 믿음충만이며, 곧 예수충만이다. 동시에 진리충만이요 말씀충만이다. 더 나아가서는 사랑충만이다. 기도할 것이다. 성령의 권능 받아 삶의 현장에서 전도자의 삶을 살 것이다.

13. (여호와의 종의) 고난에 대한 자세(Ⅰ)

⁷그가 곤욕을 당하여 괴로울 때에도 그의 입을 열지 아니하였음이여 마치 도수장으로 끌려가는 어린 양과 털 깎는 자 앞에서 잠잠한 양 같이 그의 입을 열지 아니하였도다 ⁸그는 곤욕과 심문을 당하고 끌려 갔으나 그 세대 중에 누가 생각하기를 그가 살아 있는 자들의 땅에서 끊어짐은 마땅히 형벌 받을 내 백성의 허물 때문이라 하였으리요 ⁹그는 강포를 행하지 아니하였고 그의 입에 거짓이 없었으나 그의 무덤이 악인들과 함께 있었으며 그가 죽은 후에 부자와 함께 있었도다(사 53:7-9).

여호와의 종의 고난을 묘사하고(1-3), 그 고난의 의의를 밝힌 후(4-6), 이제 고난에 대한 그의 자세를 예언한다. 그것은 침묵과 순종이었다. 이것도 십자가에 달리신 그리스도에게서 문자적으로 성취되었다(마 26:63, 27:14; 요 19:5).

7절: "그가 곤욕을 당하여 괴로울 때에도 그의 입을 열지 아니하였음이여" 그는 자신의 무죄함을 탄원하지 않고 값없이 자기 자신을 내어주어 우리를 위해 고난당하고 죽으시려 했으며 아무런 의의도 제의하지 않으셨다. 그는 위대하고 거룩한 목적을 위해 자발적으로 고난에 복종하셨다. 그는 어디까지나 의로우시지만 모든 억울한 것을 참으시며 침묵하셨다. 이 침묵에 대하여 우리는 세 가지 뜻 깊은 사실을 생각할 수 있다. ① **선지자로의 침묵이다.** 그는 선지자 중에도 선지자이신데 앞날의 승리를 내다 보시고 침묵하셨다(히 12:2). ② **왕적 침묵이다.** 그는 유일하신 만왕의 왕이시다(요 18:37). 최후적 승리는 그 자신이 지니고 계신 것이니 구태여 말로서 이기는 것을 원치 않으셨다. 공중에 높이 나는 학은 조알을 다투어 먹으려고 참새들 가운데 내려앉지 않는다. ③ **제사장적 침묵이다.** 제사장은 백성을 위하여 짐을 지는 자이다. 그리스도는 모든 제사장들이 예표한 실물과 같은 참 제사장으로서 하나님의 백성을 위하여 하나님께 제사를 드리는 사역자이실 뿐 아니고 그 자신이 제물이 되셨다. 그러므로 그는 죽임이 된 제물과 같이 고요하시다.

이 세 가지 침묵 역시 일종의 고난이다. 메시야는 모든 어려움을 그대로 당하시는 의미에서 입을 열지 아니하셨다. 이것이 우리의 구원을 마련해 주신 것이다. "**마치 도수장으로 끌려가는 어린 양과 털 깎는 자 앞에 잠잠한 양같이 그 입을 열지 아니하였도다**" 메시야는 하나님의 어린 양이다. 그는 "**털 깎는 자 앞에**" 아니, "**도살자 앞에 잠잠한 양 같이 그 입을 열지 아니하였다**" 이것은 메시야께서 고통 아래서 모범적으로 참으셨던 것과 비방 아래서도 온유함을 지키셨던 것 뿐만 아니라, 그가 그 아버지의 뜻에 기꺼이 응하신 것을 시사하고 있다. "내 원대로 마옵시고 아버지의 원대로 되기를 원하나이다." 메시야가 이렇게 우리의 죄를 위해 그의 영혼, 그의 생명을 바치신 것에 의해 우리가 거룩하게 된 것이다. 그리스도께서 고난을 당하신 것은 우리의 유익을 위한 것이었고, 우리를 대신한 것이었다.

이러한 이사야 선지자의 메시야 예언은 우리 주 예수 그리스도의 고난으로 문자적으로 성취되었다. "예수를 잡은 자들이 끌고 대제사장 가야바에게로 가니 거기 서기관과 장로들이 모여 있더라…대제사장들과 온 공회가 예수를 죽이려고 그를 칠 거짓증거를 찾으매 거짓 증인이 많이 왔으나 얻지 못하더니 후에 두 사람이 와서 이르되 이 사람의 말이 내가 하나님의 성전을 헐고 사흘 동안에 지을 수 있다 하더라 하니 대제사장이 일어서서 예수께 묻되 아무 대답도 없느냐 이 사람들이 너를 치는 증거가 어떠하냐 하되 **예수께서 침묵하시거늘**…"(마 26:57-63)

"대제사장들과 장로들에게 고발을 당하되 **아무 대답도 아니 하시는지라** 이에 빌라도가 이르되 그들이 너를 쳐서 얼마나 많은 것으로 증언하는지 듣지 못하느냐 하되 **한마디도 대답지 아니하시니**…"(마 27:12-14) 예수님은 그가 곤욕을 당하여 괴로울 때에 그 입을 열지 아니하였으며 마치 도수장으로 끌려가는 어린양과 같이 그 입을 열지 아니하였다. 이는 우리의 죄를 대신하신 고난이었기 때문이었다.

예수는 그리스도 하나님의 아들. 예수님은 하나님의 아들 그리스도시라는 증거로 죽은 자 가운데서 부활하셨다. 예수님은 성경의 예언대로 고난을 당하시고 성경의 예언대로 부활하셨다. 부활하신 예수님은 하나님 보좌 우편에 앉아 그리스도로 통치하시면서 우리에게 성령을 보내주셨다. 예수님은 지금 성령을 통해서 우리와 함께 하신다. 그러므로 우리에게 성령충만을 받으라고 명령하신다. 성령충만 받아 성령의 권능으로 땅 끝까지 증인이 되라고 명하신다. 복음전도자로서 살라고 명하시는 것이다. 그러므로 우리 모두는 즉시 성령충만을 받도록 기도할 것이다. 때를 얻든지 못 얻든지 복음을 전할 것이다. 이때 세상 끝날까지 전도자와 함께 하실 것을 예수님은 약속하셨다(마 28:20).

14. (여호와의 종의) 고난에 대한 자세(Ⅱ)

⁷그가 곤욕을 당하여 괴로울 때에도 그의 입을 열지 아니하였음이여 마치 도수장으로 끌려가는 어린 양과 털 깎는 자 앞에서 잠잠한 양 같이 그의 입을 열지 아니하였도다 ⁸그는 곤욕과 심문을 당하고 끌려 갔으나 그 세대 중에 누가 생각하기를 그가 살아 있는 자들의 땅에서 끊어짐은 마땅히 형벌 받을 내 백성의 허물 때문이라 하였으리요 ⁹그는 강포를 행하지 아니하였고 그의 입에 거짓이 없었으나 그의 무덤이 악인들과 함께 있었으며 그가 죽은 후에 부자와 함께 있었도다(사 53:7-9).

이사야 53장은 여호와의 종의 고난을 묘사하고(1~3), 그 고난의 의의를 밝힌 후(4-6), 이제 고난에 대한 자세를 예언한다(7-9). 그것은 침묵과 순종이었다. 이것도 십자가에 달리신 그리스도에게서 문자적으로 성취되었다(마 26:63, 27:14; 요 19:5).

8절: "그는 곤욕과 심문을 당하고 끌려 갔으나 그 세대 중에 누가 생각하기를 그가 살아 있는 자들의 땅에서 끊어짐은 마땅히 형벌 받을 내 백성의 허물 때문이라 하였으리요"

"그가 곤욕과 심문을 당하고 끌려 갔으나" 메시야는 극한 육적 고통과 정신적인 수모 중에 심문을 당하고, 끌려가 죽으셨다. 즉 메시야는 강도와 같이 잡히셨고(마 26:55), 끌려가 대제사장의 심문을 당하시고(마 26:57-68), 강도 사이에서 십자가에서 죽으신 것이다(마 27:38).

"그가 살아 있는 자들의 땅에서 끊어짐은 마땅히 형벌 받을 내 백성의

허물 때문이라 하였으리요" 이 말씀의 뜻은 예수 그리스도께서 하나님 백성을 위하여 대신 속죄하여 주실 것을 예언한 것이다. 앞 절과 위의 절은 구스 내시가 빌립에게 전도 받을 무렵에 읽던 말씀이다. 그는 이 말씀 때문에 예수님께서 그리스도이심이 믿어지게 된 것이다(행 8:32, 33)

하나님 말씀에서 가장 중요한 것은 속죄하여 주시는 구주에 관한 말씀이다. 속죄라는 말은 죄 값을 담당하고 나를 영원히 구원하여 주심을 의미한다. 이 세상에 종교들이 많이 있지만 속죄를 말하여 주는 종교는 기독교 밖에 없다. 예수 그리스도께서 속죄하여 주시는 구주님이심을 이해함에 있어서는, 변증론이나 비교종교학이나 혹은 어떠한 철학도 도와 줄 수 없다. 누구든지 이 속죄의 진리를 이해하려면, 그 자신이 이 진리에 직면해야 된다. 곧, **자기가 죄인이라는 사실을 알 때에** 자기 대신 속죄하여 주시는 구주님을 이해한다.

9절: "그는 강포를 행하지 아니하였고 그의 입에 거짓이 없었으나 그의 무덤이 악인들과 함께 있었으며 그가 죽은 후에 부자와 함께 있었도다"

그리스도는 행동이나 말에 죄가 없었다. "**그는 강포를 행치 아니하였고**" 이는 행위에 있어서 죄가 없으시다. 그뿐 아니라 그는 말에도 죄가 없다는 의미에서 본문은 "**그 입에 거짓이 없었으나**"라고 하였다.

그리스도는 이렇게 언행에 있어서 절대로 무죄하셨으나 우리 죄인들을 대신하여 고난을 받으실 것이 여기 암시되었다.

또 "**그의 무덤이 악인들과 함께 있었으며**" 유대의 교권자들은 무죄하신 그리스도를 악인 취급을 하여 강도와 같이 십자가에 못 박았고, 또 강도와 같이 매장하고자 계획하였다. 아마 십자가에 못 박힌 골고다 언덕 어느 곳에 예수님의 시신을 묻고자 했을 것이다. 그러나 하나님이 개입하셔서 영예로운 장례식을 받도록 하셨다. **"그가 죽은 후에 부자와 함께 있었도다"** 하나님은 유대인의 계획을 막으시고, 그리스도의 시신을 부자의 무덤에 묻게 하셨다. 이 예언은 문자적으로 성취되어 예수께서 아리마대의 부자 요셉의 새 무덤에 묻히신 것이다(마 27:57-60). 하나님의 종이 비참하게 죽었을 때 하나님의 진노가 충분히 일어났기 때문에 그의 대속적인 고난은 죽음 너머로는 미치지 않는다. 따라서 위로하는 말이 덧붙여진 것이다. 그 이유는 메시야가 자신의 죄 때문에 그런 고난을 받은 것이 아니기 때문이다.

예수는 그리스도 하나님의 아들. 예수님은 하나님의 아들 그리스도라는 증거로 죽은 자 가운데서 부활하셨다. 그리스도의 죽음과 부활이 복음의 기초이다. 이 가운데 그리스도의 죽음이 복음의 핵심이다. 그리스도의 죽음으로 죄와 사탄과 율법의 저주가 해결되었기 때문이다. 그리고 이 그리스도의 죽음은 구약성경에 수천 년 혹은 수백 년 전에 예언되어 왔으며, 예수님은 그 예언을 문자적으로 성취하셨다.

죽은 자 가운데서 부활하신 예수님은 약속하신대로 하나님 아버지께로부터 성령을 받아 우리에게 부어주셨다. 오직 성령은 예수님의 보혈을 통해서만 신자에게 부어진다. 십자가에 못 박히신 그리스도를 바라보면서 성령을 부어주시도록 기도하기 바란다. 성령충만을 받을 것이다. 우리가 하나님께 받는 모든 영적 은혜와 선물의 총체는 성령님이다. 최고의 기도인 성령충만을 구할 것이다. 성령의 권능 받아 삶의 현장에서 전도자의 삶을 살 것이다. 기도하기 바란다. 성령충만 받기 바란다. 기도한 만큼 성령충만을 받을 것이다.

15. (여호와의 종의) 고난의 결과

¹⁰여호와께서 그에게 상함을 받게 하시기를 원하사 질고를 당하게 하셨은즉 그의 영혼을 속건제물로 드리기에 이르면 그가 씨를 보게 되며 그의 날은 길 것이요 또 그의 손으로 여호와께서 기뻐하시는 뜻을 성취하리로다 ¹¹그가 자기 영혼의 수고한 것을 보고 만족하게 여길 것이라 나의 의로운 종이 자기 지식으로 많은 사람을 의롭게 하며 또 그들의 죄악을 친히 담당하리로다 ¹²그러므로 내가 그에게 존귀한 자와 함께 몫을 받게 하며 강한 자와 함께 탈취한 것을 나누게 하리니 이는 그가 자기 영혼을 버려 사망에 이르게 하며 범죄자 중 하나로 헤아림을 받았음이니라 그러나 그가 많은 사람의 죄를 담당하며 범죄자를 위하여 기도하였느니라(사 53:10-12).

여호와의 종, 메시야(그리스도)의 고난은 십자가의 고난이었다. 이 고난은 속건제물로서 만민의 죄를 지신 것이고, 그 고난의 결과는 하나님 아버지에 의해 '우리 최고의 선지자', '우리 유일한 대제사장', 그리고 '우리의 영원한 왕'으로 임명된다. 이 땅에서 시작된 그의 세 가지 직분은 승귀하신 후 하늘에서도 계속된다.

10절 "여호와께서 그에게 상함을 받게 하시기를 원하사 질고를 당하게 하셨은즉" "상함을 받게"하며 "질고를 당케"함은 그리스도의 수난을 의미한다. 구체적으로 그리스도의 십자가 고난을 가리킨다. 여호와는 그 고난을 통한 만민의 구속을 원하신 것이다.

"그의 영혼을 속건제물로 드리기에 이르면" 그리스도께서 십자가에 죽으신 것은 육신의 고통만 아니고 겸하여 영혼의 수고였던 것이다. 그가 겟세마네에서 기도하시는 중 피땀을 흘리시면서 그야말로 그의 영혼이 피를 흘림과 같은 고통을 당하셨다. 그가 이렇게 영혼으로서도 고난을 받으신 것은 우리의 죄과를 담당하시기 위함이었다. 다시 말하면, 그의 영혼은 우리를 대속한 속건제물이 된 것이다.

"**그가 씨를 보게 되며**" 그리스도께서 대속의 제물로서 죽으신 결과 그를 믿는 자들이 생겨날 것을 말한다.

"**그의 날은 길 것이요**" (그리스도의) 죽음은 끝이 아니었다. 그 날의 길게 됨은 죽음의 고통을 이긴 다음 부활을 겨냥한다. 이제 그리스도는 살아나셨고 영원히 살 것이다.

"**그의 손으로 여호와께서 기뻐하시는 뜻을 성취하리로다**" 그리스도께서 그의 하시는 일로 하나님의 구원의 경륜을 이루신다는 것이다.

마지막으로 11절과 12절에서 하나님의 종의 순종에 대한 영광스러운 결과를 묘사한다. 여호와의 종은 하나님 아버지에 의해 '우리의 최고의 선지자', '우리의 유일한 대제사장', 그리고 '우리의 영원한 왕'으로 임명된다. 이 땅에서 시작된 그의 세 가지 직분은 승귀하신 후 하늘에서도 계속된다.

11절 "**그가 자기 영혼의 수고한 것을 보고 만족하게 여길 것이라**" 하나님께서 말씀하시기를 고난이 여호와의 뜻이고, 또 그 결과 많은 사람을 의롭게 할 것을 보시고는 만족하실 것이다. 그러므로 극히 비하하여 고난 받으신 그는 그 후에 극히 승귀되어 영광 받으신 것이다(빌 2:7-11). 여호와 종의 만족은 또한 **여호와 자신의 만족을 말한다.** 실로 **하나님의 만**

족은 하나님과 인간간의 화목에서 중요한 요소가 되는 것이다. **십자가의 대속은** 인간편에 완전한 속죄가 되는 동시에 **하나님 편에 만족이 되는 것이기 때문이다.** 그리고 이 사역의 효과는 많은 사람들에게 의로 가는 길을 제시하는 것이다.

"**나의 의로운 종이 자기 지식으로 많은 사람을 의롭게 하며**"이는 하나님의 종이 '**선지자**'로 **임명됨**을 말한다. 하나님의 종은 고난의 사역의 효과로 많은 사람들에게 자기의 말과 영을 통해 바른 길을 보여줄 것이다. 하나님의 종은 오직 그에게만 허락된 지식의 열매를 통해 선지자 직분을 수행하실 것이다. 즉 **하나님의 종은 우리의 최고의 선지자와 선생으로서 많은 사람들에게 의**, 즉 그들이 하나님 앞에 설 수 있는 의로 가는 길을 제시하실 것이다.

"**또 그들의 죄악을 친히 담당하리라**" 하나님의 종은 '**참대제사장**'으로 임명된다. 이 하나님의 종은 계속해서 죄를 짊어짐이 다시 한 번 강조된다. 그는 참대제사장으로서 항상 우리의 죄를 도말하신다. 그는 자기의 "단번의 희생죽음"에 근거하여 항상 자기 백성을 그 죄에서 해방시키신다. 그는 하늘 지성소의 대제사장이시다.

12절 "**그러므로 내가 그에게 존귀한 자와 함께 몫을 받게 하며 강한 자와 함께 탈취한 것을 나누게 하리니**" 고난의 종이 자기 백성을 위해 자신을 희생제물로 드렸기 때문에 하나님이 그를 높이셨다(빌 2:9). **하나님은 그를 '왕'으로 세우시고 그에게 자기 영혼의 수고한 대가로서 많은 사람을 소유할 수 있는 권한을 부여하셨다.** 그것은 강력한 이방 백성들의 왕으로서 그들을 통치할 것이다. 이것은 그리스도의 영적승리를 비유한다. 시 68:18에도 이런 비유가 나온다. 그리스도는 자기의 동역자에게 자기가 치열한 싸움을 통해 얻은 승리의 탈취물을 분배할 것이다. 그는 자기 제자들에게 분배할 것이다. 그는 자기 제자들에게 분배할 것이다.

무엇을 통해 이 엄청난 것을 얻었느냐는 이사야 53장 끝부분에 다시 한 번 표현되는데, 이것은 시적인 운을 맞추기 위함이다.

"이는 그가 자기 영혼을 버려 사망에 이르게 하며 범죄자 중 하나로 헤아림을 받았음이니라 그러나 그가 많은 사람의 죄를 담당하며 범죄자를 위하여 기도하였느니라" 위와 같은 승리의 원인은 메시야의 속죄의 고난이다. 자기 생명을 붓고 죽었기 때문이다. 범죄자 중 하나로 여기도록 했기 때문이다. 그가 희생제물의 짐승처럼 많은 사람의 죄를 지고 갔기 때문이다. 끝으로 그는 악인들을 위해 간구하는 자로 등장하기 때문이다. 부활 승천하신 후에는 하나님 우편에서 기도하시는 사실까지 예언하는 말씀이다.

이사야 53장 전체가 얼마나 적절하게 예수 그리스도에 해당하느냐는 다음과 같이 구스 내시에게 전한 복음을 통해 쉽게 증명된다. 즉 전도자 빌립이 구스 내시에게 예수를 전했을 때 그는 다른 성경 구절을 그의 설교 내용으로 삼지 않고 이사야 53장으로부터 시작하여 설명했다(행 8:35 **"빌립이 입을 열어 이 글에서 시작하여 예수를 가르쳐 복음을 전하니"**). 이를 통해 그리스도 교회는 사도시대 이후 우리 세대까지 바른 길을 지시 받은 것이다.

예수는 그리스도 하나님의 아들. 예수님은 하나님의 아들 그리스도시라는 증거로 죽은 자 가운데서 부활하셨다. 예수님은 성경대로 우리 죄를 위하여 죽으시고 장사지낸바 되셨다가 성경대로 다시 살아나셨다.

그리고 부활하신 예수님은 하나님 보좌 우편에 앉아 그리스도로 통치하시면서 우리에게 성령을 보내주셨다. 예수님은 지금 성령을 통해서 우리와 함께 하신다. 그러므로 우리에게 성령충만을 받으라고 명령하신다. 성령충만 받아 성령의 권능으로 땅 끝까지 증인이 되라고 명하신다. 복음전도자로서 살라고 명하시는 것이다. 그러므로 우리 모두는 즉시 성령충만을 받도록 기도할 것이다. 각인이 처한 삶의 현장에서 자신의 신분에 합당한 전도자의 삶을 찾아내어 전도자의 삶을 살 것이다. 기도하기 바란다.

제 14 장
복음과 성령의 사역

체질을 만들어라
복음체질
기도체질
성령충만체질
전도체질

1. 성령의 나타남과 능력으로(Ⅰ)

> 이는 우리 복음이 말로만 너희에게 이른 것이 아니라 또한 능력과 성령과 큰 확신으로 된 것임이라 우리가 너희 가운데서 너희를 위하여 어떤 사람이 된 것은 너희 아는 바와 같으니라(살전 1:5).

이 말씀은 앞 절 4절의 (하나님이) "너희를 **택하심**을 아노라"는 말씀에 이어서 나오는 말씀이다. 곧 택하심의 증거는 성령께서 복음을 그들의 마음에 깊이 납득시켰다는 사실이었다. 복음은 단순히 말이 아니라 능력과 성령과 큰 확신으로 임했고, 바울과 그 무리들이 산 증인이 된다는 것이다. 자신이 선택 받았음을 성령과 그의 활동인 능력과 큰 확신으로 증거 된다는 것이다.

그러므로 무엇이 초대교회를 지배했으며, 당시 세계를 뒤집어 엎었는가? 단순한 신학적인 가르침이었는가? 단순히 올바른 교리를 선포하는 것이었는가? 그러한 것 위에 '**성령의 나타남과 능력**'이 있었다. 바른 교리와 함께 성령의 나타남과 능력이 있었다. 바른 교리를 전한다 해도 교회가 죽은 상태에 있을 수 있다. 정통이면서도 죽어 있을 수 있고, 완전히 정통이면서도 아무 쓸모없는 교회일 수 있다. 바른 교리 위에 성령의 나타남과 능력이 있어야 한다.

살전 1:5절에서 "**또한 능력과 성령과 큰 확신으로**"라고 하면서 성령을 그 중앙 위치에 둔 것은, '**성령**'은 그 밖의 다른 두 가지의 근원으로서 가장 중요한 은사이기 때문이다. **진정한 전도자는 성령님과 같이 일하는 자이다.** 여기서 '능력'은 단순히 이적을 말함이 아니라 성령으로 말미암은 '영력'을 말한다. 즉 사람의 마음 속까지 감동하여 변화시키는 성령님의 감화력을 말한다. 또 여기서 **'큰 확신'**은 최대의 확신을 말하며 이는 데살로니가 교회 가운데 역사하는 내적인 사역으로, 사도 바울에게는 그에게 있었던 주관적 심리상태를 의미한다. 소명감에 대한 확신이다.

데살로니가 교인들에게는 복음이 말씀으로 뿐만 아니라 권능으로 그들에게 임하였다. 그들은 복음을 들었을 뿐만 아니라 그 권능에 복종하였다. 복음은 단순히 그들의 귀를 즐겁게 해주었다거나 단순히 어떤 관념으로 그들의 머리를 채워준 것이 아니었다. 그것은 그들의 마음을 감화시켰다. 거룩한 권능이 말씀과 함께 하므로 그들로 깨닫게 하고 그들의 삶을 변화시켜 주었다. 만약 우리가 앵무새처럼 기계적으로 하나님의 일에 대하여 말하는 것이 아니라, 우리의 마음 속에 그러한 것들이 영향을 가해서 우리의 욕망을 억제케 하여 세상에 대해 우리를 지키고 하늘나라의 일들을 위하여 우리를 일어서게 만든다면 이를 통하여 우리가 선택되었다는 사실을 알 수 있을 것이다.

요약하면 데살로니가 교인들에게 바울사도가 전한 복음은 성령 안에서, 즉 성령의 능력있는 힘과 더불어 그들에게 임하였음을 말한다. **복음이 권능으로 임할 때는 언제나 그것이 성령의 역사이다. 성령이 하나님의 말씀에 동반하여 그의 권능에 의하여 말씀을 효과적으로 나타내지 않는다면 복음은 우리에게 있어서 단순히 죽은 문자에 지나지 않을 것이다.** 문자는 죽이는 일을 하나 생명을 주시는 이는 성령인 것이다.

예수는 그리스도 하나님의 아들. 이 복음으로 우리 인생 모든 문제가 처리되고 해답을 얻는다. 이 복음으로 깊이 뿌리를 내릴 것이다. 그리고 복음의 능력, 성령의 권능을 얻도록 성령충만을 위해 기도할 것이다.

성령충만은 믿음으로 받는다. 성령충만은 예수님을 그리스도로 믿는 믿음충만이다. 곧 예수충만이요, 진리충만이며 말씀충만이고 거룩충만이다. 또한 사랑충만이다. 동시에 신자가 성령충만 받을 때 성령의 능력이 나타난다. 영력·지력·체력·경제력·인력 등의 능력이 나타난다. 신자는 이 권능으로 건강도 유지하고, 사업하고, 직장생활하고 문화활동을 하고 현장에 권능의 복음을 전한다. 기도하기 바란다. 복음 받은 신자가 성령충만을 받고자 기도하면 성령의 나타남과 능력이 있게 되어 있다. 믿음의 차이는 있겠지만 기도하면 반드시 성령의 역사가 있음을 믿을 것이다. 기도하고 기도하기 바란다.

2. 성령의 나타남과 능력으로(Ⅱ)

우리 자신과 우리 교회에 '**성령의 나타남과 능력**'이 있어야 한다. 우리는 성령의 부어주심을 위해서 기도해야 한다. 우리는 우리가 모시지 않는 영을 구하는 것이 아니라 우리가 모시고 있는 영을 더 간구해야 한다.

이 시간 우리에게 요청되는 것은 무엇보다 우리 자신과 교회에 '**성령의 나타남과 능력**'을 구하는 것이다. "**우리 구주 예수 그리스도로 말미암아 우리에게 그 성령을 풍성히 부어주소서**". "**성령이여 임하소서 성령이여 충만히 임하소서. 성령을 부어주소서**"라고 줄기차게 기도해야 한다. 성령의 권능이 없고서는 예수 그리스도 복음은 우리에게 있어서 단순히 죽은 문서에 지나지 않게 된다. 계속 성령충만을 구해서 세상 속에서 거룩한 성령의 능력으로 흑암을 정복하고 승리할 것이다.

> ¹형제들아 내가 너희에게 나아가 하나님의 증거를 전할 때에 말과 지혜의 아름다운 것으로 아니하였나니 ²내가 너희 중에서 예수 그리스도와 그가 십자가에 못 박히신 것 외에는 아무 것도 알지 아니하기로 작정하였음이라 ³내가 너희 가운데 거할 때에 약하며 두려워하고 심히 떨었노라 ⁴내 말과 내 전도함이 설득력 있는 지혜의 말로 하지 아니하고 다만 성령의 나타남과 능력으로 하여 ⁵너희 믿음이 사람의 지혜에 있지 아니하고 다만 하나님의 능력에 있게 하려 하였노라(고전 2:1-5).

예수 그리스도는 복음의 진수요 총합이다. 복음을 전하는 사역자들의 설교의 대주제다. 바울의 전도를 들은 사람은 바울이 그리스도와 십자가에 못 박힌 그리스도만을 알고 있음을 알 수 있다. **4절의 "성령의 나타남"과 "능력"은 "능력 있는 성령의 나타남"으로 성령께서 능력 있게 나타나심으로 바울이 복음을 전할때에 듣는 자에게 확신을 주었다.**

  복음이 인간의 지혜나 능력의 부추김을 받을 때 그 복음을 믿는 사람은 사실 인간의 지혜나 능력을 믿는 것이다. 그런 믿음은 구원을 가져올 수 없다.

  이런 간증을 들은 바 있다. 미국에서 '신약' 과목을 가르치는 교수가 있었다. "자기 신앙이 바닥에 떨어질 때 자기를 구해주는 것이 철학이다."라고 자기 친구 신학교수에게 말했다. 어떻게 그런 생각을 하느냐 했더니, "고민을 하고 고민을 할수록 인간의 이성으로 '하나님이 안 계시다'라고 이야기할 수 없다는 것", "아무리 객관적으로 생각하고 과학적으로 생각할수록 하나님의 영역이 자기에게는 더 많이 가깝게 다가온다"는 것이었다. 그러니까 이성을 사용하여 신앙을 확증한다는 것이다.

  이렇게 이성을 활용하는 것이 잘못은 아니지만, 우리의 믿음이 우리의 이성 위에 있다면 그것은 구원 얻는 믿음이 못된다. 우리의 믿음은 사람의 지혜에 있지 아니하고 다만 하나님의 능력에 있어야 한다. 복음진리가 기준이다. 하나님의 말씀이 기준이다. 하나님의 은혜로 믿음을 갖고, 하나님의 은혜로 믿음을 유지한다. 예수 그리스도와 그가 십자가에 못 박히신 것이 성령의 은혜로 믿어져야 한다.

  그러므로 복음전도 할 때 상대방을 설득하려고 할 것이 아니고, 예수가 그리스도라는 복음을 선포해야 한다. 그리스도의 죽음과 부활을 선포해야 한다. 오직 하나님의 아들 예수 그리스도가 선포되어야 하고 결과는 하나님께 맡겨야 한다. 복음전도에 성령의 나타남과 능력이 필요하다. 복음전도는 치열한 영적 전쟁의 현장이기에 사전에 기도하고 기도하여 성령충만을 받고 복음을 전해야 한다.

예수는 그리스도 하나님의 아들. 예수님은 하나님의 아들 그리스도시라는 증거로 죽은 자 가운데서 부활하셨다. 부활하신 예수님은 하나님 보좌 우편에 앉아 그리스도로 통치하시면서 우리에게 성령을 보내주셨다. 예수님은 지금 성령을 통해서 우리와 함께 하신다. 그러므로 우리에게 성령충만을 받으라고 명령하신다. 성령충만 받아 성령의 권능으로 땅 끝까지 증인이 되라고 명하신다. 복음전도자로서 살라고 명하시는 것이다. 그러므로 우리 모두는 즉시 성령충만을 받도록 기도할 것이다.

십자가에 못 박힌 그리스도 앞에 나아와 그 그리스도를 바라보고 그 그리스도께 기도할 것이다. "우리 구주 예수 그리스도로 말미암아 우리에게(저에게) 그 성령을 풍성히 부어주소서". 성령의 권능을 받고 세상에 나가서 때를 얻든지 못 얻든지 복음을 전하는 자가 될 것이다. 정치가는 정치가다운 전도자의 삶을, 학자는 학자다운 전도자의 삶을, 신문기자는 기자다운 전도자의 삶을 찾아내어 복음의 증인으로 살 것이다. 기도하고 기도하기 바란다.

3. 성령충만의 결과 다섯 가지 역사

¹오순절 날이 이미 이르매 그들이 다같이 한 곳에 모였더니 ²홀연히 하늘로부터 급하고 강한 바람 같은 소리가 있어 그들이 앉은 온 집에 가득하며 ³마치 불의 혀처럼 갈라지는 것들이 그들에게 보여 각 사람 위에 하나씩 임하여 있더니 ⁴그들이 다 성령의 충만함을 받고 성령이 말하게 하심을 따라 다른 언어들로 말하기를 시작하니라 ⁵그 때에 경건한 유대인들이 천하 각국으로부터 와서 예루살렘에 머물러 있더니…⁸우리가 우리 각 사람이 난 곳 방언으로 듣게 되는 것이 어찌 됨이냐 ⁹우리는 바대인과 메대인과 엘람인과 또 메소보다미아, 유대와 갑바도기아, 본도와 아시아, ¹⁰브루기아와 밤빌리아, 애굽과 및 구레네에 가까운 리비야 여러 지방에 사는 사람들과 로마로부터 온 나그네 곧 유대인과 유대교에 들어온 사람들과 ¹¹그레데인과 아라비아인들이라 우리가 다 우리의 각 언어로 하나님의 큰 일을 말함을 듣는도다 하고…이는 곧 선지자 요엘을 통하여 말씀하신 것이니 일렀으되 ¹⁷하나님이 말씀하시기를 말세에 내가 내 영을 모든 육체에 부어 주리니 너희의 자녀들은 예언할 것이요 너희의 젊은이들은 환상을 보고 너희의 늙은이들은 꿈을 꾸리라 ¹⁸그 때에 내가 내 영을 내 남종과 여종들에게 부어 주리니 그들이 예언할 것이요…²¹누구든지 주의 이름을 부르는 자는 구원을 받으리라 하였느니라 ²²이스라엘 사람들아 이 말을 들으라 너희도 아는 바와 같이 하나님께서 나사렛 예수로 큰 권능과 기사와 표적을 너희 가운데서 베푸사 너희 앞에서 그를 증언하셨느니라…³⁷그들이 이 말을 듣고 마음에 찔려 베드로와 다른 사도들에게 물어 이르되 형제들아 우리가 어찌할꼬 하거늘 ³⁸베드로가 이르되 너희가 회개하여 각각 예

수 그리스도의 이름으로 세례를 받고 죄 사함을 받으라 그리하면 성령의 선물을 받으리니…⁴¹그 말을 받은 사람들은 세례를 받으매 이 날에 신도의 수가 삼천이나 더하더라 ⁴²그들이 사도의 가르침을 받아 서로 교제하고 떡을 떼며 오로지 기도하기를 힘쓰니라(행 2:1-42).

우리가 참되게 예수 그리스도 복음을 받고 기도하면 하나님은 온 세계에 성령으로 역사하신다. 우리는 그리스도 복음을 깨달으면서 복음의 능력, 성령의 역사를 깨달아야 한다. 이 때부터 계속적인 응답이 오게 된다.

인간은 영적인 존재이기에 영의 세계에 있다는 자체를 깨달을 때부터 역사가 시작된다. **우리가 성령의 역사가 당연히 있다는 사실을 믿을 때부터 역사가 일어난다.**

우리가 성령충만의 힘을 얻으면 **다섯 가지가 되어진다.**

1) 사도행전 2장 1절-4절의 **바람 같은 불같은 역사가 일어난다.** 이 말은 한마디로 우리는 우리가 가진 한계, 그 한계에서 벗어나는 놀라운 일이 일어난다.

2) 그렇게 어렵다던 **전도문이 열리기 시작한다.** 행 2:9-11. 15개국 전도문이 열렸다. 성령의 역사, 성령의 힘을 얻으면 전에는 그렇게 어렵다고 생각된 전도가 가장 쉽게 열려진다. 상대방이 와서 물어본다. 시끄럽게 전도할 필요가 없다. 불신자가 보고 안다. 요셉을 보고 시위대장 보디발이 알았다. 하나님이 함께 하시는구나! 그러면 말만 해주면 전도

가 된다. 이런 문들이 열린다.

3) 하나님의 말씀이 성취되기 시작한다. 예배 중 설교말씀을 들으면서, "아 그랬구나". 하는 응답이 오기 시작하는 것이다. 행 2:16-36.

4) 이때부터 **제자가 일어난다.** 사도행전 2:41 "…신도의 수가 삼천이나 더하더라."

5) 현장에 역사가 일어난다. 행 2:42 "그들이 사도의 가르침을 받아 서로 교제하고 떡을 떼며 오로지 기도하기를 힘쓰니라.", **예배드리고 하나님의 말씀이 현장에 신기하게 성취된다.** 이러면 힘을 얻을 수밖에 없다.

물론 행 2:42절은 초대교회의 생활의 모습이기도 하다. 첫째 사도의 가르침을 받았다. 구약성경을 의지하여 예수가 그리스도인 것을 가르침 받았다. 성령충만은 복음을 받고 순종하도록 이끈다. 둘째 서로 교제하였다. 성도 간에 서로 사랑의 교제가 있었다. 셋째 떡을 떼었다. 성만찬을 가졌다. 넷째 오직 기도하기를 힘썼다. 기도에 힘쓰지 않으면 성령충만한 신앙을 보존할 수 없는 것이다. 초대교회는 이런 간절한 기도에서 시작되고 성령충만의 역사가 지속되어 갈 수 있었다. 기도가 없이는 성령의 역사가 나타날 수가 없다.

예수는 그리스도 하나님의 아들. 예수님은 하나님의 아들 그리스도라는 증거로 죽은 자 가운데서 부활하셨다. 부활하신 예수님은 지금 성령으로 우리 가운데서 역사하신다. 그러므로 성령충만을 받으라고 명령하셨다.

　복음 받은 그리스도인이 기도하면 당연히 성령의 충만을 받게 되어 있다. 성령충만은 복음 받은 그리스도인의 특권이면서 동시에 의무이다. 성령충만을 받으면 다섯 가지 성령의 역사가 나타난다. 바람 같은 불같은 역사가 나타나 자신의 한계를 뛰어 넘게 하고, 전도의 문이 열리기 시작하며, 예배 중 성령의 감동으로 받은 말씀이 현장에서 성취되고, 제자들이 일어나며, 그리스도 증인으로 살게 한다.

　그러므로 복음 받은 우리 모두는 성령의 충만을 받도록 기도할 것이다. 성령의 권능 받아 성령의 역사의 일군이 될 것이다. 기도하기 바란다. 기도한 만큼 역사가 일어나게 되어 있다.

4. 구원은 하나님께서 성령으로 우리에게 인(印)치신 것임

> [13]그 안에서 너희도 진리의 말씀 곧 너희의 구원의 복음을 듣고 그 안에서 또한 믿어 약속의 성령으로 인치심을 받았으니 [14]이는 우리 기업의 보증이 되사 그 얻으신 것을 속량하시고 그의 영광을 찬미하게 하려 하심이라(엡 1:13-14).

구원은 복음을 듣는데서 부터 온다. 복음을 본문은 진리의 말씀이라고 한다. 그 이유는 복음만이 참 하나님을 알려주는 까닭이고, 참 인생관을 알게 해주는 까닭이며, 복음만이 참 우주관을 알려주는 까닭이고, 복음만이 인생의 바른 관찰과 바른 행동원리를 주는 까닭이다.

이 구원의 복음을 듣고 믿는 자는 구원을 얻는데, 이 구원은 하나님께서 성령으로 우리에게 인을 치시는 것이다. 그래서 **"약속의 성령으로 인치심을 받았으니"** 라고 하는 것이다. **"약속의 성령"** 이란 구약성경에서 여러번 약속된 성령을 말한다. 이 성령을 받아 마치 증서에 인(印)을 쳐서 이를 확실하게 하는 것처럼 하나님의 것이라는 것, 또는 하나님에게서 기업으로 받은 것이 확실하다는 소유의 표시를 하시는 것이다.

그러므로 우리에게 하나님께서 **"성령으로 인치심"은 성령을 주신 사실을 말한다.** 그리고 이것을 **"우리 기업의 보증"** 이라고 한다. '보증'이란 매매하는 일에 있어서 지불되는 계약금을 가리킨다. 그것은 후에 위약이 없도록 보증하는 것이다. 우리 주 예수 그리스도께서 그의 보혈로 우리를 사셔서 천국의 기업을 주셨는데, 하나님께서 그것을 확실히 주시겠다는 계약의 의미로 우리에게 성령을 주신 것이다.

이와 같이 우리에게 보증으로 주신 성령은 우리의 장래 구원을 현세에서부터 확고하게 해주시는 것이다. 우리는 성령의 실재성을 깨닫고 성령충만의 비밀을 나름대로 갖고 기도하며 살 때 능력 있는 신앙생활을 영위할 수 있다. **'성령충만'을 받을 때** 우리는 **구원의 '확신', '신앙'의 확신을 갖게 된다.** 예수님을 "**말할 수 없는 영광스러운 즐거움으로**" 기뻐하게 되는 것이다. 우리 모두 성령충만을 구해야겠다.

참고로 오늘 본문의 성령의 인침을 성령의 세례와 동일시하면서 특별한 은혜가 부어지는 능력의 역사로 해석하는 은사주의자들이 있다. 그들은 성령의 세례의 개념부터 틀리게 가졌을 뿐만 아니라(성령세례는 그리스도와의 연합을 위한 것), 성령의 인침도 특별한 능력으로 오해한다. 그래서 그들은 성령 인침 혹은 성령의 세례를 받으면 단순히 중생한 신자보다 더 능력을 갖는 고급신자가 되는 양 생각한다. 그러나 이런 해석이나 생각은 다 무지의 소산이다. 성령의 약속, 인, 보증은 하나님께서 자기 백성의 삶 속에서 그렇게 활동하신다는 확신을 주시기 위한 것이다. 복음 받은 모든 그리스도인들은 모두 성령세례를 받은 자들이요, 성령의 인침을 받은 자들이다. 하나님은 자기 백성을 자기 것이라고 표시하기 위해 성령으로 인치신다.

예수는 그리스도 하나님의 아들. 예수님은 하나님의 아들 그리스도시라는 증거로 죽은 자 가운데서 부활하셨다. 부활하신 예수님은 하나님 보좌 우편에 앉아 그리스도로 통치하시면서 우리에게 성령을 보내주셨다. 예수님은 지금 성령을 통해서 우리와 함께 하신다. 그러므로 우리에게 성령충만을 받으라고 명령하신다. 성령충만 받아 성령의 권능으로 땅 끝까지 증인이 되라고 명하시는 것이다. 이 메시지가 신약성경의 핵심주제다. 다른 것은 사실은 보조적인 것이라고 할 수 있다.

그러므로 복음 받은 우리 모두는 성령의 인치심을 받은 자로서 복음전도자로 살도록 성령충만을 받을 것이다. 은사주의자들의 잘못된 견해에 혼란을 일으키지 말고 기도하여 성령충만을 받을 것이다. 기도하는 것만큼 성령충만을 받는다. 성령충만은 믿음충만이요, 예수충만이고, 진리충만이며, 거룩충만이고, 사랑충만이다. 영혼구원에 대한 권능충만이다. 성령충만 받아 삶의 현장에서 그리스도 사랑의 증인이요, 평강과 희락의 하나님 나라 증인으로 살기 바란다. 이 복음으로 세상 사람들의 찢어진 마음, 깨어진 인간관계를 치유하는 전도자가 되기를 기원한다. 기도하고 기도하라.

5. 새 남편 그리스도. 섬기는 방법은 성령으로!

¹형제들아 내가 법 아는 자들에게 말하노니 너희는 그 법이 사람이 살 동안만 그를 주관하는 줄 알지 못하느냐 ²남편 있는 여인이 그 남편 생전에는 법으로 그에게 매인 바 되나 만일 그 남편이 죽으면 남편의 법에서 벗어나느니라 ³그러므로 만일 그 남편 생전에 다른 남자에게 가면 음녀라 그러나 만일 남편이 죽으면 그 법에서 자유롭게 되나니 다른 남자에게 갈지라도 음녀가 되지 아니하느니라 ⁴그러므로 내 형제들아 너희도 그리스도의 몸으로 말미암아 율법에 대하여 죽임을 당하였으니 이는 다른 이 곧 죽은 자 가운데서 살아나신 이에게 가서 우리가 하나님을 위하여 열매를 맺게 하려 함이라 ⁵우리가 육신에 있을 때에는 율법으로 말미암는 죄의 정욕이 우리 지체 중에 역사하여 우리로 사망을 위하여 열매를 맺게 하였더니 ⁶이제는 우리가 얽매였던 것에 대하여 죽었으므로 율법에서 벗어났으니 이러므로 우리가 영의 새로운 것으로 섬길 것이요 율법 조문의 묵은 것으로 아니할지니라(롬 7:1-6).

모든 그리스도인은 그리스도에게 시집간 것이다. 그런 지위가 아니고서는 그리스도인이 될 수 없다. 우리는 율법에 대하여 결혼하였든지 아니면 그리스도에 대하여 결혼한 사람들이다.

오늘 본문은 신자가 **"율법 아래 있지 아니하고 은혜 아래 있음"**을 비유로 밝히는 것으로, 여기서는 부부관계로서 **"은혜 아래 있음을"** 강조한다. 신앙의 관계를 부부관계로 표시하는 것은 신구약 성경이 밝히는 바이다.

구약에는 선민과 하나님의 관계를 남편과 아내로 표시했고(사 62:4, 5; 호 2:2, 3:1) 신약에도 신자와 그리스도의 관계를 부부관계로 표시하고 있다(요 3:29; 엡 5:22-33; 계 19:9).

오늘 본문에서는 여인이 전 남편이 죽으므로 그의 법에서 놓여나와 새로운 남편을 맞이하여 열매를 맺는다는 것이다. 전 남편과는 불임이었으나 새로운 남편과는 다산의 열매를 맺게 된다. 여기서 여인은 '신자', **전 남편은 '율법'**, 그리고 **새 남편은 '그리스도'**인 것이다.

"법이 사람이 살 동안만 그를 주관하는 줄" 이 말씀은 세계의 어느 법이든 사람이 죽으면 그만인 것을 말한다. **"남편이 죽으면 그 법에서 자유하게 되나니 다른 남자에게 갈지라도 음부가 되지 아니하느니라"**. 남편이 죽으면 그의 법에서 벗어났으므로 다른 남자를 따라가도 음부가 되지 않고 정당한 재혼이 된다는 말이다.

"그러므로 내 형제들아 너희도 그리스도의 몸으로 말미암아 율법에 대하여 죽임을 당하였으니" 죽은 남편은 율법, 죽은 곳은 그리스도의 십자가, 그리고 새로운 남편은 그리스도시다.

"이는 다른 이 곧 죽은 자 가운데서 살아나신 이에게 가서(시집가서, "… be married to another") 우리가 하나님을 위하여 열매를 맺게 하려 함이라". 여기 **'다른 이'는 '죽은 자 가운데서 살아나신 이'**시요 곧 그리스도이시다. 신자는 이제 전남편인 율법이 그리스도의 십자가에서 죽었으므로 죽은 자 가운데 살아나신 새로운 남편에게 시집을 가는 것이다. 그 이유는 전 남편 율법에게서는 불임이었기에, 새 남편 그리스도에게 시집가서 **"하나님을 위하여 열매를 맺게 하려함"**인 것이다. 그래서 신자는 불임에서 다산의 사람이 된다. 곧 사랑, 은혜 및 모든 선한 일에 있어서 풍성한 수

확이다.

이렇게 우리가 새로운 남편 그리스도에게 결혼했으면, 우리의 행동은 바꾸어야 하는 것이 마땅하다. 6절을 보면 "… 이러므로 우리가 **영의 새로운 것**으로 섬길 것이요 율법 조문의 묵은 것으로 아니할지니라". **새 남편 그리스도를 섬기는 방법은 '성령'으로 섬기는 것이다.** 새 생활의 특징은 성령의 것이다. 옛 상태는 기록된 율법에 규정되는 것이었다. 그래도 우리가 섬기는 일은 마찬가지다. 그러나 율법시대 죄악의 종살이가 철저한 고행이었듯이, 새 남편 그리스도를 섬기는 것은 철저하게 자유의 섬김이다. 이제 우리는 새 영으로, 새로운 정신적 규범에 의해서, 새로운 정신적 원칙으로, 곧 **영과 진리(요 4:24)로 섬겨야 한다.** 하나님의 성령에 의해서 이루어진 우리의 영의 변화가 있어야 한다. 이제 우리는 성령의 시대에 살고 있다. 따라서 우리는 영적이어야 하고 영으로 섬겨야 마땅하다 (고후 3:3-18). 이제는 더 이상 바깥뜰에서가 아니라 장막 속에서 예배하는 것이 마땅하다.

예수는 그리스도 하나님의 아들. 예수님은 하나님의 아들 그리스도시라는 증거로 죽은 자 가운데서 부활하셨다. 부활하신 예수님은 하나님 보좌 우편에 앉아 그리스도로 통치하시면서 우리에게 성령을 보내주셨다. 예수님은 지금 성령을 통해서 우리와 함께 하신다.

한 개인이 예수님을 그리스도로 믿는다는 것은 한 여인이 예수님을 신랑으로 모시는 것과 같다. 그러나 예수님을 신랑으로 모시고 살려면 그리스도의 성령을 받아야 신부가 될 수 있다. 성령을 받되, 충만하게 받아야 신랑 되신 그리스도를 기쁘게 섬길 수 있다. 그럴 때 그리스도의 사랑과 은혜, 그리스도를 증거하는 전도의 열매가 맺어진다.

　그러므로 복음 받은 그리스도인은 성령충만을 받으라고 명령받는다. 성령의 충만을 받을 것이다. 성령충만 받고 권능 받아 땅 끝까지 그리스도 증인이 되라는 예수님의 지상명령을 수행할 것이다. 복음전도자로 사는 것이 복음 받은 그리스도인의 삶의 목적이다. 즉시 성령충만을 받도록 기도할 것이다. 성령충만은 믿음으로 받는다. 기도하기 바란다.

6. 복음과 성령

⁴²우리에게 명하사 백성에게 전도하되 하나님이 살아 있는 자와 죽은 자의 재판장으로 정하신 자가 곧 이 사람인 것을 증언하게 하셨고 ⁴³그에 대하여 모든 선지자도 증언하되 그를 믿는 사람들이 다 그의 이름을 힘입어 죄 사함을 받는다 하였느니라 ⁴⁴베드로가 이 말을 할 때에 성령이 말씀 듣는 모든 사람에게 내려오시니 ⁴⁵베드로와 함께 온 할례 받은 신자들이 이방인들에게도 성령 부어 주심으로 말미암아 놀라니 ⁴⁶이는 방언을 말하며 하나님 높임을 들음이러라(행 10:42-46).

베드로의 복음전도는 예수님에 대한 베드로의 복음메시지를 듣고 믿은 모든 사람에게 내려오신 성령의 주권적 역사로 갑자기 끝났다. "**베드로가 이 말할 때에 성령이 말씀 듣는 모든 사람에게 내려오시니**"(44절) 유대인 신자들과 동일하게 이방인들이 성령을 받는 이 증거를 보고 베드로와 함께 온 할례 받은 신자들은 놀랐다. "**이는 방언을 말하며 하나님 높임을 들음이러라**"(46절). **하나님께서 이방인의 구원의 실제를 확증하는 표적은 방언을 말함이었다.**

사도행전의 방언 말함

구절	방언한 사람	청중	구원 관계	목적
2:1~4	12사도와 그 외	구원받지 못한 유대인들	구원 후	(유대인들에게)요엘 2장의 성취를 확인
8:14~17	복음을 받은 사마리아인	마술사 시몬	구원 후	- 분열의 방지(유대인들과 사마리아 인간의 지역적인 분열 경향 때문에 베드로와 요한이 사마리아의 신자들을 교회로서 공식적으로 영접함이 필수였다.) - 기타 빌립의 사역을 확증시켜줌
10:44~47	이방인들 (고넬료와 그의 가족)	하나님의 계획을 의심하는 유대인들 (베드로와 그외)	구원과 동시에	(유대인에게)하나님이 이방인을 받으심을 변호
19:1~7	약 12명의 구약성경을 믿는 자들	메시지의 확신을 필요로 하는 유대인들	구원과 동시에	(유대인들에게)바울의 메시지를 변호

사도행전의 방언 나타남을 비교해보면 여러 가지 형태로 나타났음을 보여준다. 그것은 사도행전에서 성령 받음이 어떤 일정한 형태로 나타나지 않는다는 것을 알려준다. 성령은 말씀을 들을 때에(행 10:44) 내려왔다. 그들은 아직 세례를 받지 않은 상태였다. 또 어떤 경우에는 세례를 받고 예수님을 그리스도로 믿는 자들에게 내려왔다. 이때는 사도들이 안수할 때 성령을 받았다(행 8:12-17). 한편 또 다른 경우에는 세례 요한의 세례만 받고 있던 자들에게 주 예수 이름으로 세례를 받고 사도가 안수할 때 성령이 그들에게 임하고 방언도 하고 예언도 하였다(행 19:1-7).

이것을 볼 때 사도행전은 어떻게 성령을 받느냐는 원리적인 자료로서 사용될 수는 없다. 사도 바울은 성령이 없는 사람은 그리스도인이 아니라고 선언하고 있다(로마서 8:9 "**만일 너희 속에 하나님의 영이 거하시면 너희가 육신에 있지 아니하고 영에 있나니 누구든지 그리스도의 영이 없으면 그리스도의 사람이 아니라**"). 또 고린도전서 12:3에서는 "… **또 성령으로 아니하고는 예수를 주시라 할 수 없느니라**"고 하였다.

그러므로 방언 말함을 성령 받은 것의 표적으로 보는 오순절 신학은 잘못된 것이다. 앞의 도표에서 보듯이 1. **오순절 성령 강림**은 유대인들에게 요엘 2장의 성취를 확인함이고, 2. **사마리아성 성령 임하심**은 유대인들과 사마리아인 간의 지역적인 분열을 방지하고 있었으며, 3. **고넬료 가정에 임하는 성령 임하심**은 하나님의 이방인 구원을 의심하는 유대인들에게 하나님께서 이방인도 받으심을 변호함이었고, 4. **에베소에서 성령 임하심**은 불신앙을 극복하고 바울의 메시지를 변호하기 위함이었다.

분명히 사도행전은 구원사가 진행되는 과도기적인 책이라고 볼 수 있다. 방언의 교리는 고린도전서 13:8~14:25이 참조할 내용이다 그러므로 예수님을 하나님의 아들 그리스도로 믿는 모든 성도는 성령을 받은 것이며(고전 3:16, 6:19), 성령충만은 복음 받은 그리스도인의 특권이요 의무다. 반드시 성령충만을 구해서 받고 살아야 한다.

예수는 그리스도 하나님의 아들. 예수님은 하나님의 아들 그리스도시라는 증거로 죽은 자 가운데서 부활하셨다. 부활하신 예수님은 하나님 보좌 우편에 앉아 그리스도로 통치하시면서 우리에게 성령을 보내주셨다. 예수님은 지금 성령을 통해서 우리와 함께 하신다. 그러므로 우리에게 성령충만을 받으라고 명령하신다. 성령충만 받아 성령의 권능으로 땅 끝까지 증인이 되라고 명하신다. 복음전도자로서 살라고 명하시는 것이다. 그러므로 우리 모두는 즉시 성령충만을 받도록 기도할 것이다.

 은사주의자들의 잘못된 성령체험 주장에 흔들리지 말고 성령을 충만히 받도록 기도할 것이다. 성령충만은 믿음으로 받는 것이며, 은사체험이 따를 수도 있다. 그러나 육신적 감정체험이 없는 것이 보다 정상이다. 성령은 영이시기에 육신적 감각으로 체험하는 것이 아니다. 특별한 체험을 받은 사람은 그 개인의 경험으로 존중될 것이다. 그러나 그것은 그 개인만의 체험이고, 보편적인 것이 아니다. 경우에 따라 그런 체험들은 성령에 의해 나타날 수도 있지만, 사탄의 역사에 의해 나타날 수도 있다. 그러므로 일상적이지 않고 특별한 체험들을 성령충만의 일반적 표지로 삼아서는 안 된다.

 성령의 역사에 대한 확실하고 뚜렷한 성경적 증거들과 표지는 예수충만, 진리충만, 거룩충만, 사랑충만이라고 할 수 있다. 여러분 모두는 성령충만 받을 때 특별한 체험을 사모하지 말고, 보편적인 성령의 역사의 표지로 나타나는 성령충만을 받을 것이다. 당연히 받아야 한다. 성령의 권능 받아 삶의 현장에서 전도자로 삶을 살 것이다. 기도하고 기도하기 바란다.

7. 성령이 내주하시는 기독교의 독특성

⁴⁴베드로가 이 말 할 때에 성령이 말씀 듣는 모든 사람에게 내려오시니 ⁴⁵베드로와 함께 온 할례 받은 신자들이 이방인들에게도 성령 부어 주심으로 말미암아 놀라니 ⁴⁶이는 방언을 말하며 하나님 높임을 들음이러라(행 10:44-46).

그리스도인이 된다는 것은 '성령의 사람', '성령의 인도함을 받는 이', 즉 '성령충만한 이'가 되는 것을 의미한다.(로마서 8:9 "만일 너희 속에 하나님의 영이 거하시면 너희가 육신에 있지 아니하고 영에 있나니 누구든지 그리스도의 영이 없으면 그리스도의 사람이 아니라", 갈라디아서 5:16 "내가 이르노니 너희는 성령을 따라 행하라 그리하면 육체의 욕심을 이루지 아니하리라", 갈라디아서 5:25 "만일 우리가 성령으로 살면 또한 성령으로 행할지니", 에베소서 5:18 "술 취하지 말라 이는 방탕한 것이니 오직 성령으로 충만함을 받으라")

기독교의 독특성 중 하나가 성령의 내주하심이다. 초대교회의 종교적 상황을 살펴보면, 기독교 공동체는 출발점부터 유대교 외에 헬라철학, 애니미즘, 샤머니즘들과 직면하고 있었다. 이런 상황에서 기독교 공동체가 주장하는 '성령의 임하심과 내주하심'은 매우 독특하고 충격적인 것으로 간주되었다. 하나님의 영이신 성령의 내주하심은 오늘날 다른 종교들과 비교했을 때 매우 충격적인 약속이다.

기독교는 어떤 의미에서 '신내림'의 종교라 할 수 있다. 샤머니즘이 잡신의 내림이라면, 기독교는 하나님의 영 즉, 성신(聖神)의 '내리심'이다. 우리가 앞서 읽은 말씀 사도행전 10:44 "베드로가 이 말 할 때에 **성령이** 말씀 듣는 모든 사람에게 **내려오시니**"라고 하였다. 베드로가 가이샤랴에 있는 고넬료의 집에서 예수 그리스도 복음을 전할 때 성령이 말씀 듣는 모든 사람에게 내려오셨다. 행 8:16절에서도 동일한 성신의 '내리심'이 있었다. 행 8:16 "이는 아직 한 사람에게도 **성령 내리신** 일이 없고 오직 주 예수의 이름으로 세례만 받을 뿐이더라"고 하였다.

그러나 샤머니즘과 기독교의 신내림은 본질적으로 큰 차이가 있다. 비교하는 것 자체가 가당치 않지만, 성신의 '내리심'의 이해를 위해서 살펴볼 필요가 있다. 우선 샤머니즘의 신은 잡신(雜神)이다. 성경적으로 말하자면 타락한 천사, 즉 귀신이다. 반면 기독교의 신은 성신(聖神)이다. 즉 성령이시다. 잡신은 인격적이지도, 신사적이지도 않아서 인간의 자유를 무시하고 죄를 발판으로 삼아 그가 장악한 사람 속에 들락날락한다. 그러나 성령은 하나님이 영이자 창조주이시기 때문에 스스로 창조원리를 따라 인간의 자유의지를 존중하신다.

하나님의 영은 인격적이고 신사적이어서 우리가 인격적으로 자유의지를 드려 영접해야만 우리 안에 들어오신다. 잡신은 어떤 사람을 자신의 종으로 삼을 때 무병(巫病)을 주어 백약이 무효하게 만들고 내림굿을 해야만 낫게 한다. 내림굿은 일종의 잡신 영접의식으로 자신에 대한 소유권을 잡신에게 내어주는 의식이다. 하나님은 어떤 사람을 하나님의 일군으로 부르실 때 강압적 방법이 아닌 감동, 감화, 설득의 방법을 사용하신다. 즉 잡신의 방법이 강압적 소유라면 하나님의 방식은 인격적 감화이다. 이것은 인격을 가진 자가 다른 인격자를 어떻게 대해야 하는가에 대한 하나님의 창조원리를 잘 보여준다.

잡신이 내린 사람의 특징은 잡다한 영들과 관련된 행위 즉 예언, 치병 등 주술행위다. 잡신이 내린 사람은 성화와 성숙에 관심이 없다. 샤머니즘은 무도덕(amoral)적이다. 잡신이 내린 사람은 부정 타는 일로 인해 해를 당할까 두려워하여 여러 금기(taboo)에 속박된다. 그러나 진리의 영, 성령이 내린 사람은 자유하다(고후 3:17).

그리스도인은 성령님이 그 안에 내주하는 자이다. 이 사람의 삶의 방식은 성령충만이다. 성령충만은 성령을 모시고 사는 자의 특권이요 의무다. 모든 그리스도인은 항상 성령충만을 구해서 받고 살아야 한다. 지금 즉시 성령충만 받기 바란다.

예수는 그리스도 하나님의 아들. 예수님은 하나님의 아들 그리스도라는 증거로 죽은 자 가운데서 부활하셨다. 부활하신 예수님은 지금 성령으로 우리 가운데서 역사하신다.

다원주의 시대에 성령이 믿는 신자에게 내려와 함께 거하신다는 것은 매우 충격적인 일이다. 기독교는 어떤 의미에서 '신내림'(행 8:16)의 종교다. 거룩하신 '성신'(성령)의 내리심의 종교다. 그 성신은 예수님의 신, 곧 '예수 신'이라고 할 수 있다. 예수님의 신, 곧 예수님의 영이신 성령이 신자에게 내려와 거하시지 않는 자는 예수님의 사람, 그리스도인이 될 수 없는 것이다.

그러므로 하나님의 아들 예수 그리스도 복음 받은 모든 그리스도인은 예수님의 영을 충분히 받도록 예수님께 나와 간구할 것이다. 예수님은 약속하셨다. "누구든지 목마르거든 내게로 와서 마시라 나를 믿는 자는 성경에 이름과 같이 그 배에서 생수의 강이 흘러나오리라"(요 7:37-38). 우리 모두는 계속해서 성령충만하기 위해 계속 예수님께 나와 구해야 한다. 그리고 성령의 권능으로 땅 끝까지 그리스도 증인으로 살 것이다.

8. 성령을 따라 행하라

¹⁶내가 이르노니 너희는 성령을 따라 행하라 그리하면 육체의 욕심을 이루지 아니하리라 ¹⁷육체의 소욕은 성령을 거스르고 성령은 육체를 거스르나니 이 둘이 서로 대적함으로 너희가 원하는 것을 하지 못하게 하려 함이니라 ¹⁸너희가 만일 성령의 인도하시는 바가 되면 율법 아래에 있지 아니하리라 ¹⁹육체의 일은 분명하니 곧 음행과 더러운 것과 호색과 ²⁰우상 숭배와 주술과 원수 맺는 것과 분쟁과 시기와 분냄과 당 짓는 것과 분열함과 이단과 ²¹투기와 술 취함과 방탕함과 또 그와 같은 것들이라 전에 너희에게 경계한 것 같이 경계하노니 이런 일을 하는 자들은 하나님의 나라를 유업으로 받지 못할 것이요 ²²오직 성령의 열매는 사랑과 희락과 화평과 오래 참음과 자비와 양선과 충성과 ²³온유와 절제니 이같은 것을 금지할 법이 없느니라 ²⁴그리스도 예수의 사람들은 육체와 함께 그 정욕과 탐심을 십자가에 못 박았느니라 ²⁵만일 우리가 성령으로 살면 또한 성령으로 행할지니 ²⁶헛된 영광을 구하여 서로 노엽게 하거나 서로 투기하지 말지니라(갈 5:16-26).

신약시대에 사는 그리스도인들은 하나님의 뜻과의 관계 속에서 율법이 주 예수 그리스도로 대체되고, '율법에 대한 순종이 성령에 대한 순종'으로 대체된 것을 기억해야 한다. 사도 바울은 율법의 행위로가 아니고 성령을 따라 살아야 한다는 율법과 성령의 반대 명제들을 말하고 있다.

믿음으로 의롭다 하심을 얻은 자의 생활은 성령 안에서 행하는 성결의 생활이다. 그래서 본문은 **"성령을 따라 행하라 그리하면 육체의 욕심을**

이루지 아니하리라(16절)"고 한다. 율법주의자들은 인력으로 율법의 조문을 하나하나 실행하고자 한다. 그것은 결국 실패한다. 그러나 복음으로 말미암아 성령을 받은 그리스도인은 1. 사랑의 동기로 행하면서 율법을 괴로운 짐으로 여기지 않고 순종하며, 2. 성령님의 도우시는 힘으로 말미암아 그의 실행력이 강하고, 3. 그의 행실에도 약점이 있으나 하나님은 그를 버리시지 않는다. 그 이유는, 그가 율법 아래 있지 않고 은혜 아래 있기 때문이다.

그러나 복음 받은 그리스도인의 내부에는 육체의 소욕이 남아있기에 "**육체의 소욕은 성령을 거스리고 성령은 육체를 거스리나니 이 둘이 서로 대적함으로 너희의 원하는 것을 하지 못하게 하려함이니라**"(17절)고 하는 것이다. 여기서 육체란 '인간의 부패한 성질'을 말한다. 이 육체의 소욕은 성령의 모든 역사를 반대하고 영적인 모든 것에 대하여 항거한다. 반대로 '성령의 소욕', 곧 '우리 내부의 다시 새로워진 부분'의 소욕은 육체를 거스린다. 이렇게 상반되는 세력의 싸움으로 말미암아 우리는 우리의 원하는 것을 하지 못하게 된다.

자연인에게도 일종의 이러한 투쟁이 있다. 그의 양심의 소리와 마음의 부패된 성품이 서로 투쟁한다. 그의 양심의 소리는 자신의 악성을 정복하려고 하며 또 그의 악성은 양심의 소리를 침묵 시키려고 한다. 마찬가지로 일종의 선한 본질이 형성된, 다시 새로워진 사람에게도 옛 성품과 새 성품 사이에 투쟁이 있고, 잔존한 죄의 세력과 시작된 은혜 사이에 투쟁이 있는 것이다. 기독교인들은 그들이 이 세상에 있는 동안은 이 양자의 작용이 끊임없이 존재한다는 것을 알아야 한다.

이 투쟁에서 승리하는 길은 지체 없이 말씀에 순종하는 것이다. 그것은 곧 성령 안에 거하는 것이다. 성령은 그가 거룩하게 하고 새롭게 한 자들의 심령 속에 거하시며, 그들이 의무를 수행하는데 있어서 그들을 인도하고 도우시며 육체에 항거하게 하신다. 그리하여 이러한 영적 전투는 반드시 승리하게 된다.

신자 안에 내재하는 죄를 죽이는 일의 주인공은 성령님 자신이시며, 의무에 대한 인간의 순종은 도구일 뿐이다. 그러나 인간은 자신의 의지 안에서 죄 죽임을 선택한다. 그러나 신자라 할지라도 그는 죄 죽임을 선택할 뿐이지 자신의 의지로써 죄를 죽이지는 못한다. 도덕적으로 올바른 삶을 실천하려고 노력한다고 할지라도 그것으로는 죄를 죽일 수 없다.

그가 만약 믿음 안에서 성령을 의지하는 가운데 죄 죽임의 실천이 없이 도덕적으로 행동하려고 한다면, 그것은 성공하지 못할 것이다. 그러나 만약 성공한다면, 그것은 여전히 내재하는 죄를 남겨둔 채 자기의 의에 빠지게 될 것이다.

죄 죽임이 없는 신자의 신앙생활은 실패하면 배교에 가까운 삶이고, 성공하면 외식하는 삶이 된다. 죄 죽임의 주체는 오직 성령이시다. 오직 성령만이 그 은혜 작용으로써 하나님의 은혜 언약 안에서 죄 죽임을 선택하는 신자들을 위하여 그의 의지적 협력 안에서 죄 죽임을 실행한다.

끝으로 중요한 것은 성령님의 은혜의 작용을 힘입기 위해서 **"그리스도 예수의 사람들은 육체와 함께 그 정욕과 탐심을 십자가 못 박았느니라"** (24절)는 말씀을 기억해야 한다. 이것은 우리의 철저한 회개에 대한 결론이기도 하다. 성화의 첫 번째 큰 비결은 우리가 얼마나 참되게 회개하고 예수 그리스도 복음에 뿌리를 내렸느냐에 달려있다. 하나님의 아들 예수 그리스도 복음은 칭의 뿐만 아니라, 성화의 과정에서도 여전히 하나님의 능력의 근원인 것이다. 그리고 참된 복음신앙은 성령을 임하게 한다. 그리하여 이어서, "**만일 우리가 성령으로 살면 또한 성령으로 행할지니**"(25절)라고 하는 것이다. 그러므로 우리 모두는 먼저 예수 그리스도 복음 충만, 그리고 성령충만을 구하고 성령으로 행할 것이다. 성령님의 지배와 인도에 따라 행할 것이다.

예수는 그리스도 하나님의 아들. 이 복음으로 우리 인생 모든 문제가 처리되고 해답을 얻는다. 이 복음으로 우리 모두는 깊이 뿌리를 내릴 것이다. 이 신앙은 성령을 임하게 한다.

그리하여 복음 받은 그리스도인은 성령을 따라 행하라는 명령을 받고 사는 자가 된다. 성령을 따라 행할 때 불신자 시절 육체의 정욕을 따라 살던 삶을 청산할 수가 있는 것이다. 그러나 복음 받은 그리스도인에게도 죄의 세력이 아직 잔존해 있기 때문에 성령의 충만을 받아야 죄를 이기고 성령의 열매를 맺는 삶을 살 수가 있다. 하나님을 위하여, 복음을 위하여 살 수 있다. 그러므로 하나님의 아들 예수 그리스도 복음 받은 우리 모두는 즉시 성령충만을 받도록 기도할 것이다.

복음 받은 그리스도인은 하루 삶을 시작함에 앞서 성령충만을 받아야 육체의 소욕을 정복하고, 성령의 인도 따라 살 수 있다. 성령의 역사가 있을 때 우리 안의 육체의 소욕은 잠잠해진다. 하나님의 나라가 임한다. 이렇게 해야 하나님 나라의 증인으로 살 수 있다. 세상에서 육체와 세상과 사탄의 세력 앞에 상처받은 사람들의 찢어진 마음, 깨어진 인간관계를 치유하는 복음의 증인이 될 수 있다. 전도자로 살 수 있다. 기도하기 바란다. 성령충만을 받을 것이다.

9. 교회와 성령충만

¹⁶너희는 너희가 하나님의 성전인 것과 하나님의 성령이 너희 안에 계시는 것을 알지 못하느냐 ¹⁷누구든지 하나님의 성전을 더럽히면 하나님이 그 사람을 멸하시리라 하나님의 성전은 거룩하니 너희도 그러하니라(고전 3:16-17)

¹⁹너희 몸은 너희가 하나님께로부터 받은바 너희 가운데 계신 성령의 전인 줄을 알지 못하느냐 너희는 자신의 것이 아니라 ²⁰값으로 산 것이 되었으니 그런즉 너희 몸으로 하나님께 영광을 돌리라(고전6:19-20)

(그리스도 교회(고전 3:16)나 그리스도인(고전 6:19) 모두 성령님이 내주하시는 하나님의 성전이다. 그리스도 교회나 그리스도인 모두 그리스도의 피를 주고 산 것이기에(행 20:28, 고전 6:20), 거룩해야 하고, 성령으로 충만해야 한다.)

그리스도의 피가 의롭게 하는 능력을 나타내는 그 곳에, 성령의 기름이 성결케 하는 역사를 나타낸다. 이 두 가지는 분리할 수 없고, 이 두 가지가 모두 우리를 하나님께 나가는데 필요한 수단이다(레 14:14-18). 성령의 모든 역사는 그리스도의 피(죽음)에 힘입는다. 그리스도의 피를 주고 산 교회나, 그리스도인은 모두 성령으로 충만해야 하고, **또한 성령충만을 받도록 우선적으로 기도해야 한다.**

오늘 본문은 **"너희는 너희가 하나님의 성전인 것과 하나님의 성령이 너희 안에 계시는 것을 알지 못하느냐"** 라고 한다. 여기서 너희는 한 개인을 가리키는 것이 아니고, 고린도 교회를 가리킨다. 그러니까 교회를 하나님의 성전이라고 하는 것이다. 그리스도인 공동체인 교회에 하나님이 거하시는데, 성령을 통하여 그들 가운데 거하신다고 한다. 엡 2:22절에서도 "**너희도 성령 안에서 하나님의 거하실 처소가 되기 위하여 그리스도 예수 안에서 함께 지어져 가느니라**"고 하였다.

하나님은 유대인의 성전에 거하셨다. 그 성전을 소유하시고 그 안에 거하시고 영광스러운 구름이 임재의 표시였다. 그와 같이 그리스도도 성령으로 모든 참다운 신자들 안에 거하신다(고전 6:19).

우리가 잘 아는 것과 같이 성전은 거룩하게 하나님께 바쳐지고 거룩하게 구별되어 사용된 곳이다. 또한 모든 그리스도인들도 하나님을 위하여 구별되어 하나님을 섬기는 자들이다. 그래서 고린도전서 3:17에서 "**누구든지 하나님의 성전을 더럽히면 하나님이 그 사람을 멸하시리라 하나님의 성전은 거룩하니 너희도 그러하니라**"고 하였다.

그러면 어떤 것이 "하나님의 성전을 더럽히는"것인가? 대체로 두 가지 견해가 있다. 하나는 거짓된 교리를 가르치는 것이다. 고린도 교회의 거짓 교사들은 방탕한 교리를 가르치는 것으로 본다. 그들은 방탕한 생활을 했고, 고린도시의 음란한 생활에 맞는 방탕한 교리를 가르치는 것으로 추정하는 것이다. 교회에서 거짓 교리를 가르치는 자는 교회를 더럽힌다. 그런 자는 하나님의 벌을 받는다(고전 3:17). **그리스도 교회에서 최고의 우선적 실천교리는 그리스도의 보혈을 굳게 믿고, 그 보혈을 통해서 부어지는 성령충만이다.** 이 교리는 아무리 강조해도 부족하다.

또 다른 견해(하나님의 성전을 더럽히는 견해)는 고린도 교회의 분쟁을 가리킨다고 한다. 고린도 교회는 파당을 짓는 교회였다. 교회의 분열은 부패를 가져오고 나아가서 교회의 파괴를 초래한다. 이것은 내적 부패요, 파괴이나, 핍박으로 인한 외적 파괴보다 더 무서운 파괴다. 교회를 이와 같이 파괴하는 자는 하나님이 멸하시는 것이다.

그러므로 "**하나님의 성전은 거룩하니 너희도 그러하니라**"고 한다. 그리스도인들은 자신들을 거룩하고 순결한 자로 간주해야 한다. 그들은 주의 성전이기 때문이다. 성령님의 거처이기 때문이다. 성령님의 거처이기 때문에 성령의 지배 속에 있어야 한다. 성령의 지배는 신자들의 성령충만 속에서 이루어진다. 그리스도 교회는 교회 역할을 다하기 위해서는 반드시 성령충만하지 않으면 안 된다. 그리스도 교회는 어떻게 성령충만을 받는가? 그리스도 교회는 그리스도의 피로 산 것이기에, 오직 예수의 십자가만이 성령충만을 가능케 한다. 그리스도의 피는 우리의 죄를 정결케하는 동시에 우리를 성령으로 충만케 한다. 기도하라. "**우리 구주 예수 그리스도로 말미암아 우리에게 그 성령을 풍성히 부어 주소서**"라고 기도하기 바란다. 그리스도 교회는 함께 모여 성령을 풍성히 달라고 기도할 것이다. 동시에 모든 그리스도인은 개인적으로 자기에게 성령이 충만히 부어지도록 기도할 것이다.

예수는 그리스도 하나님의 아들. 이 복음으로 우리 인생 모든 문제가 처리되고 해답을 얻는다. 이 복음으로 깊이 뿌리를 내릴 것이다. 그리고 복음의 능력, 성령의 권능을 얻도록 성령충만을 위해 기도할 것이다. 성령충만의 권능으로 땅 끝까지 증인의 삶, 전도자로서의 축복의 삶을 살 것이다. 즉시 기도하기 바란다. 성령충만을 받기 바란다. 모든 복음받은 그리스도인은 그 나름대로의 성령충만의 비밀을 갖고 기도해야 한다. 더 많이 성령충만을 받도록 기도할 것이다.

그리스도 교회가 성령충만하지 못하면 무능력한 교회가 된다. 동시에 그리스도인 자신도 성령충만 받지 못하면 육신적 그리스도인으로 살 수밖에 없다. 기도하고 기도해야 한다. 정시기도로 하루 세 번씩 성령충만을 구하는 기도를 하고, 성령의 권능으로 사는 신자는 세상의 지혜와 권능을 뛰어넘는 신자가 될 것이다. 성령충만을 받아 여러분의 한계를 뛰어넘는 자 되기를 기원한다. 현장에서 자신의 지위에 합당한 전도자의 삶을 찾아내어 전도자로서의 삶을 살 것이다. 기도하고 기도하기 바란다.

제 15 장
복음과 그리스도인의 신앙

체질을 만들어라
복음체질
기도체질
성령충만체질
전도체질

1. 누가 그리스도인으로 부름 받는가?

²⁶형제들아 너희를 부르심을 보라 육체를 따라 지혜로운 자가 많지 아니하며 능한 자가 많지 아니하며 문벌 좋은 자가 많지 아니하도다 ²⁷그러나 하나님께서 세상의 미련한 것들을 택하사 지혜 있는 자들을 부끄럽게 하려 하시고 세상의 약한 것들을 택하사 강한 것들을 부끄럽게 하려 하시며 ²⁸하나님께서 세상의 천한 것들과 멸시 받는 것들과 없는 것들을 택하사 있는 것들을 폐하려 하시나니 ²⁹이는 아무 육체도 하나님 앞에서 자랑하지 못하게 하려 하심이라 ³⁰너희는 하나님으로부터 나서 그리스도 예수 안에 있고 예수는 하나님으로부터 나와서 우리에게 지혜와 의로움과 거룩함과 구원함이 되셨으니 ³¹기록된 바 자랑하는 자는 주 안에서 자랑하라 함과 같게 하려 함이라(고전 1:26-31).

십자가의 복음 자체가 세상 사람들에게 미련한 것은 당연한 결과로, 그 '**십자가에 못 박힌 그리스도**'를 믿는 신자도 세상 사람의 눈에는 미련하게 보였다. 사도 바울은 고린도전서 1:18-25에서 제시한 논지, 즉 하나님의 인류구원은 세상의 지혜나 힘으로가 아니라, 세상적으로 볼 때 미련함과 무능의 상징인 '**십자가에 못 박힌 그리스도**'로 이루셨다는 것을 고린도교회 신자들의 부르심을 예로 들어 증명한다.

세상적으로 유명한 사람이 복음의 사역을 위하여 선택되지 않았다. 하나님은 세상의 어리석은 것들과 세상의 연약한 것들과 세상의 비천한 것들과 비천하고 낮은 신분과 교양이 없는 사람들을 택하여 복음의 전도자와 교회의 설립자로 만드신다. 유명한 신분이나 인격자가 그리스도인이 되도록 부르심을 받지 않았다.(그렇다고 기독교가 무식자만의 종교는 아니다).

하나님이 쓰시는 기독신자의 처세는 ① **미련해야 한다**(미련한 듯이 주를 믿음이다) ② **약한 생활을 하여야 한다**(도덕적 연약이 아니라, 세력 없고 강곽한 적대행위를 않음이다) ③ **업신여김이 되는 자리에 있어야 한다**(신자는 세상사람의 업신여김을 달게 받는다). 이렇게 처세하므로 **자기 자랑을 막고 주 안에서 자랑하기** 위함이다. 하나님의 방법은 그 분의 아들 예수 그리스도에게만 특별한 지위와 영광을 주시는 것이다. 하나님은 **예수님이 우리에게 모든 것**이 되도록 하셨다. "**우리에게 지혜와 의로움과 거룩함과 구속함이 되셨으니**", 어떤 사람이 이러한 것들을 찾고 있다면 그는 예수님 안에서만 그것들을 발견할 것이다.

거의 한 평생을 무신론자로 살아오던 한국 최고의 지성인으로 알려진 이어령 전 문화부 장관이 2007년 7월 세례를 받고 그리스도인이 되었다. 그의 지성은 예수님을 그리스도로 믿는데 사실상 장애물이었다. 그런데 그에게 삶의 위기가 왔다. 그의 딸 이민아씨가 암과 실명직전에 믿음으로 치유되는 모습을 보면서, 이어령 전 장관은 그동안의 딸의 치료에 대한 자신의 역할의 무력감과 무능을 깨닫고 하나님과 그리스도께 나오게 되었다. 그는 세례 받고 그리스도인이 된 그간의 과정을 쓴 책『지성에서 영성으로』라는 책의 서언에서 이렇게 말했다.

"『지성에서 영성으로』 책 제목은 대담하게 붙였지만 나는 아직도 지성과 영성의 문지방에 서 있습니다. 이 글을 읽는 분들의 도움이 있으면 나는 그 문지방을 넘어 영성의 빛을 향해 더 높은 곳으로 갈 것입니다. 누구보다도 이 글들을 아직 주님을 영접하지 못하고 그 문 앞에서 서성거리는 사람들을 위해 바치고자 합니다."

하나님은 세상의 어리석은 것들과 세상의 연약한 것들과 세상의 비천한 것들과 비천하고 낮은 신분과 교양이 없는 사람들을 택하여 그리스도인으로 부르신다.

예수는 그리스도 하나님의 아들. 예수님은 하나님의 아들 그리스도라는 증거로 죽은 자 가운데서 부활하셨다. 부활하신 예수님은 지금 성령으로 우리 가운데 역사하신다.

예수님은 그의 영을 보내셔서 '십자가에 못 박힌 그리스도'를 바라보면서 인생문제의 답을 얻도록 권고하고 계신다. 내가 복음을 받은 것은 나의 지성으로서가 아니며, 나의 재능이나 행실을 통해서가 아니다. 구원을 얻는데 있어서 나의 절망과 무능이 그리스도께로 나오는 지름길이다. 예수님을 그리스도로 믿고 인격적으로 주님을 만난 자에게는 예수님만이 나의 지혜요, 의로움이요, 거룩함이요 구원이다. 예수님을 통해서만 하나님의 은혜가 부어진다.

우리는 모두 길 잃은 양들이다. 잃어버린 양을 메고 집으로 돌아오시는 선한 목자 되신 예수님의 신실성에 의지할 때만 우리는 구원을 얻을 수 있다. 우리는 기도해야 한다. "주여! 당신의 능력 있는 두 손으로 나를 붙드소서. 성령을 부으셔서 성령의 권능으로 인도하소서. 나는 홀로 한 발자국도 내 힘으로는 주님이 원하시는 삶을 살 수 없습니다. 나는 날마다 주님의 구원을 받아야만 하는 죄인입니다. 성령을 부어주소서. 충만히 부어주소서." 기도해야 한다. 성령의 권능 받아 그리스도의 증인으로 살 것이다. 기도하고 기도하기 바란다.

2. 복음에의 갈망

전도자는 회심하지 않은 자들에게 무어라고 권면해야 하는가? 믿으라고 말하거나 회개하라고 말하는 것이 어불성설이라면 해줄 수 있는 말이 무엇인가? **에드워즈(미국 청교도 신학자)**는 구원에 관심 있는 사람들, 즉 **각성된 구도자들에게 은혜의 수단들을 사용하면서 회심의 은혜를 찾으라고 말한다.** 인간이 스스로의 힘으로 '구원에 이르는 믿음'을 가질 수는 없지만 하나님이 지정하신 수단들을 사용함으로서 하나님이 회심의 은혜를 주시기까지 추구하고 몸부림칠 수는 있다는 것이다.

에드워즈는 인간의 '전적 무능력'의 교리를 믿는 칼빈주의자였음에도 불구하고 '은혜의 수단'을 사용할 힘은 자연인에게 있다고 믿었다. "인간의 심령이 죽어 있고 태만하다 해서 구원을 위해 노력할 수도 없는 것은 아니다." 아직 중생하지 못한 사람도 구원받고 싶어 하는 마음을 가질 수 있기 때문에 자신의 회심을 위해 수단을 사용할 능력은 있다는 것이었다. 에드워즈에 의하면 "추구함이 없이 구원 얻을 수 있다는 기대"가 오히려 터무니없는 것이었다. 추구한다는 것은 "은혜의 수단"을 사용하는 것이었다. 그것이 무엇인가 하면 "하나님의 말씀에서 지시하는 모든 의무를 중단 없이 수행하는 것"이었다. 인간 스스로 구원을 얻을 수는 없지만 은혜의 방편을 성실히 사용할 힘은 그에게 있다. 구체적으로 말하면 그것은 "모든 규례를 지키는" 일, '공사간에' 모든 "종교적 의무"를 수행하는 일이었다. 우리는 '죄악에 대항해 싸우면서' 우리 자신의 '마음을 감찰'하는 일을 아주 열심히 그리고 기쁘게 행할 수 있다.

회심의 은혜를 얻기 위해 수단을 사용해야 한다는 주장의 성경적 근거

는 무엇인가? 에드워즈는 **노아의 경우**를 제시한다. 노아는 수백 년 동안 방주를 준비하는 노력을 기울였다. 물론, 그것이 구원을 위한 공로가 되었던 것은 아니었음을 그는 인정한다. 노아가 홍수로부터 구원받은 것은 "하나님의 커다란 자비의 한 예"였다. 그렇지만 하나님은 노아가 하나님에 의해 지정된 노력을 기울임으로서 구원을 얻도록 한 가지 일을 지정해 주셨다. 그래서 하나님은 인간이 이 일에 착수해서 그것을 수행하지 않고서는 구원 받을 수 없게 정하셨다는 것이었다.

신약에서 에드워즈가 구원론의 가장 중요한 근거로 삼는 구절은 '누가복음 16:16'이다. "**율법과 선지자는 요한의 때까지요 그 후부터는 하나님 나라의 복음이 전파되어 사람마다 그리로 침입하느니라**". 이 본문의 "**천국으로 침입한다**"라는 구절을 에드워즈는 "**대단한 노력**" 혹은 "**갈망의 힘**"으로 해석했다. 그것은 '**엄숙하고도 단호한 결단**'으로 "**반대의 난관을 헤쳐 나가는 것**"을 나타내었다.

눅 16:16 "율법과 선지자는 요한의 때까지요 그리로…침입하느니라",
마 11:12 "세례 요한의 때부터 지금까지 천국은 침노를 당하나니 침노하는 자는 빼앗느니라"

세례 요한의 때부터 지금까지 하늘나라는 힘 있게 나아가고 있다. 힘쓰는 사람은 차지한다. 곧 하나님의 통치가 이전 어느 때 보다도 강력하게 도래하였으므로 거부하지 않는 자들은 차지하게 된다. 곧 믿음으로 받아들이는 자가 들어가게 된다는 것이다. 이때에 믿음은 자기의 목숨까지도 미워하면서 그 나라를 사모하는 형태로 나타난다.

"천국은 침노를 당하나니" 이 말은 마치 군대가 폭풍우처럼 쳐들어가 성을 빼앗는 것 같은 폭력이다. 사람들이 집으로 몰려가 "억지로 그것을 취하는 것 같은" 폭력이다. 눅 16:16절도 이런 의미다. 이 사실은 우리들에게 하늘나라를 얻고자 하는 열심과 열정이 어떤 것인가를 보여준다.

"천국으로 들어가기를 원하는 자"는 모름지기 "들어가기를 힘써야"만 한다는 사실이다. 천국은 거룩한 침노를 당하고 있다. 자아는 부인되어야 하며, 마음의 경향과 편견, 기질은 개조되어야만 한다. 어려운 봉사를 해야 하며, 어려운 고난을 당해야 한다. 또한 타락과 본성을 제어하는 힘이 있어야만 한다. 우리는 이러한 상을 얻기 위하여, 또한 안팎에서 모든 반대를 극복하기 위하여 달리고 씨름하며 괴로움을 당해야만 한다. "침노하는 자는 그것을 강압적으로 취하는 것이다." 큰 구원에 대해 관심을 가지려고 하는 자는 강한 욕구를 가지고 그것을 향해 실천하게 되며, 마침내 그것을 가지게 될 것이다. 또한 그들은 그것들이 어렵다고 생각하지 않을 것이며, 축복이 없이는 그 붙잡은 것을 놓지 않을 것이다(창 32:36).

자신들의 부르심과 선택을 확실하게 만들려는 자는 근면해야만 한다. 하늘나라는 비웃는 자들을 안락하게 하기 위해서 의도된 것이 아니라 수고한 자를 편히 쉬게 하려고 의도되었다. 에드워즈는 회심의 은혜를 얻으려면 종교적, 도덕적 의무를 포함한 하나님의 모든 명령을 수행해야 한다고 주장했다. "우리가 행해야 하는 일은 단지 몇몇 계명들이 아니라 하나님의 모든 계명에 대한 순종이다. 즉 모든 예배에 참석하며 모든 지정된 은혜의 수단들을 부지런히 사용하며 하나님과 사람에 대한 모든 책임을 수행하는 것이다." 기도, 성경읽기, 예배 참석 등의 일은 공로나 행위로 간주하기는 어렵다. 그러나 에드워즈는 더 나아가 하나님이 명하신 계명들을 지키는 것도 역시 은혜를 받는 통로들 중 하나라고 주장했다. '행위구원'의 오해가 있을 말이기도 하였다. 그는 '자선행위를 풍성히'라는 설교를 통해 구제 행위를 풍성히 하는 것이 '영적 발견'에 이르는 길들 중 하나라고 말했다(그 예로, 고넬료의 예, 그리스도를 도왔던 여인들(눅 8:2-3), 마리아와 마르다와 나사로 가족 같이 그리스도께 자선을 행했던 자들, 이삭의 아내 된 리브가의 친절과 자선, 다윗과 아비가일). 올바른 동기에서 자선을 행하면 하나님은 영적 발견들을 값없는 보상으로 허락하신다고 에드워즈는 거듭 주장했다.

에드워즈는 말하기를 경험적으로 볼 때 열심히 찾는 자는 대부분 구원을 받았다고 하였다. 최선을 다해 은혜의 수단을 사용하고 단호한 결단으로 목표를 추구한 자들은 다 '회심의 은혜'를 얻었다는 것이다. 그래서 회심을 얻기 위한 구도자적 노력은 한 인간의 생에 있어서 최고의 중요성을 가진 일이라고 주장했다. 구도의 길을 걷다가 중단하면 안 된다. 어느 정도까지 노력해야 하는가? 노아는 "방주를 짓는 일에 헌신되어 있었다." 그는 그 크고 어렵고 경비가 많이 드는 일을 계속하기를 방주가 완성되어 홍수가 올 때까지 했었다. 구원이 구도적인 노력에 전적으로 좌우되는 것은 아니지만 그것 없이는 아무도 구원을 얻을 수 없다고, 에드워즈는 그것이 어렵다고 했다.

예수는 그리스도 하나님의 아들. 예수님은 하나님의 아들 그리스도시라는 증거로 죽은 자 가운데서 부활하셨다. 부활하신 예수님은 하나님 보좌 우편에 앉아 그리스도로 통치하시면서 우리에게 성령을 보내주셨다. 예수님은 지금 성령을 통해서 우리와 함께 하신다. 이 말씀이 마음 중심에 믿어질 때 거듭난 그리스도인이 된다.

 그러나 마음에 진리의 말씀이 믿어지는 것은 한 순간이지만, 믿음은 아무에게나 쉽게 생기는 것이 아니다. 그래서 그리스도 교회는 끊임없이 복음진리를 가르치고, 복음에 확신이 없는 그리스도인은 이에 순종하여 복음을 계속 들어야 한다. 그뿐만 아니라 회심의 은혜를 얻기 위해서 머리로만 믿는다 하지 말고, 믿음의 결과인 하나님 사랑과 이웃 사랑을 열심히 실천해야 한다. 천국을 얻기 위한 열정을 가져야 한다. 구도자적 노력으로 구원을 얻는 것은 아니지만, 구도자적 노력을 무시하는 것은 회심의 은혜를 얻는데 실패하게 되어 있다. 왜냐하면 구도자적 노력을 하도록 은혜를 주시는 분도 하나님이시기 때문이다. 우리 모두는 구원을 확신한 자거나, 확신하지 못한 자이거나 간에, 인생의 목표는 하나님을 추구하는데 있다. 안심하지 말 것이다. 구원의 복음을 받은 자는 말씀을 듣고 지키어 인내로 결실하는 자이다(눅 8:15).

 그러므로 복음 받은 그리스도인은 성령충만을 받고 성령의 권능으로 그리스도의 사랑의 계명을 지키며 인내로 하나님 나라를 차지할 것이다. 이미 차지했다고 자만하여 계명을 순종하지 않는 자는 허구의 신앙을 가진 자이다. 성령충만을 받을 것이다. 그래서 그리스도의 마지막 명령, 복음전도자로서 사는 계명의 순종자가 되기를 주의 이름으로 축원한다. 기도하고 기도하기 바란다.

3. 회개와 신앙으로 "죄 사함"과 "성령의 선물"의 두 가지 선물을 받는다

> ³⁶그런즉 이스라엘 온 집은 확실히 알지니 너희가 십자가에 못 박은 이 예수를 하나님이 주와 그리스도가 되게 하셨느니라 하니라 ³⁷그들이 이 말을 듣고 마음에 찔려 베드로와 다른 사도들에게 물어 이르되 형제들아 우리가 어찌할꼬 하거늘 ³⁸베드로가 이르되 너희가 회개하여 각각 예수 그리스도의 이름으로 세례를 받고 죄 사함을 받으라 그리하면 성령의 선물을 받으리니 ³⁹이 약속은 너희와 너희 자녀와 모든 먼 데 사람 곧 주 우리 하나님이 얼마든지 부르시는 자들에게 하신 것이라 하고 ⁴⁰또 여러 말로 확증하며 권하여 이르되 너희가 이 패역한 세대에서 구원을 받으라 하니 ⁴¹그 말을 받은 사람들은 세례를 받으매 이 날에 신도의 수가 삼천이나 더하더라(행 2:36-41).

(기독교는 우리로부터 출발하지 않는다. 하나님으로부터 시작한다. 하나님이 하신 일로부터 시작한다. 36절 **너희가 십자가에 못 박은 이 예수를 하나님이 주와 그리스도가 되게 하셨느니라**. 우리가 가장 먼저 직시해야하는 것은 그리스도의 죽음과 부활의 역사적 사건이다. "**그들이 이 말을 듣고 마음에 찔려**", "**어찌할꼬**" 하였다. 성령께서 깨닫게 하신 것이다. 그들은 "**이 예수가**" "**주와 그리스도가 되셨다**"는 것을 깨달았다.)

예수 그리스도가 필요하다는 것을 깨닫지 못하는 것보다 더 큰 죄는 없다. 오늘날 세상에서 가장 큰 죄인은 그리스도를 전혀 생각지 않는 사람들이다. 예수 그리스도를 영접하지 않는 것은 그분을 거부하는 것이며, 예수님을 거부하는 것은 하나님을 거부하는 것이다. 베드로는 예수님을 주와 그리스도가 되게 하신 분은 하나님이라고 하였다. 예루살렘 사람들은 자신들이 관원들에게 동의함으로써 하나님을 대적했다는 것을 깨달았다. 예수님은 하나님의 아들인데, 그를 십자가에 못 박은 것이다.

성령께서 이 죄를 깨닫게 하신 것이다. 성령은 우리 각자에게 자신이 죄인임을 깨닫게 하시고 예수님을 그리스도로 믿게 하여 거룩하게 하신다. 그래서 베드로는 "**너희가 회개하여 각각 예수 그리스도의 이름으로 세례를 받고 죄 사함을 받으라 그리하면 성령의 선물을 받으리니**"라고 하였다.

회개와 믿음은 둘 다 예수 그리스의 이름으로 세례를 받음으로서 표현된다. 세례가 의미하는 것은 그리스도의 권위에 의해 그분의 주장을 인정하고 그분의 교리에 동의하며 그분을 섬기는 일에 종사하고 그분의 공로에 의지하는 것이다. 그러면 그들은 **하나님이 값없이 주시는 두 가지 선물**, 곧 **그들의 죄**(심지어 하나님의 그리스도를 거부한 죄까지도)**에 대한 용서**와 **성령의 선물**(그들을 중생시키고 그들 안에 내주하시며, 그들을 연합시키고, 그들을 변화시키는)을 받을 것이다. 하나님께서는 그분이 제공하시는 두 가지 선물, 곧 **죄 사함과 성령의 선물**을 특정인으로만 제한하지 않으셨다. 하나님께서는 그 분이 제공하시는 두 가지 선물에 대한 제한을 두지 않으셨다. "**이 약속은 너희와 너희 자녀와 모든 먼데 사람 곧 주 우리 하나님이 얼마든지 부리시는 자들에게 하신 것**"이다. 이는 분명 **이방 세계**("모든 먼데 사람")**을 위한 것**이기도 하였다. 즉 주 우리 하나님께서 부르시는 모든 사람 (예외 없이)을 위한 것이었다. 하나님께서 예수 그리스도를 통해 자신께로 부르시는 사람은 누구나 이 두 가지 선물을 받는다. 하나님의 선물들은 하나님의 부르심과 동일한 시공간에서 주어진다.

이렇게 성령을 선물로 받은 신자는 **매일 더 많은 성령의 공급이 필요하다**는 것을 알아야 한다. 하나님은 신자들에게 성령을 계속적으로 주시고 또한 풍성하게 공급하신다(빌 1:19).

이럴 때에 하나님은 신자들에게 성령이 공급되도록 성령을 다스리신다. 그래서 우리 예수님께서는 성령을 간구하는 우리에게 간청하라고 명령하고 계시며, 이어 우리가 그 일에 성공할 것이라고 격려 하신다. **"너희 하늘 아버지께서 구하는 자에게 성령을 주시지 않겠느냐"**(누가복음 11장 9절 이하). 우리 모두는 성령의 위(位)가 아니라 '은혜와 은사'를 간절히 구해야 한다.

예수는 그리스도 하나님의 아들. 예수님은 하나님의 아들 그리스도라는 증거로 죽은 자 가운데서 부활하셨다. 부활하신 예수님은 지금 성령으로 우리 가운데서 역사하신다.

죄가 처음으로 세상에 들어온 이후 하나님께서는 구원의 약속을 두 가지로 하셨다. 하나는 우리와 같은 모양을 가지신 그의 아들을 우리에게 보내시어 우리를 위해 세상에서 고난을 당하게 하시고, 다른 하나는 그의 영을 세상에 주셔서 그의 아들이 성육신하여 성부께 순종하고 고난당한 결과들이 우리에게 유효 하도록 한 것이다.

그러므로 때가 차매 하나님이 그 아들을 보내사 여자에게 나게 하시고, 율법 아래 나게 하사 율법을 성취하시고 십자가에서 율법의 저주를 담당하신 사역을 완성하시자, 이제 그 구속사역의 축복으로 성령이 선물로 주어진 것이다.

그러므로 복음 받은 모든 그리스도인들은 성령을 선물로 받은 것이다. 그래서 성령의 충만을 받아 땅 끝까지 그리스도 증인이 되라고 명하신다. 기도할 것이다. 모두가 성령의 충만을 받기 바란다. 전도자로서의 축복의 삶을 살기 바란다.

4. 예수 그리스도 터(기지(基地)) 위에 세운 건축

[10]내게 주신 하나님의 은혜를 따라 내가 지혜로운 건축자와 같이 터를 닦아 두매 다른 이가 그 위에 세우나 그러나 각각 어떻게 그 위에 세울까를 조심할지니라 [11]이 닦아 둔 것 외에 능히 다른 터를 닦아 둘 자가 없으니 이 터는 곧 예수 그리스도라 [12]만일 누구든지 금이나 은이나 보석이나 나무나 풀이나 짚으로 이 터 위에 세우면 [13]각 사람의 공적이 나타날 터인데 그 날이 공적을 밝히리니 이는 불로 나타내고 그 불이 각 사람의 공적이 어떠한 것을 시험할 것임이라 [14]만일 누구든지 그 위에 세운 공적이 그대로 있으면 상을 받고 [15]누구든지 그 공적이 불타면 해를 받으리니 그러나 자신은 구원을 받되 불 가운데서 받은 것 같으리라(고전 3:10-15).

그리스도인은 예수 그리스도라는 터(기지) 위에 건축하는 자들이다. 성경은 말한다. **"너희는 사도들과 선지자들의 터 위에 세우심을 입은 자라 그리스도 예수께서 친히 모퉁잇돌이 되셨느니라"**(엡 2:20). 이 터 위에 모든 그리스도의 사역자들은 세운다. 이 그리스도 반석 위에 모든 그리스도인은 소망을 둔다. 다른 터 위에 천국의 소망을 세우는 사람은 모래 위에 세우는 사람이다. **"이 닦아 둔 것 외에 능히 다른 터를 닦아 둘 자가 없으니 이 터는 곧 예수 그리스도라"**(고전 3:11).

우리 주 예수 그리스도와 그의 속죄사역(그리스도의 죽음과 부활)은 기독교의 기본 교리다. 그것은 바닥에 놓여있고 다른 모든 교훈의 터가 된다. 이것을 떠나면 모든 위로가 허사가 되고 죄인의 소망이 사라진다. **"이 닦아 둔 것 외에 능히 다른 터를 닦아 둘 자가 없으니 이 터는 곧 예**

수 그리스도라"(11절). 이 말씀의 의미는 예수 그리스도에 관한 참 진리를 받아들이지 않고는 어떤 교회도 참되게 세워질 수 없다는 것이다. 그것은 **예수 그리스도의 인격과 그의 속죄사역, 곧 그리스도의 죽음과 부활이다. 이것이 그리스도 교회의 터**(기지)**이다.** 교회는 그것으로만 성립하며 그 위에 안식한다.

그리스도인은 **이 터 위에 있을 때 3가지 사실을 볼 수 있다. 첫째, 과거의 죄에 대한 용서를 본다.** 그리스도인은 자기가 하나님과 새로운 관계를 맺게 된 것을 알고 하나님은 이제 원수가 아니라 친구인 것을 갑자기 발견한다. 그리스도인은 하나님과 가까워진다는 바른 의미를 알고, 하나님은 예수와 같으신 분임을 발견한다. **둘째, 현재를 위한 힘을 본다.** 예수의 임재와 도우심으로 그리스도인은 인생에 대처할 힘과 용기를 발견한다. 그리스도인은 그리스도와 함께 인생의 길을 걸으며 그리스도와 함께 인생의 싸움터에서 싸운다. **셋째, 장래에 대한 희망을 본다.** 그리스도인은 이제 장래를 바라보기가 무섭던 세계에 살지 않는다. 그리스도인은 하나님께서 지배하는 세계, 하나님과 같이 일하는 가운데 만사가 합력하여 선을 이루는 세계, 생의 모든 순간이 하나님의 수중에 있는 세계, 그런 세계에 살고 있다. 죽음은 곧 종말이 아니라 보다 큰 영광을 위한 서곡에 불과한 세계에 살고 있다.

이 예수 그리스도의 터 위에 다른 사람이 집을 짓는다. "**만일 누구든지 금이나 은이나 보석이나 나무나 풀이나 짚으로 이 터 위에 세우면**"(12절). 먼저 어떤 이들은 이 터 위에 '금이나 은이나 보석을' 세운다. 이들은 복음의 순수한 진리를 받아들이고 전파하는 사람들, 곧 예수 안에 있는 진리 외에는 결코 붙들지 않고 다른 것은 전하지 않는 사람들이다. 이것은 좋은 터 위에 잘 세운 집이다. 그리스도가 가르친 복음을 가감 없이 순수하게 받아들이고 전파한다. 다음, 또 어떤 이들은 '나무나 풀이나 짚으로' 이 터 위에 세운다. 그들은 예수 그리스도 터 위에 세우나, 그리스도의 마음에서 떠나며, 그리스도의 교리 대신에 그들의 생각이나 상상을 대치시키고, 심판 날에 견디지 못할 것을 그 좋은 예수 그리스도 터 위에 세운다.

그런데 사람들이 이 터 위에 세운 것이 밝히 나타날 때가 온다. **"각 사람의 공적이 나타날 터인데 그 날이 공적을 밝히리니 이는 불로 나타내고 그 불이 각 사람의 공적이 어떠한 것을 시험할 것임이라"**(13절). '그 날'은 심판 날을 가리킨다. 여기 사용된 '불'의 비유는, 좋은 건축 재료는 더욱 아름답고 튼튼하게 만들고 나쁜 재료는 소멸하여 버리는 심판의 성격을 보여준다. 누구든지 이 세상에서 행한 업적이 참으로 그리스도를 위한 것이고, 진리대로 행한 것이라면, 사람들의 비평을 받아도 그것이 소멸하지 않고 심판 날에 좋게 나타난다. 그러나 그것이 참으로 주님을 위한 것이 아니고, 진리대로 행한 것이 아니라면, 비록 사람들 앞에 칭찬을 받아도 심판 날에는 서지 못한다.

어떤 사람들의 공적은 시험에 견딜 것이다. **"만일 누구든지 그 위에 세운 공적이 그대로 있으면 상을 받고"**(14절). 이런 건축자는 그 날에 칭찬과 영예를 누리고, 그것에 따라 영원한 보상을 받을 것이다. 그러나 다른 사람들은 그 공적이 불타버릴 것이다. **"누구든지 그 공적이 불타면 해를 받으리니 그러나 자신은 구원을 받되 불 가운데서 받은 것 같으리라"**(15절). 하나님을 예배하는 데 있어서 그들이 보여준 타락한 견해와 교훈 또는 허탄한 생각과 행실은 그 날에 밝혀지고 거부되고 인정받지 못할 것이다. 마지막 날 모든 위선이 벗겨지고, 그 실상이 적나라하게 드러날 것이다. **"누구든지 공적이 불타면 해를 받으리니"** 비록 어떤 사람이 좋은 터, 곧 예수 그리스도의 터 위에 나무와 풀과 짚으로 세웠다고 해도, 해를 받을 것이다. 비록 그가 정직하고 올바른 그리스도인이었다고 해도, 그의 약함과 타락은 그가 받을 영광을 감소시킬 것이다. 비록 그 자신이 구원을 받기는 해도, 이 세상에서의 그의 공적은 사라져서 그에게 아무 유익이 돌아가지 않게 될 것이다. **예수 그리스도의 터를 잡고 그 터 위에 풀과 나무와 짚으로 집을 세운 사람도 구원을 얻게 될 것이다.** 이것은 우리의 형제 사랑을 넓히는데 도움이 된다. 우리는 그들이 약하다고 비판해서는 안 된다. 왜냐하면 사람들이 약하다고 지옥에 떨어지는 것은 아니기 때문이다. 비록 불 가운데서 받은 것 같아도 그는 구원을 받을 것이다. 이것이 기독교를 부패와 타락으로 이끄는 자들이 구원받기 어렵다는 것을 암시한다.

이 구절에서 가톨릭교회는 '연옥'의 교리를 세운다. 그들에 의하면 구원 못 받은 자가 연옥에 가서 불로 깨끗함이 된 후 구원을 받는다고 한다. 그러나 잘못된 해석이다. 불은 죄인을 정화하기 위한 것이 아니고 최후심판을 상징한다. 인간의 공력이 어떠한 것인지 시험하는 불인 것이다. 이 불은 심지어 사도바울과 같은 사도들도 시험하는 불이다.

예수는 그리스도 하나님의 아들. 예수님은 그리스도라는 증거로 죽은 자 가운데서 부활하셨다. 이 복음으로 우리 인생 모든 문제가 처리되고 해답을 얻는다. 이 복음으로 우리 모두는 깊이 뿌리내리기를 소원한다. 모든 신자는 예수 그리스도와 그리스도의 죽음과 부활이라는 그리스도의 사건에 참된 뿌리를 내려야 한다. 그리고 이 복음진리만을 붙들고 기도하고, 이 복음진리만을 전파해야 한다.

　오늘날 그리스도 교회에서 예수 그리스도 복음진리 대신 적극적 사고방식이나 번영복음이 인기 있게 전해지고 있다. 또 복음의 메시지가 도덕과 윤리로 바뀌어 선행을 장려하는 것으로 대치되고 있다. 교인들의 삶을 도와주기 위한 삶의 지혜를 전하는 것이 인기를 끌고 있다. 그러나 그런 메시지는 복음이 아니다. 예수 그리스도의 인격과 그의 죽음과 부활의 사역만이 복음이다. 이 복음을 받은 자가 기도할 때 성령이 임한다. 성령의 권능 받아 그리스도의 증인으로 살게 한다. 참된 복음신앙을 회복하고 성령충만을 받을 것이다. 예수 그리스도 복음만을 전하는 자가 될 것이다. 이것이 금이나 은으로 집을 지은 자이고 상급을 받는 그리스도인이 된다. 기도하고 기도하여 성령충만을 받으라. 전도자로서의 삶을 분명하게 살기 바란다.

5. 기독교 신앙은 "사도들과 선지자들이 닦은 기초"위에 세워졌다: 따라서 신앙은 그들이 증거한 증거 위에 세워져야 한다.

(베드로의 복음설교) ³⁶만유의 주 되신 예수 그리스도로 말미암아 화평의 복음을 전하사 이스라엘 자손들에게 보내신 말씀 ³⁷곧 요한이 그 세례를 반포한 후에 갈릴리에서 시작하여 온 유대에 두루 전파된 그것을 너희도 알거니와 ³⁸하나님이 나사렛 예수에게 성령과 능력을 기름 붓듯 하셨으매 그가 두루 다니시며 선한 일을 행하시고 마귀에게 눌린 모든 사람을 고치셨으니 이는 하나님이 함께 하셨음이라 ³⁹우리는 유대인의 땅과 예루살렘에서 그가 행하신 모든 일에 증인이라 그를 그들이 나무에 달아 죽였으나 ⁴⁰하나님이 사흘 만에 다시 살리사 나타내시되 ⁴¹모든 백성에게 하신 것이 아니요 오직 미리 택하신 증인 곧 죽은 자 가운데서 부활하신 후 그를 모시고 음식을 먹은 우리에게 하신 것이라 ⁴²우리에게 명하사 백성에게 전도하되 하나님이 살아 있는 자와 죽은 자의 재판장으로 정하신 자가 곧 이 사람인 것을 증언하게 하셨고 ⁴³그에 대하여 모든 선지자도 증언하되 그를 믿는 사람들이 다 그의 이름을 힘입어 죄 사함을 받는다 하였느니라 (행 10:36-43).

(**믿음은 증거와 관계가 있는 것이며,** 기독교 신앙은 사도들과 선지자들이 닦은 기초위에 세워진 것이다. 따라서 신앙은 그들이 증거한 증거 위에 세워져야 한다.)

믿음은 자기 최면이 아니며 예수 그리스도께서 이 땅에 오셔서 이루신 역사적인 사실 위에 기초하고 있다. 이 역사적인 사실, 곧 그리스도의 사건은 구약시대 모든 선지자가 예언하였고, 신약시대 사도들은 그 예언대로 성취되었다는 증거의 증인이었다.

1) 사도들에 의하여 증거되었다.

"우리에게 명하사 백성에게 전도하되 하나님이 살아 있는 자와 죽은 자의 재판장으로 정하신 자가 곧 이 사람인 것을 증언하게 하셨고" 수제자로서 베드로는 다른 제자들을 대신하여 "하나님께서 그들에게 명령하셨다는 것"과 또 그들에게 그리스도에 관하여 "백성들에게 전하고 증언하라"는 책임을 주셨다는 것을 말한다. 그러므로 그들의 증언은 믿을만한 할 뿐 아니라 확실한 것이고, 그러기에 우리는 용기를 가지고 신앙하는 것이다. **그들의 증언이 곧 하나님의 증언이다. 그리고 그들은 세상에서의 하나님의 증인들이다.** 그들은 이 증언을 새로운 소식으로 전할 뿐만 아니라 기록된 자료로서 그것을 증거한다. 그리고 이 기록을 통하여 사람들은 심판 받게 된다.

2) 구약의 예언자들을 통하여 증거되었다.

"그에 대하여 모든 선지자도 증언하되 그를 믿는 사람들이 다 그의 이름을 힘입어 죄 사함을 받는다 하였느니라" 그들의 증언은 벌써 이전부터 있었고, 그리스도의 수난과 유대인들의 음모와 계획까지 증언하였었다. 그리고 "저에 대하여 모든 선지자도 증언한" 이 증언은 수난에 관한 사도들의 증언을 확증하였다. 베드로가 고넬료와 그 일행을 향해 이 말씀을 할 때 그들이 구약 선지자들의 기록을 어느 정도 알고 있었다고 볼 수 있다. 왜냐하면 고넬료는 '경건하여 하나님을 경외하는' 자였기 때문이다. 그래서 구약 선지자들의 증거와 사도들의 증언은 서로 일치하였음을 말한 것이다.

예수 그리스도 복음신앙은 항시 어떤 사실과 증언 위에 기초하고 있다. 맹신도 아니고, 자기 최면도 아니며, 희망적 기대도 아니고 더욱이 적극적 사고방식도 아니다. 신앙은 언제나 증언과 관련되어 있다. 기독교 신앙은 **"사도들과 선지자들이 닦은 기초위에 세워졌다. 그러므로 우리의 신앙은 그들이 증언한 증거 위에 세워져야 한다."** 그리스도 사건이 일어난 이후에 복음신앙은 사도들의 **복음 전도 내용대로만 믿도록 되었다.** 불건전 신비주의자들처럼 환상을 보고 신앙을 갖겠다고 하면 안 되는 것이다.

예수는 그리스도 하나님의 아들. 이 복음으로 우리 인생 모든 문제가 처리되고 해답을 얻는다. 이 복음으로 깊이 뿌리를 내릴 것이다. 우리는 사도들이 전하여 준 예수 그리스도 복음만을 믿고 그 복음으로 뿌리를 내릴 것이다. 그리고 복음의 능력, 성령의 권능을 얻도록 성령충만을 위해 기도할 것이다. 성령충만의 권능으로 땅끝까지 증인의 삶, 전도자로서의 축복의 삶을 살 것이다. 즉시 기도하기 바란다. 성령충만을 받기 바란다. 더 많이 성령충만을 받도록 기도할 것이다. 모든 그리스도인들은 그들 나름대로 성령충만을 받는 비밀을 터득하여 가지고, 기도하여 성령충만한 삶을 살아야 한다. 삶의 현장에서 자신의 지위와 신분에 합당한 전도자의 삶을 찾아내어 전도자의 삶을 살 것이다. 기도하고 기도하기 바란다.

6. 복음 받은 자의 새로운 변화

그런즉 누구든지 그리스도 안에 있으면 새로운 피조물이라 이전 것은 지나갔으니 보라 새것이 되었도다(고후 5:17).

(우리가 육신의 부모로부터 세상에 태어난 것을 육적 출생이라고 하듯이 예수님을 그리스도로 믿고 개인의 구주로 영접함으로 말미암아 하나님의 자녀로 새롭게 태어난 것을 영적출생, 즉 거듭남(중생, 重生, being born again)이라고 부른다.)

중생(重生)은 오직 물과 성령으로 이루어진다(요 3:5). 따라서 거듭나는 것 이외에 그리스도인이 될 수 있는 길은 아무 것도 없다. 이렇든 거듭난 사람은 이전의 그 사람과는 전혀 다른 새로운 피조물이 된다. 왜냐하면 "누구든지 그리스도 안에 있으면 새로운 피조물이요, 이전 것은 지나갔고 새것이 되었기 때문이다." **그리스도 안에 있는 거듭난 사람은 다음 네 가지 면에서 놀라운 변화가 일어났다.**

① **호적** : **마귀의 자녀**에서(요 8:44), **하나님의 자녀**가(요일 3:2) 되었다.
② **신분** : **죄의 종**에서(롬 6:17), **하나님께 종**(롬 6:22)이 되었다.
③ **인도** : **마귀를 좇았으나**(엡 2:1), **성령의 인도를 받게**(갈 5:18) 되었다.
④ **상태** : **허물과 죄로 죽어 있었으나**(엡 2:1), **예수 그리스도와 함께 살리심**을(엡 2:5) 받았다.

예수님을 하나님의 아들 그리스도로 참되게 믿고 영접하면 전혀 새로운 존재로 바뀐다. 때로 우리는 그런 변화를 실감 있게 느끼지 못할 수도 있다. 그러나 그런 느낌에 관계없이 참된 복음신앙으로 우리 안에는 새 생명의 탄생이 이루어져 있는 것이다. 물론 우리는 이런 변화를 확인할 수 있는 **하나님의 말씀의 증거**(객관적 증거)와 **생활의 증거**(주관적 증거)가 있다.

내가 구원을 받은 것을 아는 일은 객관적인 증거와 주관적인 증거로 말미암아 알게 된다. 객관적인 증거는 말씀에 나타난 것이요, 주관적인 증거는 우리의 생활에 변화가 나타나는 것이다.

1) 말씀의 증거(객관적)

(1) 하나님의 약속이 있다.

사도행전 16:31 "**이르되 주 예수를 믿으라 그리하면 너와 네 집이 구원을 받으리라**"

요한복음 3:16 "**하나님이 세상을 이처럼 사랑하사 독생자를 주셨으니 이는 그를 믿는 자마다 멸망하지 않고 영생을 얻게 하려 하심이라**"

(2) 예수 그리스도의 사역

히브리서 9:28 전반 "**이와 같이 그리스도도 많은 사람의 죄를 담당하시려고 단번에 드리신 바 되셨고**…" 예수 그리스도의 십자가 희생은 반복될 필요가 없다.

(3) 성령의 인치심

엡 1:13 "**그 안에서 너희도 진리의 말씀 곧 너희의 구원의 복음을 듣고**

그 안에서 또한 믿어 약속의 성령으로 인치심을 받았으니" 우리가 예수님을 그리스도로 믿었을 때에 성령님께서는 소유를 인정한다는 인치심을 하였다.

이처럼 우리의 구원에 대해서 3위의 하나님께서는 말씀을 통해 3중적인 확신을 주고 있다.

2) 생활의 증거(주관적)

(1) 주되심의 고백

고전 12:3 "그러므로 내가 너희에게 알리노니 하나님의 영으로 말하는 자는 누구든지 예수를 저주할 자라 하지 아니하고 또 성령으로 아니하고는 누구든지 예수를 주시라 할 수 없느니라" 성령님께서 신자로 하여금 예수님을 주시라 고백하게 한다.

(2) 관심사

롬 8:5 "육신을 따르는 자는 육신의 일을, 영을 따르는 자는 영의 일을 생각하나니" 구원 받고 난 이후에는 이전에 즐기던 세상일보다 영적인 일(말씀을 읽는 것, 기도하는 것, 하나님과 교제 나누는 것, 그리스도인과 함께 모이는 것, 하나님과 예수님을 사랑하고, 증거하고, 형제를 또한 사랑하게 된다)에 관심을 더 갖는다.

(3) 성품(성령의 열매)

갈 5:22-23 "오직 성령의 열매는 사랑과 희락과 화평과 오래 참음과 자비와 양선과 충성과 온유와 절제니 이 같은 것을 금지할 법이 없느니라"
한마디로 사랑의 열매를 맺게 된다.

예수는 그리스도 하나님의 아들. 이 복음으로 우리 인생 모든 문제가 처리되고 해답을 얻는다. 이 복음으로 우리 모두는 깊이 뿌리를 내릴 것이다. 복음 받은 그리스도인은 삶과 생활 속에 필연적으로 변화를 받게 되어 있다.

만일 어떤 사람이 참되게 복음을 받은 그리스도인이라면 자기 자신이 새로운 사람이며, 새로워졌음을 증명해야 한다. 새로운 이름, "그리스도인"이란 이름을 가질 뿐만 아니라, 새로운 자유와 새로운 마음과 성질을 가짐이 증거 되어야 한다. 하나님께서 한 영혼에게 예수 그리스도를 영접케 하여 새사람으로 변화시켰을 때에는 그 영혼 속에 새로운 세계를 창조시키는 것이다. 죄와 죽음에서 자유하게 되고, 하나님을 알고 만나고 교제하게 되며, 예수 그리스도와 하늘나라가 그의 궁극적인 소망이 된다. 그 마음속에는 성령으로 말미암아 형제를 사랑하고자 하는 열망이 생기는 것이다.

그러므로 복음 받은 그리스도인은 성령으로 충만을 받도록 기도할 것이다. 성령의 권능 받고 그리스도 증인으로 살 것이다. 삶의 현장에서 자신의 지위에 합당한 전도자의 삶을 찾아내어 전도자로서의 삶을 살 것이다. 의사는 의사다운, 교수는 교수다운, 군인은 군인다운, 법관은 법관다운, 공무원은 공무원다운 전도자의 삶을 살아야 한다. 기도하고 기도하기 바란다.

7. 신앙이란 생각하는 일이다. 사고(思考)야 말로 신앙의 본질이다.

²⁵그러므로 내가 너희에게 이르노니 목숨을 위하여 무엇을 먹을까 무엇을 마실까 몸을 위하여 무엇을 입을까 염려하지 말라 목숨이 음식보다 중하지 아니하며 몸이 의복보다 중하지 아니하냐 ²⁶공중의 새를 보라 심지도 않고 거두지도 않고 창고에 모아들이지도 아니하되 너희 하늘 아버지께서 기르시나니 너희는 이것들보다 귀하지 아니하냐 ²⁷너희 중에 누가 염려함으로 그 키를 한 자라도 더할 수 있겠느냐 ²⁸또 너희가 어찌 의복을 위하여 염려하느냐 들의 백합화가 어떻게 자라는가 생각하여 보라 수고도 아니하고 길쌈도 아니 하느니라 ²⁹그러나 내가 너희에게 말하노니 솔로몬의 모든 영광으로도 입은 것이 이 꽃 하나만 같지 못하였느니라 ³⁰오늘 있다가 내일 아궁이에 던져지는 들풀도 하나님이 이렇게 입히시거든 하물며 너희일까보냐 믿음이 작은 자들아 ³¹그러므로 염려하여 이르기를 무엇을 먹을까 무엇을 마실까 무엇을 입을까 하지 말라 ³²이는 다 이방인들이 구하는 것이라 너희 하늘 아버지께서 이 모든 것이 너희에게 있어야 할 줄을 아시느니라 ³³그런즉 너희는 먼저 그의 나라와 그의 의를 구하라 그리하면 이 모든 것을 너희에게 더하시리라 ³⁴그러므로 내일 일을 위하여 염려하지 말라 내일 일은 내일이 염려할 것이요 한 날의 괴로움은 그 날로 족하니라 (마 6:25-34).

예수님의 교훈에 의하면 신앙이란 본래 생각하는 일이다. 그리고 믿음이 적은 자의 문제점은 마침내 생각하지 않는데 있다.

믿음이 적은 자는 환경에 시험을 받고 넘어진 상태가 된다. 이 세상의 생활이 어려운 이유가 여기 있다. 이 세상 생활은 우리를 공박하고 생각하지 못하게 하며 무력하게하고 패배에 빠지게 한다. 거기서 피할 길을 주님께서 예비해 주신다. 우리는 좀 더 시간을 바쳐 주님의 말씀을 배우도록 노력하지 않으면 안 된다. 성령은 논리에 가득 차 있다. 덮어놓고 믿는 것이 아니다. 예수님이 그리스도이신 것을 생각하고 믿는 것이다.

우리들은 신앙이란 무엇인가에 대해 신비적인 것이라고 함부로 생각해서는 안 된다. 평안한 안락의자에 앉아서 이상한 일이 일어나는 것을 기다리고 있어서는 안 된다. 기독교의 신앙은 그런 것이 아니다. 기독교 신앙이란 미래를 생각하는 것이다. 공중의 새를 보고 생각하라. 거기서 주님의 진리를 이끌어 내는 것이다. 예수님은 더욱 구체적으로 "**생각하여 보라**"고 말씀하셨다. "**들의 백합화가 어떻게 자라는가 생각하여 보라 수고도 아니 하고 길쌈도 아니 하느니라**"고 말씀하셨다.

그런데 대부분의 신자들은 생각하고자 하지 않는다. 생각하지 않고 염려하며 근심한다. 예수님이 내 인생 모든 문제를 해결하신 그리스도시요, 예수님을 그리스도로 믿는 모든 신자는 그리스도로 말미암아 하나님이 우리의 아버지가 되셨다는 사실을 당면한 문제 앞에 생각하지 않는다. 그리스도인의 염려와 근심은 생각의 결여인 것이다. 염려나 근심의 세력에 항복하는 것이다.

예수님은 자신이 그리스도 되심과 그로 인하여 하나님이 아버지 되신 사실을 항상 생각하라고 명령하신다. 다시 말하면 크리스챤 사고방식으로 생각하라고 재촉하신다. 사고(思考)야 말로 신앙의 본질인 것이다.

참된 신앙이란 모든 일이 예수님의 하나님 아들 그리스도 되심을 인정하고, 또 깊이 생각하면서 인생의 모든 문제와 미래를 맡기는 것이다. 신앙생활이란 "내가 아니라 그리스도"라고 언제나 더욱 깊이 생각하고자 힘을 다하는 활동이다. "내가 아니라 그리스도"라고 내 생각 속에 사는 것이다. 그러나 신앙이 적거나 없는 자는 자신의 생각이 아닌 다른 무엇인가에 의해서 자신의 생각이 지배당하고 있는 것이다. 염려나 근심은 하나의 불신의 세력이기에 예수 그리스도 이름으로 쫓아내야 한다. 하나님의 무한한 사랑을 생각하고, 자신의 인생문제를 주관하고 다스리고 계심을 생각하고, 그 분의 주권과 섭리에서 벗어나 일어난 일은 결코 있을 수 없다는 것을 힘을 다해 생각하는 것이다. 그리고 이 생각을 기도로 끊임없이 하나님과 그리스도께 아뢰는 것이다.

예수는 그리스도 하나님의 아들. 이 복음으로 우리 인생 모든 문제가 처리되고 해답을 얻는다. 이 복음으로 깊이 뿌리내리기를 기원한다. 복음을 참되게 받고 나면, 그 사람에게는 인생관, 세계관, 우주관 등 모든 것이 변화되게 되어있다. 특히 과거에는 우연으로 생각되던 것이, 이제는 예수님을 그리스도로 믿고 보니까 예수님께서 그리스도로 취임하시어 하늘과 땅의 모든 권세를 가지시고 통치하시는 것을 알게 된다. 그러므로 복음 받은 그리스도인은 항상 그리스도께서 통치하신다는 것을 믿고 '오직 그리스도', '오직 신앙', '오직 하나님'께만 영광을 돌린다는 생각으로 살아야 한다. 미래에 대한 염려를 할 필요가 없다. 오늘의 삶에 그리스도의 인도를 받고 기쁨으로 사랑의 삶을 사는 것이다. 성령의 충만을 받고 성령의 권능으로 사는 것이다. 성령충만을 받도록 기도하기 바란다. 성령의 권능을 받아 전도자로서 축복의 삶을 살기 바란다. 기도하기 바란다.

8. 신앙이란 본질적으로 활동적인 것, 신앙은 직면한 문제에 적용하는 것이다

²²하루는 제자들과 함께 배에 오르사 그들에게 이르시되 호수 저편으로 건너가자 하시매 이에 떠나 ²³행선할 때에 예수께서 잠이 드셨더니 마침 광풍이 호수로 내리치매 배에 물이 가득하게 되어 위태한지라 ²⁴제자들이 나아와 깨워 이르되 주여 주여 우리가 죽겠나이다 한대 예수께서 잠을 깨사 바람과 물결을 꾸짖으시니 이에 그쳐 잔잔하여지더라 ²⁵제자들에게 이르시되 너희 믿음이 어디 있느냐 하시니 그들이 두려워하고 놀랍게 여겨 서로 말하되 그가 누구이기에 바람과 물을 명하매 순종하는가 하더라(눅 8:22-25).

¹예수께서 거기를 떠나사 고향으로 가시니 제자들도 따르니라 ²안식일이 되어 회당에서 가르치시니 많은 사람이 듣고 놀라 이르되 이 사람이 어디서 이런 것을 얻었느냐 이 사람이 받은 지혜와 그 손으로 이루어지는 이런 권능이 어찌됨이냐 ³이 사람이 마리아의 아들 목수가 아니냐 야고보와 요셉과 유다와 시몬의 형제가 아니냐 그 누이들이 우리와 함께 여기 있지 아니하냐 하고 예수를 배척한지라 ⁴예수께서 그들에게 이르시되 선지자가 자기 고향과 자기 친척과 자기 집 외에서는 존경을 받지 못함이 없느니라 하시며 ⁵거기서는 아무 권능도 행하실 수 없어 다만 소수의 병자에게 안수하여 고치실 뿐이었고 ⁶그들이 믿지 않음을 이상히 여기셨더라 이에 모든 촌에 두루 다니시며 가르치시더라(막 6:1-6).

제 15 장 복음과 그리스도인의 신앙

하나님의 아들 예수 그리스도 복음 신앙이란 본질적으로 활동적인 것이다. 예수님은 제자들에게 말씀하셨다. "너희 믿음이 어디 있느냐" 왜 신앙을 적용하지 않는가? 라고 질문한 것이다.

'적은 믿음'은 결국에는 우리들이 이미 알고 있는 일, 믿고 있다고 주장하고 있는 일, 이 세상에서의 생활의 여러 가지 다양한 환경이나 세부에 적용되지 않고 있는 곳에 그 원인이 있다. 예수님께서 배에서 잠들고 계실 때에 물이 배에 가득하게 되어 위태하게 되었다. 바다는 광풍이 호수로 내리쳐 물결이 몹시 사나왔다. 그 때 제자들은 염려하여 걱정이 되므로 **"주여 주여 우리가 죽겠나이다"**고 하였다. 이 때 예수님은 잠을 깨서 바람과 물결을 꾸짖어 잔잔하게 하신 후에 제자들에게 말씀하셨다. **"너희 믿음이 어디 있느냐"**

너희는 신앙을 가지고 있다. 그러나 그 신앙은 지금 어디 있는가? 혹은 예수님은 이렇게 말씀하실 수 있으셨다. **"왜 너희는 자신의 신앙을 적용하지 않느냐"**라고 말씀하는 것이다.

신앙을 가지고 있다고 입으로 말만 해서는 불충분하다는 것을 알 것이다. 그 신앙을 충분하게 적용하지 않으면 안 된다. 그것은 지금 일어나는 것과 관계를 맺지 않으면 안 된다. 언제 어느 순간에도 신앙을 필요로 하는 그곳에 신앙이 있도록 하지 않으면 안 된다. 구원에 관해서는 이렇게 훌륭한 신앙을 가지고 있으면서 한번 이 세상에서의 시험에 마주칠 때에는 흐느끼고 울며 떠들어댄다. 이것은 아주 빈약한 상태의 복음신앙인 것이다. 신앙은 충분히 적용해야 한다. 다시 말하면 기도하고 구해야 한다. 적극적으로 구하고 두드려야 한다.

한편 예수님께서 그분의 고향에 가셨을 때도 고향사람들은 예수님이 그리스도라는 신앙을 가지거나 적용하려고 하지 않았다. 예수님은 그리스도의 권세로서 다른 곳에서와 마찬가지로 많은 기적을 행하시기를 원하셨다. 그러나 예수님은 그렇게 하실 생각이 없었다. 왜냐하면 고향사람들이 예수님께 나와서 간구하지 않았기 때문이며, 은혜 받기를 위해 예수님께 요청하지도 않았기 때문이다. 예수님은 그들을 위해 역사하실 수 있는 모든 것을 갖추고 기다리셨으나, 그들은 예수님을 그리스도로 믿지 않아서 구하지 않았기 때문에 아무 권능도 행하실 수가 없으셨다. 그들은 그들을 위해 역사하실 수 있는 하나님의 영광스러운 은혜를 상실하고 말았다. 이보다 이상한 것은 없는 것이다. 그래서 예수님은 "**그들이 믿지 않음을 이상히 여기셨더라**"고 하셨다. 하나님의 은혜 받는 것을 싫어하는 불신앙과 같이 이상한 일은 없는 것이다. 구하고 구할 것이다. 은혜는 준비되어 있다.

예수는 그리스도 하나님의 아들. 이 복음으로 우리 인생 모든 문제가 처리되고 해답을 얻는다. 이 복음으로 우리 모두는 깊이 뿌리내리기를 소원한다.

복음 받은 그리스도인의 최고의 과업은 기도하는 것이다. 신앙은 당연히 기도를일으키게 되어 있다. 기도는 신앙의 실천인것이다. 그러므로 즉시 기도하라. 기도 중의 최고의 기도 성령충만을 받도록 기도하라. 성령의 권능 받고 그리스도 증인으로 복음전도자로 살것이다. 자신의 지위에 합당한 전도자의 삶을 찾아 내어 복음전도자로 살 것이다. 기도하고 기도하기 바란다.

9. 믿음의 본질(Ⅰ)

믿음은 무식한 시골 할머니처럼 아무 비판 없이 '지성이면 감천'식으로 믿어버리는 맹목적 굴종행위인가? 아니다. **믿음은 맹목적인 것이 아니라 그 대상·내용·목적 면에서 뚜렷한 근거를 가지고 있다.**

> [30]예수께서 제자들 앞에서 이 책에 기록되지 아니한 다른 표적도 많이 행하셨으나 [31]오직 이것을 기록함은 너희로 예수께서 하나님의 아들 그리스도이심을 믿게 하려 함이요 또 너희로 믿고 그 이름을 힘입어 생명을 얻게 하려 함이니라(요 20:30-31).

믿음의 대상 : 예수
믿음의 내용 : 예수께서 **하나님의 아들 그리스도이심**
믿음의 목적 : 너희로 믿고 그 이름을 힘입어 **생명을 얻게 하려함**
　　　　　　　(곧 영생을 얻게 됨)

믿음은 덮어놓고 믿으므로 지식인의 자살행위로 생각하는 사람도 있다. 그러나 그것은 오해다. 믿음은 뚜렷한 대상·내용·목적을 가지고 있다. 믿음은 허상이 아니라 항시 어떤 사실(fact)과 연관이 된다. 믿음은 그런 사실, 예컨대 나는 죄인이다. 하나님께서 예수 그리스도를 보내셨다 등과 관련하여 출발한다. 결코 맹목적이지도, 또 공허한 것도 아니다. 그런데 이러한 사실들은 특별히 예수 그리스도를 중심하여 이루어진 것이다. 믿음의 초점은 예수 그리스도 자신 곧 예수 그리스도의 이름, 그의 인격과 사역에 집중하게 되었다.

전 총신대 교수였던 권성수 목사가 몇 년 전 미국 어느 교회집회를 인도하는 중 어떤 여성 중직 한 분이 그를 찾아와 이런 말을 하였다.

"우리교회에서는 복음을 전하지 않습니다. 설교 때마다 하나님은 있는데 예수님은 없습니다. 그런데 이번에 오셔서 첫 시간부터 예수님의 복음을 전해 주시니 얼마나 감사한지요. 너무 감격해서 눈물이 나왔습니다."

설교에 하나님은 있는데 예수님은 없다는 그 여성 중직자의 말은 도덕설교는 있는데 복음설교는 없다는 것이다. 하나님은 넓은 의미에서 우리의 신앙의 대상이라 할 수 있으나, 하나님께서 그 아들을 이 세상에 보내서 믿으라고 하셨으니 예수님이 신앙의 바른 대상인 것이다. 예수님은 믿음의 주요 또 온전케 하시는 분이신 것이다. 그러므로 성경은 예수님을 바라보라고 한다(히 12:2).

예수는 그리스도 하나님의 아들. 이 복음으로 우리 인생 모든 문제가 처리되고 해답을 얻는다. 이 복음으로 우리 모두는 깊이 뿌리내리기를 소원한다

한 개인이 예수님을 믿게 된 동기가 어떠하든지 간에 일단 예수님을 하나님의 아들 그리스도로 믿게 되면 믿음의 궁극적인 목적이 영생을 얻는 것임을 알아야 한다. 영생은 한 마디로 하나님과 우리 주 예수 그리스도를 체험적으로 아는 것이다. 곧 교제하는 것이다. 그 교제가 기도하는 것이다. 복음 받은 그리스도인의 최고의 과업은 기도하는 것이다. 기도 중의 최고의 기도 성령충만을 받도록 기도하는 것이다. 그리하여 성령의 권능으로 땅 끝까지 전도자의 축복을 누리며 사는 것이다. 즉시 성령충만을 받도록 기도하기 바란다. 현장에서 전도자다운 삶을 살기 바란다. 그럴 때 예수님은 세상 끝날까지 함께해 주실 것이다. 기도하고 기도하기 바란다.

10. 믿음의 본질(Ⅱ)

믿음은 실재하지 않는 것을 실재하는 것처럼 가정하고 자꾸만 그렇게 시인하는 반복적 노력인가? 믿음은 소위 '자기 최면'인가? 아니다. 믿음은 자기 최면이 아니라 그리스도께서 이 땅에 오셔서 이루신 **역사적인 사실 위에 기초**하고 있다(그리스도의 죽으심과 부활이라는 역사적 사실).

> ³¹이 날은 준비일이라…³²군인들이 가서 예수와 함께 못 박힌 첫째 사람과 또 그 다른 사람의 다리를 꺾고 ³³예수께 이르러서는 이미 죽으신 것을 보고 다리를 꺾지 아니하고 ³⁴그 중 한 군인이 창으로 옆구리를 찌르니 곧 피와 물이 나오더라 ³⁵이를 본 자가 증언하였으니 그 증언이 참이라 그가 자기의 말하는 것이 참인 줄 알고 너희로 믿게 하려 함이니라(요 19:31-35).

"이를 본 자가 증언하였으니" 즉 요한은 예수님의 죽음을 목격했다고 진술했으며, 십자가의 사건을 진실이라고 말하여 믿게 하려 함이었다.

> ¹안식 후 첫날 이른 아침 아직 어두울 때에 막달라 마리아가 무덤에 와서 돌이 무덤에서 옮겨간 것을 보고…베드로와 그 다른 제자가 나가서 무덤으로 갈새…⁶시몬 베드로는 따라와서 무덤에 들어가 보니 세마포가 놓였고 ⁷또 머리를 쌌던 수건은 세마포와 함께 놓이지 않고 딴 곳에 쌌던 대로 놓여 있더라 ⁸그 때에야 무덤에 먼저 갔던 그 다른 제자도 들어가 보고 믿더라…(요 20:1-10).

베드로는 무덤에 들어가 세마포와 수건을 보았다.
그 다른 제자는 들어가 보고 여자들의 말을 믿게 되었다.

¹태초부터 있는 생명의 말씀에 관하여는 우리가 들은 바요 눈으로 본 바요 자세히 보고 우리의 손으로 만진 바라 ²이 생명이 나타내신 바 된지라 이 영원한 생명을 우리가 보았고 증언하여 너희에게 전하노니 이는 아버지와 함께 계시다가 우리에게 나타내신 바 된 이시니라 ³우리가 보고 들은 바를 너희에게도 전함은 너희로 우리와 사귐이 있게 하려 함이니 우리의 사귐은 아버지와 그의 아들 예수 그리스도와 더불어 누림이라(요일 1:1-3).

사도 요한은 역사상 나타나신 예수 그리스도와 자신이 만난 사실을 생생하게 묘사하고 있다. 듣고·보고·만졌다.

오늘날 교회의 흐름은 '**마음에 평안만 있으면 된다**'고 여기고 **객관적인 진리나 사실을 중요시하지 않는다.** 위험하다. 다른 말로 하면 개인의 종교로 전락되고 말았다. 빌리 그래함을 비롯한 신복음주의자들이나 부흥주의자들이나 거의 유사하다. 이들이 계몽주의, 모더니즘, 다원주의 사상 등 혼란스러운 사상들에 관하여 답변한 것은 '**마음**'에 대한 **답변이었다.** 그 시대 자체가 개인주의, 감정의 시대였기 때문이다. 그러나 이들이 변화시키지 못한 것은 정신이었다. 감정은 부흥시켰지만, 교리를 새롭게 발견하거나 변화시킨 것은 아니었다. 결국 부흥주의가 마음의 냉랭함은 해결할지 모르지만, 회의주의와 냉소주의를 치료하지는 못했다.

무엇인가 마음에 평안을 얻었기에 구원을 얻는 것이 아니다. 감정적으로 느낌이 오기 때문에 구원을 얻는 것이 아니다. 참다운 구원은 **역사적으로 그리스도께서 이 땅에 오셔서 이루신 역사적 사실, 곧 그의 대속의 죽으심과 부활에 근거하여 구원을 얻는다**. 이 복음진리를 알고 믿을 때 구원을 얻는다. 그러므로 **복음진리가 발견되어지고 믿어져야지, 마음을 강조해서는 안 된다.**

동시에 진리를 강조하기 보다 **삶을 강조해서도** 안 된다. 객관적 진리보다 개인적이며 종교적인 체험을 강조하다 보면 진리의 객관적 기준을 상실하게 된다. **십자가에 대한 묵상을 통하여** 그리스도와의 교제를 강조하는 소위 '**십자가의 신학**'은, 하나님에 관한 지식도 십자가로만 얻을 수 있다고 하는 주관적이고 감정적인 신앙이다. 이런 신앙은 결국 '도덕폐기론'으로 갈 수 밖에 없다. 역사적이며 객관적인 복음진리보다 개인적이며 주관적인 체험을 강조하면 진리에서 멀어진다.

예수는 그리스도 하나님의 아들. 예수님은 하나님의 아들 그리스도라는 증거로 죽은 자 가운데서 부활하셨다. 이 복음으로 우리 인생 모든 문제가 처리되고 해답을 얻는다. 이 그리스도의 죽음과 부활의 복음으로 우리 모두는 깊이 뿌리를 내릴 것이다.

신앙의 근거는 개인적, 주관적 체험이 아니라, 그리스도의 죽음과 부활이라는 역사적 사실이 우리의 신앙의 근거이고 기준이다. 신앙으로 인한 마음의 감사와 평안 등이 중요한 것이지만, 이것은 신앙에서 오는 부수적인 열매이지 신앙의 근거가 아니다. 우리는 마음에 평안이 없더라도 예수님이 그리스도이심을 굳게 믿고 신앙에 서서 기도하고 기도한다. 그러면 마음속에 없던 그리스도의 평강이 우리를 주장하게 되어 있다.

그러므로 우리는 예수님의 죽음과 부활이라는 역사적 사실의 신앙에 기초를 더욱 든든히 세우고 기도할 것이다. 성령의 충만을 받을 것이다. 성령의 충만을 받아 전도자로의 축복의 삶을 살 것이다. 복음 받은 우리 모두는 삶의 현장에서 전도자의 삶을 찾아내서 전도자다운 삶을 살아야 한다. 기도하고 기도하기 바란다.

11. 믿음의 본질(Ⅲ)

믿음은 자기의 의지를 강하게 발동시켜 마음만 먹으면 다 할 수 있다고 생각하는 신념의 훈련인가? **적극적인 사고방식인가?** 아니다. 믿음은 적극적 사고의 훈련이나 신념의 마력 등이 아니라 **하나님께서 그리스도를 통해 베푸신 것들을 겸손히 받아들이고 그것을 의뢰하는 것이다.** 믿음은 인간의 신념이 아니다. **믿음은 하나님의 선물이다. 믿음은 성령을 임하게 하는 것이다.**

> ⁸너희는 그 은혜에 의하여 믿음으로 말미암아 구원을 받았으니 이것은 너희에게서 난 것이 아니요 하나님의 선물이라 ⁹행위에서 난 것이 아니니 이는 누구든지 자랑하지 못하게 함이라(엡 2:8-9).

우리가 구원을 받는 것은 결코 '나는 구원을 받을 수 있다'는 강한 신념을 통해서가 아니다. 적극적인 사고방식 때문에 구원 받는다면 이미 그 사고방식은 또 하나의 인위적 노력(행위)인 셈이 되며 구원 역시 하나님의 선물이 될 수 없다. 구원은 결코 우리 신념의 확실성에 좌우되지 않는다. 이처럼 믿음은 우리가 만들어 내는 신념의 노력이 아니며 이미 하나님께서 베푸신 것들을 전 인격적으로 받아들이고 그에 따라 행동하는 것이다.

로버트 슐러(미국 LA 수정교회 목사) 목사는 '적극적 사고'란 성경에서 말하는 믿음이라고 정의한다. 노만 빈센트 필, 조엘 오스틴, 나폴레온

힐 등이 이런 주장을 펼친 사람들이다. 한국교회에도 이런 주장을 목회에 접목시킨 분들이 많이 있다. **적극적 사고방식은 또한 '성공의 법칙'과** 연관되어 주장되기도 한다. 그래서 성공의 법칙이 적극적 사고방식 주장의 귀결이다. **성공법칙은 첫째, '말한 대로 된다'고 한다.** 그러므로 긍정적이고 적극적인 말을 해야 한다고 한다. 그러니까 긍정적인 말이 믿음으로 치환되어 사용되는 셈이다. 또 **성공의 두 번째 법칙은 "상상하는 대로 된다"고 한다.** 그래서 설교가는 '성공의 그림을 그리면 성공한다'고 설교한다.

최근 '**4차원의 영성**'이라는 말이 인구에 회자되고 있다. '4차원의 영성'은 '3차원의 인생을 초월하는 4차원의 세계를 움직이는 4가지 핵심요소인 **생각**(Thinking), **믿음**(Faith), **꿈**(Dream), **말**(Words)을 개인의 신앙과 삶, 그리고 교회와 조직의 발전에 적용하는 영적체계를 말한다. 하나님의 방식대로 생각하고, 믿음으로 바라보며, 하나님으로부터 크고 비밀한 일을 꿈꾸고, 담대히 입술로 선포함으로서 개인과 가정, 교회와 사회, 더 나아가 민족복음화와 세계 선교에 적용하자고 한다.

분명 이런 주장에 따른 훈련과 적용은 효과가 있을 것이다. 그러나 그리스도인의 참된 목표는 구원이며, 이를 위한 참된 신앙의 회복이다. 신앙은 적극적 사고나 꿈꾸는 것이 아니고, "하나님께서 예수 그리스도를 통해서 역사적으로 이 땅에 이루신 사건"에 근거하는 것이다. **이 '그리스도의 사건'이라는 기초에 신자가 뿌리를 내릴 때, 그 사람에게는 '성령'이 임하게 되는 것이다.** 초자연적 실체이신 성령님, 곧 하나님이신 성령님이 임하시는 것이다. 참된 신앙은 성령을 임하게 한다. 신자는 그에게 임하신 성령님의 은혜와 은사를 충만히 구해 받고, 그 삶의 현장에서 그리스도 증인으로 승리의 삶을 사는 것이다. 물론 이때의 그리스도인의 삶은 적극적이 되며 긍정적인 생각을 갖게 되어 있다. 그러나 근본은 우리가 할 수 있다고 스스로 말하고 생각하기 때문에 그런 사고방식을 갖는 것이 아니고, 예수님을 그리스도로 믿고 난 후에 선물로 주신 성령님의 역사이다. 우리는 언제나 **그리스도의 말씀과 성령에 의해 인도를 받는 것이다.** 그러므로 적극적 사고방식은 인본주의적인 것이다. 신앙은 하나님의 선물이요, 그 신앙적 태도는 신본주의적인 것이다.

신자는 하나님의 은혜를 구해 예수님을 하나님의 아들 그리스도로 믿는 신앙을 선물로 받아야 한다. 하나님의 은혜로 그리스도의 사건이 마음 중심에 믿어져야 한다. 그리고 선물로 받은 성령님의 충만한 지배와 통치, 인도를 받아야 한다. 그리스도 증인이 되어야 한다.

예수는 그리스도 하나님의 아들. 예수님은 하나님의 아들 그리스도라는 증거로 죽은 자 가운데서 부활하셨다. 이 복음으로 우리 인생 모든 문제가 처리되고 해답을 얻는다. 이 그리스도의 죽음과 부활의 복음으로 우리 모두는 깊이 뿌리를 내릴 것이다.

인본주의적인 적극적 사고방식은 어느 정도 성공을 가져오는 법칙으로 기능할 수 있다. 인간은 '할 수 없다'고 좌절하면 아무 것도 할 수 없기 때문이다. 그러나 적극적 사고방식으로는 인간의 영적 문제 해결이 불가능하다. 죄와 죽음, 저주와 재앙, 지옥과 사탄의 권세를 막을 힘이 없다. 오직 복음만이 영적 문제의 해결을 가져다준다. 최근에 적극적 사고로 교회를 일으켰던 로버트 슐러의 미국 수정교회는 파산신청을 내고 말았다. 인본주의는 무너지는 것이다.

그러므로 우리 모두는 이 그리스도의 죽음과 부활이라는 역사적 사실의 기초 위에 신앙을 세우고, 이 신앙에서 일어나는 성령의 권능으로 진정한 적극적이며 긍정적인 삶을 살아 하나님께 영광을 돌릴 것이다. 복음 받은 여러분은 이런 믿음의 역사를 위해서 기도할 것이다.

성령의 권능 받아 그리스도 증인으로 살 것이다. 전도자로서 사는 삶이 그리스도인으로 궁극적 목표가 되기 바란다. 가정주부는 가정주부답게, 학생은 학생답게, 회사원은 회사원답게, 판사는 판사답게, 정치가는 정치가답게 복음전도의 삶을 찾아내어 전도자로 살아야 한다. 기도하고 기도하기 바란다.

12. 믿음의 본질(IV)

믿음은 인간이 나약하고 괴롭기 때문에 '그렇게 되었으면' 하고 **동경하는 연습**인가? '**희망적 기대**'인가? 아니다. 믿음은 인간 편에서의 나약한 **희망적 기대, 단순한 동경의 산물**이 아니라 그리스도 안에 나타난 하나님의 구원 선포에 전인격적 반응을 보이는 것이다. 사도 바울은 그리스도를 알기 전 자신이 나약하고 괴롭기 때문에 영적 갈구를 채우기 위해 가지고 있던 종교적 열망을 믿음으로 환원시킨 것이 아니었다.

> ⁴그러나 나도 육체를 신뢰할 만하며 만일 누구든지 다른 이가 육체를 신뢰할 것이 있는 줄로 생각하면 나는 더욱 그러하리니 ⁵나는 팔일 만에 할례를 받고 이스라엘 족속이요 베냐민 지파요 히브리인 중의 히브리인이요 율법으로는 바리새인이요 ⁶열심으로는 교회를 박해하고 율법의 의로는 흠이 없는 자라(빌 3:4-6).

바울은 예수 그리스도를 알기 전까지는 실로 자신만만한 인물이었다. 그러면 무엇이 바울을 그렇게 바꿔 놓았는가?

"그러나 무엇이든지 내게 유익하던 것을 내가 그리스도를 위하여 다 해로 여길뿐더러 또한 모든 것을 해로 여김은 내 주 그리스도 예수를 아는 지식이 가장 고상하기 때문이라 내가 그를 위하여 모든 것을 잃어버리고 배설물로 여김은 그리스도를 얻고 그 안에서 발견되려 함이니"
(빌 3:7-9), (행 9:1-7; 고전 15:8)

"사울이 주의 제자들에 대하여 여전히 위협과 살기가 등등하여 대제사장에게 가서 다메섹 여러 회당에 가져갈 공문을 청하니 이는 만일 그 도를 따르는 사람을 만나면 남녀를 막론하고 결박하여 예루살렘으로 잡아오려 함이라 사울이 길을 가다가 다메섹에 가까이 이르더니 홀연히 하늘로부터 빛이 그를 둘러 비추는지라 땅에 엎드러져 들으매 소리가 있어 이르시되 사울아 사울아 네가 어찌하여 나를 박해하느냐 하시거늘 대답하되 주여 누구시니이까 이르시되 나는 네가 박해하는 예수라 너는 일어나 시내로 들어가라 네가 행할 것을 네게 이를 자가 있느니라 하시니 같이 가던 사람들은…"(행 9:1-7)

물론 예수님을 그리스도로 믿는 동기는 각양의 사람에게 각양의 방법이 있다. 어떤 사람은 자신이 나약하고 괴롭기 때문에 예수님을 그리스도로 믿고자 한다. 필자 자신도 병들어 죽게 되니까 살려달라고 예수님께 나온 사람이었다. 그러나 구원의 본질은 하나님께서 그 아들 예수 그리스도를 이 세상에 보내셔서 우리의 죄와 죽음, 저주와 재앙, 지옥과 사탄의 권세를 해결하고 하나님 만나는 길을 열게 하신 영혼 구원에 목적이 있는 것이다. 그러므로 우리 인생들은 하나님께서 그 아들 예수 그리스도 안에 나타내 주신 구원선포에 전인격적 순종으로 나아가야 한다. 예수 그리스도를 믿고 순종하여 구원을 얻어야 한다.

예수는 그리스도 하나님의 아들. 예수님은 하나님의 아들 그리스도시라는 증거로 죽은 자 가운데서 부활하셨다. 부활하신 예수님은 하나님 보좌 우편에 앉아 그리스도로 통치하시면서 우리에게 성령을 보내주셨다. 예수님은 지금 성령을 통해서 우리와 함께 하신다. 그러므로 우리에게 성령충만을 받으라고 명령하신다. 성령충만 받아 성령의 권능으로 땅 끝까지 증인이 되라고 명하신다. 우리 모두는 이렇게 하나님의 아들 예수 그리스도 안에서 우리에게 베푸신 하나님 아버지의 구원선포와 축복의 삶에 전인격적으로 순종할 것이다.

우리가 하나님의 구원선포에 순종할 때 성령이 선물로 주어진다. 그리고 복음전도자로 살 때 성령님은 우리의 동역자가 되어 주신다. 삶의 현장에서 전도자답게 살도록 성령충만을 구해서 풍성하게 성령을 받을 것이다. 복음 받은 그리스도인은 이 성령의 능력으로 건강을 유지하고, 공부하고, 사업하고, 직장생활하고, 정치 · 경제 · 문화 · 예술 활동을 해야 한다. 기도하고 기도하기 바란다.

13. 그리스도 안에서 소원, 주님도 인정

이 일이 있은 후에 바울이 마게도냐와 아가야를 거쳐 예루살렘에 가기로 작정하여 이르되 내가 거기 갔다가 후에 로마도 보아야 하리라 하고(행 19:21).

그날 밤에 주께서 바울 곁에 서서 이르시되 담대하라 네가 예루살렘에서 나의 일을 증언한 것 같이 로마에서도 증언하여야 하리라 하시니라(행 23:11).

[10]바울이 이르되 내가 가이사의 재판 자리 앞에 섰으니 마땅히 거기서 심문을 받을 것이라 당신도 잘 아시는 바와 같이 내가 유대인들에게 불의를 행한 일이 없나이다 [11]만일 내가 불의를 행하여 무슨 죽을 죄를 지었으면 죽기를 사양하지 아니할 것이나 만일 이 사람들이 나를 고발하는 것이 다 사실이 아니면 아무도 나를 그들에게 내줄 수 없나이다 내가 가이사께 상소하노라 한대 [12]베스도가 배석자들과 상의하고 이르되 네가 가이사에게 상소하였으니 가이사에게 갈 것이라 하니라(행 25:10-12).

[30]왕과 총독과 버니게와 그 함께 앉은 사람들이 다 일어나서 [31]물러가 서로 말하되 이 사람은 사형이나 결박을 당할만한 행사가 없다 하더라 [32]이에 아그립바가 베스도에게 이르되 이 사람이 만일 가이사에게 상소하지 아니하였더라면 석방될 수 있을 뻔하였다 하니라(행 26:30-32).

하나님의 아들 예수 그리스도 복음 받은 그리스도인이 세계복음화의 소명을 따라 살고자 소원을 갖고 전도자의 삶을 살고자 하면, 그리스도께서는 그 소원을 인정해주시고 신비한 섭리 가운데 완벽하게 그 소원대로 인도하신다.

사도바울은 에베소에서의 사역이 열매를 맺게 되자, 세계복음화의 꿈을 성취하고자 당시 세계문명의 중심지인 로마와 로마문명의 가장 서쪽 변경의 식민지였던 서바나까지도 가려고 꿈꾸고 있었다(롬 15:24,28).

그리하여 바울사도는 "**후에 로마도 보아야 하리라**"고 하였다. 로마행은 바울의 숙원이었다(롬 1:10-15,15:22-29). 이 계획은 이때 발표되었으나, 이 소원은 벌써 오래 전부터 그의 마음에 싹터 있었을 것이다. 당시 로마는 세계의 전략적 중심지였으며, 군대나 상인들이 사용하는 큰 고속도로가 있어 로마에서 시작되어 각지로 뻗어 나갔다는 것을 누구보다도 잘 알고 있었다. 만일 로마가 복음화 된다면 여러 도시들을 향한 고속도로들은 주님과 그의 평안의 복음의 사자들을 위한 길들이 될 것이라고 그는 느꼈다. 그렇기 때문에 그는 "**로마도 보아야 하리라**"고 말했던 것이다.

이런 바울사도의 소원을 **주님은 인정해 주셨다**. "**담대하라 네가 예루살렘에서 나의 일을 증언한 것 같이 로마에서도 증언하여야 하리라**"(행 23:11)고 말씀하셨다. 로마행은 바울의 숙원이었는데, 이제 주님도 바울의 말을 인용하여 "**로마에서도 증언하여야 하리라**"고 말씀하셨다.

그러므로 이제 바울사도는 그의 소원과 그 소원대로 이룰 것을 인정해 주신 주님의 뜻에 맞춰 그의 삶의 길을 결정하는 것이다. 사도바울이 예루살렘에 갔을 때 유대인들에게 체포되고, 그 후 가이샤랴의 감옥에 갇혀 로마총독에 의한 재판을 받게 되었다. 벨릭스 총독의 재판에 이어, 후임인 베스도총독의 재판정에서 바울은 그가 로마시민권자임을 이유로 로마 황제에게 상소하게 된다. "**내가 가이사께 상소하노라**"(행 25:11).

로마행은 바울의 소원이었고, 또 주님께서 이 사실을 인정해 주셨으므로 로마황제 가이사에게 상소한 것이다. 그는 로마황제 앞에서 예수 그리스도 복음을 증거할 소원을 피력한 것이다. 하나님께서 바울의 마음 가운데 그런 생각을 집어넣으신 것이라고 할 수 있다. 왜냐하면 주님은 이미 **"네가 나의 일을 로마에서도 증언하여야 하리라"**(행 23:11)고 말씀하셨기 때문이었다. 주님은 자신의 말씀을 반드시 성취하시는 분이다.

한편 재판장 베스도는 바울보다는 유대인 기소자들의 비위를 맞추고자 예루살렘에 가서 그의 결백을 밝히는 것이 어떠냐고 제의하였다. 이 경우 베스도는 재판장이므로 예루살렘에 가라고 명령할 수 있었다. 그러나 하나님께서는 이 베스도의 마음을 주장하고 계셨다. 그러므로 베스도는 그가 본래 가지고 있던 의도대로 하지 못하고 바울의 가이사에게 호소한 상소권을 허락할 수 밖에 없었다.

이전에 바울은 **"로마도 보아야 하리라"**고 말한 적이 있었으며, 그가 낙심해 있던 외로운 밤에 주님께서 **"네가 로마에서도 증언해야 하리라"**고 말씀하셨고, 이에 따라 바울은 **"내가 가이사께 상소하노라"**고 하였으며, 마침내 황제의 대리자인 베스도 총독의 입에서 **"네가 가이사에게 상소하였으니 가이사에게 갈 것이라"**(행 15:12)고 한 것이다.

복음 받은 그리스도인이 세계복음화의 비결을 안고 그 소원을 성취하고자 전도자의 소명을 갖게 될 때, 주님은 그것을 인정해 주시고, 또 그 전도자는 주님이 주신 확신을 가지고 삶의 길을 정하며 걷게 된다. 이 걸음은 결코 후회될 걸음이 아니고, 비록 그 걷는 길에 고난과 역경이 온다 해도 **하나님의 경륜 속에서 이루어지는 최선의 길**이 되는 것이다.

그래서 사도바울은 베스도 총독의 주관 하에 아그립바왕 앞에서 또 한번의 재판을 받게 되고, 아그립바왕은 바울의 무죄를 인정하였을 때도, 그는 무죄로 석방되는 것이 아니라 죄수의 몸으로 가이사 앞에 서는 것이 최선의 길이었음을 믿었던 것이다. 아그립바왕은 베스도에게 이렇게 말했었다. **"이 사람이 만일 가이사에게 상소하지 아니하였더라면 석방될 수 있을 뻔하였다 하니라"**(행 26:32). 죄수로서 바울의 로마행은 로마 군병들의 호위로 안전하였고, 로마에서의 복음전도도 최선의 환경을 얻었었다(빌 1:12-14, 4:22). 이는 하나님과 우리 주 예수 그리스도의 신비로운 경륜에서 진행된 최선의 길이었다. 물론 바울은 당시 가이사 황제 네로와 거기 모인 모든 로마의 고관대작들 앞에서 당당하게 하나님의 아들 예수 그리스도의 복음을 담대히 전했을 것이다. 그것이 바울이 주님으로부터 부름 받았을 때 받은 소명이었다(행 9:15). 그리스도 안에서 가진 복음화의 소원은 곧 주님의 소원이기에 반드시 성취되는 것이다.

예수는 그리스도 하나님의 아들. 예수님은 하나님의 아들 그리스도라는 증거로 죽은 자 가운데서 부활하셨다. 부활하신 예수님은 지금 성령으로 우리 가운데서 역사하신다. 그러므로 성령충만을 받으라고 명령하셨다. 우리모두가 성령충만을 받도록 기도하여 권능 받고 복음전도자로서 축복의 삶을 살것이다.

복음 받은 자가 복음을 위하여 살고자 방향을 정하고 주님께 기도하면 주님은 그의 섭리 가운데 그 기도대로 응답하시고 인도하신다. 그것이 하나님과 그리스도의 소원이시기 때문이다. 그러므로 우리 모두는 사도 바울처럼 삶의 목표와 방향을 복음전도에 맞추고, 24시간 기도 속에 성령의 인도를 받고 살 것이다. 기도하기 바란다. 성령충만을 받도록 기도하기 바란다.

14. 복음(福音)전도의 필요성

¹⁴그런즉 그들이 믿지 아니하는 이를 어찌 부르리요 듣지도 못한 이를 어찌 믿으리요 전파하는 자가 없이 어찌 들으리요 ¹⁵보내심을 받지 아니하였으면 어찌 전파하리요 기록된 바 아름답도다 좋은 소식을 전하는 자들의 발이여 함과 같으니라(롬 10:14-15).

본문은 사 52:7과 나 1:15을 배경으로 가진다. 사 52:7은 이스라엘 백성이 바벨론 포로에서 석방되어 돌아온다는 소식을 가지고 산을 넘어와서 예루살렘을 향하여 외치는 선발대의 외침을 가리킨다. 이 말씀은 멀리 그리스도의 오심과 그의 복음을 가리킨다. 이 사실을 사도바울이 증언하고 있는 것이다. 이 말씀은 또한 구약 선지자 나훔에 의해서도 반복되었다(나 1:15). 나훔은 유다민족의 원수 앗수르에서의 해방사건을 선포하였다.

바벨론이나 앗수르 그리고 애굽은 세상을 나타내고 육신과 사탄을 상징한다. 그러므로 앗수르에서의 해방이나 바벨론에서 석방된 사실은 죄와 사탄에서 해방된 그리스도 복음의 그림자였던 것이다.

이 복음의 기쁜 소식은 전파되어야 한다. 사도바울은 복음전도의 필수불가결성을 4가지 질문으로 설명한다. ① **"그런즉 그들이 믿지 아니하는 이를 어찌 부르리요"**, "누구든지 주의 이름을 부르는 자는 구원을 받으리라"(롬 10:13)고 하기 때문에 주의 이름을 부르려면 믿어야 한다. ② **"듣지도 못한 이를 어찌 믿으리요"** 믿으려면 복음을 들어야 하며, ③ **"전파하는 자가 없이 어찌 들으리요"** 들으려면 복음을 전하는 자가 있어야 한다. ④ **"보내심을 받지 아니하였으면 어찌 전파하리요"** 복음을 전하는 자가 되려면 그리스도에 의하여 보냄을 받아야 한다. 즉 선교의 사명감이 뚜렷해야만 된다. 근본적으로 예수님으로부터 받은 사명감을 말한다. 이런 사명감이 없는 전도는 울리는 꽹과리에 지나지 않을 것이며, 이런 전도자는 자신을 위해서나 교회를 위해서나 불행한 존재들이다.

참된 복음전도의 사명감을 갖는 자의 발은 아름다운 것이다. **"아름답도다 좋은 소식을 전하는 자의 발이여"**, 이 말씀은 사 52:7 **"좋은 소식을 전하며 평화를 공포하며 복된 좋은 소식을 가져오며 구원을 공포하며 시온을 향하여 이르기를 네 하나님이 통치하신다 하는 자의 산을 넘는 발이 어찌 그리 아름다운가"**의 이사야서 말씀의 인용이며, 유사 말씀은 나 1:15 **"볼지어다 아름다운 소식을 알리고 화평을 전하는 자의 발이 산위에 있도다"**의 인용이다. 사도바울은 이사야서 말씀을 축소하여 인용하였다.

"너희는 바벨론의 포로에서 건짐을 받을 것이다. 그리고 예루살렘으로 다시 돌아오게 될 것이다. 그러나 너희의 심령의 차원에서 무한히 더 높은 수준으로 구속을 받게 될 것이다." 이사야의 이 말은 우리 구주 예수 그리스도의 오심과 그의 영광스러운 구원을 보고 예고하는 것이었다.

바벨론 포로에서의 이스라엘 해방(제2의 출애굽사건)은 그리스도의 죽으심과 부활의 사건으로 성취된다. 그래서 이사야 선지자의 **"그의 발이 어찌 그리 아름다운가"**(사 52:7)는 **"십자가에 못 박힌 그의 발이, 갈보리 산의 그의 발이 어찌 그리 아름다웠는고!"**, **"그가 산에서 달려올 때 그의 발이 어찌 그리 아름다웠는고"**(아 2:8 "내 사랑하는 자의 목소리로구나. 보라 그가 산에서 달리고 작은 산을 빨리 넘어 오는구나"). 그의 음성을 알고 그것이 그들의 사랑하시는 자의 음성임을 안 자들에게 그것은 얼마나 아름다웠는고! 그의 사역자들은 이 좋은 소식을 선포한다. 그들은 세상의 더러운 것으로부터 그들의 발을 깨끗하게 지켜야 한다. 그들의 발에 앉아 있는 자들의 눈에, 아니 복음을 들으려고 그리스도의 발 아래 앉아있는 자들의 눈에 아름다워야 한다. 복음전도자들은 그들의 삶 자체가 복음의 깃발이 되어야 하고 복음을 전하는 열정으로 가득차야 한다.

예수는 그리스도 하나님의 아들. 이 복음으로 우리 인생 모든 문제가 처리되고 해답을 얻는다. 이 복음으로 우리 모두는 깊이 뿌리내리기를 소원한다.

복음 받은 그리스도인의 삶의 목표와 방향은 복음전도이다. 그러므로 복음 받은 그리스도인은 복음을 전하는 일에 열심을 내야한다. 일순간 이런 열심이 생기기도 하고 사명으로 알아 열심을 내기도 하지만, 전도자의 마음 중심에 뜨거운 열정을 계속 새롭게 일으킬 수 있는 것은 성령님의 역사로 가능하다. 전도자가 언제나 성령충만을 구할 이유가 여기에 있다. 기도하기 바란다. 성령충만을 받을 것이다. 또한 전도자의 삶 자체도 복음의 깃발이 되도록 거룩하고 사랑충만으로 채울 것이다. 기도하고 기도하기 바란다.

15. 전도의 내용: 우리는 '예수'에 관하여 무엇을 믿어야 하는가?

⁴²우리를 명하사 백성에게 전도하되 하나님이 살아 있는 자와 죽은 자의 재판장으로 정하신 자가 곧 이 사람인 것을 증언하게 하셨고 ⁴³저에 대하여 모든 선지자도 증언하되 저를 믿는 사람들이 다 그 이름을 힘입어 죄 사함을 받는다 하였느니라(행 10:42-43).

하나님 아들 예수 그리스도의 복음은 ① **기독론적**으로는 '**예수는 하나님의 아들**', '**예수는 그리스도**', '**예수는 주**'라고 선언된다. '**예수, 그는 누구신가?**'에 대한 올바른 대답이다. 또 ② **구원론적**으로는 '**그리스도의 죽음과 부활**'이라는 '**그리스도의 사건**'이 복음이다. "**예수, 그는 무엇을 하셨는가?**", 그의 사역에 대한 바른 이해와 신앙이다.

그런데 오늘 본문에서 예수님은 자신에 대한 이해를 '**종말론**'적으로 선언하신다. "**하나님이 살아 있는 자와 죽은 자의 재판장으로 정하신 자**"로 증거하게 하셨다. 물론 이 증거는 예수님께서 그리스도로써 가지신 지위이기도 하다. 그러나 예수님 자신이 사도들에게 최후의 심판자로서 특별히 증거하게 하신 만큼, 제 3의 복음 전도 내용으로 나눌 수도 있다. 곧 '**종말론적 복음**'으로 '**예수님은 하나님이 살아 있는 자와 죽은 자의 재판장으로 정하신 자**'이시다고 선언할 수 있는 것이다. 이와 유사한 복음 전도 내용으로 요한복음 5:25-29에서는 예수님을 '**부활과 심판의 주**'로 예수님 자신이 선언하고 계신다.

오늘 본문은 우리가 예수님에 관하여 무엇을 믿어야 하는가에 관해서 두 가지 내용을 말한다. "**우리를 명하사 백성에게 전도하되**".

1) 우리 모두가 그리스도를 우리의 재판장으로 모셔야 한다는 것을 믿어야 한다.(42절)

사도들은 이 사실을 세상에 증거하라는 명령을 받았다. 즉 "**하나님이 살아 있는 자와 죽은 자의 재판장으로 정하신 자가 곧 이 사람**" 예수인 것을 증거하게 하셨다(42절). 그에게 구원의 한계를 결정하는 권능이 주어졌고 그가 정하신 법에 의하여 우리는 심판을 받게 되며, '살아 있는 자와 죽은 자' 그리고 유대인과 이방인들에게 새 계명을 주셨다. 또한 예수님은 대심판날에 모든 인생들의 영원한 상태를 결정하는 권한을 부여받는다. 이들 중 어떤 자는 살아서 그날을 맞이할 것이요, 어떤 이들은 죽음에서 부활하게 될 것이다. 하나님은 '**그를 죽은 자 가운데서 다시 살리신 것으로**' 모든 사람들이 부활할 것을 우리에게 나타내셨다(행 17:31). 그러므로 이 사실을 믿는 우리의 가장 큰 관심사는 우리가 그리스도의 마음에 드는 것과 그리스도를 우리의 친구로 삼는 일이다.

2) 우리가 예수를 믿으면 우리는 그를 통하여 죄 사함을 받는다 함을 믿어야 한다(43절).

성경의 예언자들은 그리스도의 죽음을 예언할 때에 유대인이든지 이방인이든지 "**누구나 그를 믿는 사람은 그의 이름으로**" 또는 그의 공로를 인하여 "**죄 사함을 받게 될 것을 증거하였다.**" 이것만이 우리가 간절히 바라는 전부다. 죄 사함 없이는 우리는 아무 것도 할 수 없다. 누구나 죄 사함 받기를 원한다. 그래서 세속적인 유대인들은 그들의 의식적이고 제의적인 죄를 보상함으로서(선행 등의 방법이나 적선 등으로) 용서를 얻고자 하였다.

그러나 그런 모든 노력은 다 헛된 것이다. 이것은 오직 예수 그리스도의 이름을 통해서 그리고 그의 이름을 믿는 사람들에게 주어지는 것이요, 이런 믿음이 있는 사람들은 죄 사함을 확신하게 되며, 당연히 죄가 사하여지고 결코 그들에게는 정죄함이 없는 것이다.

죄 사함은 다른 모든 하나님의 축복과 은혜의 초석이다. 죄 사함은 축복의 장애물을 제거하는 작업과 같은 것이다. **만약 죄가 용서되면 모든 것이 형통할 것이요 영원한 형통을 누릴 것이다.** 베드로가 이 말씀을 할 때에 성령이 말씀 듣는 모두에게 내려왔다. 하나님은 베드로가 말한 것을 입증해 주셨고 영광의 복음으로 선언된 것이다.

예수는 그리스도 하나님의 아들. 이 복음으로 우리 인생 모든 문제가 처리되고 해답을 얻는다. 이 복음으로 깊이 뿌리내릴 것이다. 이렇게 복음으로 깊이 뿌리를 내릴 때 가장 확실한 축복은 죄 사함 받고 심판에 이르지 않는 것이다. 예수님은 하나님께서 살아 있는 자와 죽은 자의 재판장으로 정하신 분이시기에, 예수님께서 재림주로 오실 때는 부활과 심판의 주로 오실 것이다.

그러므로 우리 모두는 정확하게 복음에 뿌리내리고 죄 사함을 확신하며, 나아가 성령충만을 받고 복음전도자로 살 것이다. 우리 가족, 이웃이 예수님 재림시 심판받아 지옥에 간다면 얼마나 불행한 일이 되겠는가? "예수 천당, 불신 지옥"의 전도도 이런 의미에서 효과가 있다. 즉시 기도하여 성령충만 받고 심판주로 오실 주님을 증거하는 자가 되어야 할 것이다. 기도하고 기도하기 바란다.

16. 복음 사역은 하나님의 단독 역사(單獨役事)

⁶나는 심었고 아볼로는 물을 주었으되 오직 하나님께서 자라나게 하셨나니 ⁷그런즉 심는 이나 물 주는 이는 아무것도 아니로되 오직 자라나게 하시는 이는 하나님뿐이니라 ⁸심는 이와 물 주는 이가 한가지이나 각각 자기가 일한 대로 자기의 상을 받으리라 ⁹우리는 하나님의 동역자들이요 너희는 하나님의 밭이요 하나님의 집이니라(고전 3:6-9).

하나님의 아들 예수 그리스도 복음의 사역은 그 근본에 있어서는 하나님의 단독역사이다. 복음사역은 새 생명으로 중생되는 것이며, 또 이 새 생명을 발육시키는 것도 다 하나님의 능력이기 때문이다. 아무리 유능한 전도자라 할지라도 신자의 영성을 자라나게 할 힘은 없다. 오직 복음의 씨를 뿌리고 하나님의 말씀의 물을 뿌려 주는데 불과하다.

"나는 심었고 아볼로는 물을 주었으되 하나님께서 자라나게 하셨나니" (6절). 사도 바울은 복음 전도를 하였고, 아볼로는 말씀을 강해하여 가르쳤다. 그러나 누가 심고, 누가 물을 주었든 자라게 하는 이는 하나님이시다. 사람은 사람에게 믿음을 줄 수도, 자라나게 할 수도 없는 것이다. 그러므로 결국은 하나님께서 그들의 사역을 성취시켜야 이루어지기 때문에 복음의 사역은 그 근본에 있어서 하나님의 단독역사인 것이다. 이 사실을 잘 인식하여 복음사역자들은 복음을 전하고 가르치고 양육하는 동안 **하나님께서 자라나게 하시는 역사를 기다려야 한다.**

유명한 한국의 신구약 주석가인 박윤선 목사님의 간증을 읽는 것이 우리에게 기다림의 필요를 잘 가르쳐준다. 박윤선 목사님의 자서전의 내용을 발췌한 글이다.

"학교에서는 아침마다 경건회 시간이 있었고, 주일에는 교실에서 예배하였다. 학교의 선생님들이 주일학교 반사로 봉사하였다. 나는 선생님의 설교를 열심히 들었으나 아직은 깨달음이 없었다. 모든 학생들이 예배시간과 성경공부시간에 다 같이 참석하였는데, **나는 진리를 알지 못한 채 앉아있었다. 나는 경험으로 보아 진리를 잘 깨닫지 못하면서도 교회에 출입하는 형제들을 동정하게 되고, 그들에 대하여 오래 참아 기다리며 성경을 깨달을 수 있도록 계속 가르치는 것이 옳다고 생각한다. 신앙은 하나님의 선물이며, 하나님께서 그것을 주시는 때가 있음을 알고 우리는 남들의 신앙에 대하여 너무 조급하게 기대하지 말아야 한다.**…

수년에 걸쳐 조금씩이나마 성경을 배우며, 신앙생활을 한다고 세월을 보내는 동안 나의 어두운 지각이 차차 열리게 되어 점차 신앙운동에 열중하게 되었다. 방학이 되면 학우들과 함께 전도대를 조직하고 내가 대장이 되어 지방으로 순회하면서 전도활동을 했는데, 그때마다 일본경찰의 주목과 감시를 계속 받았고, 가정에서는 부모님의 반대가 대단하였다.

이 무렵 내 생애 잊을 수 없는 신앙체험을 하였다. 어느 날 나는 학교 가까이 수청고개 밑에 있는 시냇가를 산책하고 있었는데, 나의 심중에 하나님의 존재에 대하여 의심이 생기면서 '어떻게 보이지 않는 하나님을 믿을 수 있는가?'하고 자문하였다. 그런데, 이상하게도 그 즉시로 나의 마음 깊은 곳에서 세미한 음성 같이 솟아오른 것은, '네 손에 들고 있는 성경이 하나님이 계신 증거니라'하는 분명한 대답이었다. 나는 그 때에 놀랄 정도로 하나님을 확신하게 되었고 의심은 깨끗이 사라졌다. 그

후로는 성경을 견고히 붙잡고 살아가는 믿음의 생활이 시작되었고, 그것이 오늘까지 이어져 왔다". (정암 박윤선 목사 자서전,『성경과 나의 생애』영음사, 1992, pp. 37, 44)

"**그런즉 심는 이나 물주는 이는 아무 것도 아니로되 오직 자라나게 하시는 이는 하나님 뿐이니라**"(7절). 이 말씀은 앞의 글들의 결론이다. 복음사역자들의 모든 사역은 하나님의 생명주시는 역사 없이는 아무 것도 아니다. 생명주시고 자라게 하시는 이는 하나님뿐이시니, 하나님이 전부시다. 하나님의 아들 예수 그리스도가 전부시다. 성령님의 역사가 전부다. 열심히 복음을 전하고, 또한 가르치고, 기도하면서 하나님의 역사, 성령님의 역사를 기다리는 것이다.

예수는 그리스도 하나님의 아들. 예수님은 하나님의 아들 그리스도시라는 증거로 죽은 자 가운데서 부활하셨다. 부활하신 예수님은 하나님 보좌 우편에 앉아 그리스도로 통치하시면서 우리에게 성령을 보내주셨다. 예수님은 지금 성령을 통해서 우리와 함께 하신다. 그러므로 우리에게 성령충만을 받으라고 명령하신다. 성령충만 받아 성령의 권능으로 땅 끝까지 증인이 되라고 명하신다. 복음전도자로서 살라고 명하시는 것이다.

하나님의 아들 예수 그리스도 복음사역은 그 근본에 있어서는 하나님의 단독사역이다. 새 생명으로 중생시키시는 것은 하나님의 능력으로 된다. 그러므로 우리는 성령충만을 받아 성령님께 쓰임 받는 복음전도자로 세워져야 한다. 성령의 충만을 받아야 한다. 성령의 권능으로 전도자의 삶을 살 것이다. 오직 믿음, 오직 은혜, 오직 성령뿐이다. 기도하기 바란다.

제 16 장
복음과 교회, 말씀, 율법, 아담과의 대조

체질을 만들어라
복음체질
기도체질
성령충만체질
전도체질

1. 하나님이 자기 피로 사신 교회

여러분은 자기를 위하여 또는 온 양 떼를 위하여 삼가라 성령이 그들 가운데 여러분을 감독자로 삼고 하나님이 자기 피로 사신 교회를 보살피게 하셨느니라(행 20:28).

그리스도 교회는 예수님의 이상(理想)을 찬양하고 그의 고상한 윤리적 교훈을 받아들이고 그것을 실천하려는 사람들의 무리가 아니다. 그리스도 교회는 하나님께서 사신 사람들, 즉 하나님께서 자신의 피로써 자기의 것으로 만드신 사람들의 무리다.

교회는 '에클레시아(ἐκκλησία)', 즉 불러냄을 받은 사람의 무리다. 그들과 세상 사람들과의 차이는 무엇인가? 그것은 그들이 '**하나님이 자기 피로 산 사람들**'이라는 점이다.

첫째, '**교회는 하나님의 소유다.**' 목사나 장로나 집사들은 그 교회를 돌보는 그의 종들일 뿐이다. 우리가 하나님을 위하여 고용되었다는 것은 우리의 명예다. 하나님은 우리가 '**하나님이 자기 피로 사신 교회**'를 섬길 때 우리를 인정하신다. 이 때 우리가 부주의하고 게을리 한다면 하나님께 잘못을 범하는 것이다.

둘째, 하나님이 교회를 사셨다. 세계는 하나님의 창조하심에 의하여 하나님의 것이 된다. 그러나 교회는 그의 구원하심에 의해서 그의 소유가 된다.

셋째, 이 하나님의 교회는 그가 대가를 지불하고 사신 것이다. 하나님은 구약의 이스라엘 백성을 구원하실 때 그들을 위하여 세상 사람들을 희생시키시고 그들의 생명을 위하여 백성들을 치신 것처럼 구원하신 것이 아니었다("**대저 나는 여호와 네 하나님이요 이스라엘의 거룩한 이요 네 구원자임이라 내가 애굽을 너의 속량물로, 구스와 스바를 너를 대신하여 주었노라 네가 내 눈에 보배롭고 존귀하며 내가 너를 사랑하였은즉 내가 네 대신 사람들을 내어 주며 백성들이 네 생명을 대신하리니**"이사야 43:3-4). 하나님은 신약시대 우리들을 위하여 "**자신의 피**"로써 우리들을 사셨다. "**하나님이 자기 피로**"사셨다. 이 말은 해석하기가 쉬운 말은 아니다. 교회는 **하나님의 피**로 산 공동체다. 이 말은 구속의 신비를 내포한 말이다. 이 말은 인간 예수님이 하나님이라는 사실을 말한 것이다. 하나님께서는 그리스도 안에서 함께 계셨으며, 하나님 아버지와 그리스도는 일체이기 때문이다. 곧 삼위일체 하나님을 말하는 것이다.

하나님의 피는 예수님이 인간으로서 흘리신 피였으며, 예수님은 인성과 신성을 동시에 가지신 분이었기에, 예수님의 피는, 곧 하나님의 피로 불리우는 것이다. 이런 의미에서 교회는 "**하나님이 자기 피로 사신**" 것이라고 말하는 것이다.

또 "**하나님이 자기 피로 사셨다**"는 표현은 하나님과 그리스도께서 우리를 대속하기 위하여 지불하신 비싼 값을 표현하기 위하여 사용된 것임을 알아야 한다. 초기의 희랍 교부들은 그리스도의 십자가를 일차적으로 마귀를 '만족시킴'으로, 즉 십자가는 마귀가 요구해서 **마귀에게 지불된 속전**이라는 의미로 해석했는데, 이것은 크나큰 잘못이요, 터무니없는 해석이다. 특히 신비적 신학자인 버나드(Bervard of Clairvaux, 1153년 사망)는 마귀에게 속전이 지불되었다고 계속해서 가르쳤다.

그러나 이런 가르침은 아주 잘못된 것이다. **하나님께서 마귀에게 빚진 것이라고는 그를 처벌해야 한다는 사실 뿐이다.** 희랍 교부들의 **속전이론**은 틀린 이론이다. 오히려 **인간이 하나님께 빚진 것**이 있으며, 바로 이것이 **되갚아져야 할 빚**인 것이다. 11세기의 안셀름은 죄를 정의하기를 "하나님의 몫을 하나님께 돌리지 않는 것", 곧 우리의 전체 의지를 하나님의 의지에 복종시키는 것이 우리가 하나님께 돌려야 할 '하나님의 몫이다'고 하였다.

그러므로 **우리가 하나님으로부터 용서를 받으려면 우리는 우리의 빚을 반드시 갚아야 한다.** 하지만 우리에게는 우리 자신을 위해서나 다른 사람을 위해서나 그것을 갚을 능력이 없다. 죄인인 사람은 다른 죄인을 의롭게 만들 수 없다. 죄인인 인간은 죄 때문에 그가 갚을 수 없는 빚을 하나님께 지고 있으며, 그가 그 빚을 갚지 않는 한 그는 구원을 얻지 못한다.

이런 인간의 딜레마에서 벗어날 수 있는 유일한 길이 예수 그리스도 복음이며, 하나님이 자기 피로 사신 교회인 것이다. 인간은 그가 진 빚을 하나님께 갚을 수 없으므로, 결국 하나님께서 대신 그 빚을 갚아 주시는 방법 밖에 없다. 그 빚을 갚는 방법은 반드시 인간이 해야 한다. 왜냐하면 인간이 빚을 갚지 않는다면 인간이 그 빚을 만족시킨 것이 되지 않기 때문이다.

그러므로 **"신인"(神人)인 인물이 그 일을 해야 하는 것이 필요하다.** 하나님이지만 인간이 아닌 자, 혹은 인간이지만 하나님이 아닌 자, 혹은 하나님과 인간의 혼합물이 되어서 하나님도 인간도 아닌 자는, 그 일을 할 자격이 없는 것이다. 그것을 만족시켜야 할 바로 그 인물은 완전한 하나님이면서 완전한 인간이어야만 한다. 왜냐하면 참 하나님이 아니면 누구도 그 일을 할 수 없으며, 또한 진정한 인간이 그 일을 해야만 하기 때문이다. 여기서 예수 그리스도가 필요하게 되는 것이다.

인간의 하나님께 대한 죄는 심각한 것이지만 예수님의 신인(神人)의 삶은 너무나 선하고 너무나 고상하고 귀했으므로, 그가 자신을 죽음에 내 준 일은 "모든 죄악의 숫자와 크기를 능가하며, 손상된 하나님의 명예를 충분히 보상 했던 것이다."(안셀름)

그러므로 우리는 만에 하나라도 "**하나님이 자기 피로 사신 교회**"라고 할 때, **하나님의 피 곧 그리스도의 피는 마귀에게 지불 된 속전이 아니고, 대속을 통한 하나님의 명예와 율법을 만족시키는 "대속"과 "만족"의 원리**를 굳게 견지할 것이다.

예수는 그리스도 하나님의 아들. 예수님은 하나님의 아들 그리스도시라는 증거로 죽은 자 가운데서 부활하셨다. 부활하신 예수님은 하나님 보좌 우편에 앉아 그리스도로 통치하시면서 우리에게 성령을 보내주셨다. 예수님은 지금 성령을 통해서 우리와 함께 하신다. 이렇게 예수님과 함께 한 무리들의 공동체를 그리스도 교회라고 한다.

이 그리스도 교회는 존귀하신 하나님의 아들의 피로 산 것이다. 그리스도 교회는 예수님의 이상을 찬양하고 그의 고상한 윤리적 도덕을 받아들이고 그것을 실천하려는 사람들의 무리가 아니다. 그리스도 교회는 하나님께서 자기 피로 사신 사람들의 무리다. 그러므로 우리는 언제든지 "그리스도의 피"를 존귀하게 여기며 이 그리스도의 피의 복음을 전하는 전도자의 삶을 살도록 할 것이다. 성령의 충만을 받고 성령의 권능으로 그리스도의 피의 증인이 되기를 기원한다. 더 많이 기도하기 바란다.

2. 교회는 복음진리의 게시판

> 만일 내가 지체하면 너로 하여금 하나님의 집에서 어떻게 행하여야 할 것을 알게 하려 함이니 이 집은 살아계신 하나님의 교회요 진리의 기둥과 터니라(딤전 3:15).

교회는 하나님의 교회로서 '진리의 기둥과 터'가 된다. 마치 교회란 게시판과 같아서 거기에 진리를 게시함으로 많은 사람에게 진리를 선포하는 역할을 하는 것이다.

"이 집은 살아계신 하나님의 교회요" 여기서 '집'이란 교회를 가리키는데 그것은 건물을 의미하지 않고 신자들의 단체를 가리킨다. 교회를 집에 비유하는 이유는, 구약의 성전(집)이 신약시대에 신자들의 단체를 비유하였기 때문이다.(고전 3:16-17, 엡 2:20-22)

"살아계신 하나님" 하나님은 살아계신 하나님이시다. 하나님은 생명의 근원이 되시며 자신 속에 생명이 있으며 그의 피조물에게 생명과 호흡과 모든 것을 주신다. 하나님 안에서 우리가 살며 움직이고 존재한다(행 17:25, 28).

교회는 바로 하나님께서 거하시는 하나님의 집이다. 하나님의 교회다. 교회는 하나님의 교회로써 **"진리의 기둥과 터"**가 된다. 교회가 진리의 기둥과 터가 된다는 것은, 교회의 진리증거사역을 염두에 둔 말이다. 여기서 '진리'란 복음을 가리킨다. 복음진리가 교회로 말미암아 전파되며 보수된다. 교회는 등대처럼 서서 진리를 높이 들어 증거 한다. 마치

교회란 게시판 같아서 거기에 진리를 게시함으로 많은 사람에게 진리를 선포하는 역할을 하는 것이다.

교회가 이적을 행하지 못한다 해도 진리를 전파하는데 성공하면 그 사명을 다한 것이다. 세례요한이 이적을 행하지 못했을지라도 그리스도께 대하여 말한 것은 다 "참"이라고 한 것(요 10:41)과 같이, 교회가 언제나 복음진리를 증거 하면 교회의 사명을 다 한 것이다.

교회는 세력단체가 아니고 증거단체이다. 교회의 사명은 오직 넓은 세상을 향하여 복음을 밝히 증거 하는 것이다. 세상은 복음을 반대하는 사상으로 가득 차 있다. 그러므로 얼핏 보면, 교회가 세상과 타협하지 않을 때 곤란한 일을 많이 당할 것 같다. 그러나 교회가 세상과 타협하지 않는 것이 어렵기만 한 것은 아니다. 우리가 비록 땅 위에서 살고 있지만 **하나님의 말씀과 성령에 의하여 세상과 타협하지 않고 거룩하게 살 수 있다.** 그 생활에는 괴로운 일만 있는 것이 아니라 도리어 유쾌한 방면도 많이 지니고 있다. 사람이 강 위에 다리를 놓는 공사를 하려면, 물 가운데 들어가서 해야 된다. 그는 공기를 섭취할 수 있는 장비를 갖추고 물속에 들어가서도 자유롭게 호흡하니 얼마나 유쾌한가!

그와 같이 우리가 죄악 많은 이 세상에서 **하늘의 생명(하나님의 말씀과 함께 받아지는 성령의 은혜)**을 받는 것은 그리스도께서 완성하신 축복이다. 참된 교회는 필연적으로 그런 축복을 받는다. 교회가 이 세상 사람과 같이 살면서도 복음진리를 파수함은, 마치 배가 물 위에 떴으나 물 속에 빠지지 않음과 같은 것이다.

그러므로 교회는 하나님의 아들 예수 그리스도 복음으로 깊이 뿌리를 내려야 한다. **교회는 그리스도를 알되, 깊이 그리고 풍부하게 알아야 한**

다. 이러기 위해서 교회의 모든 가르침의 중심은 오직 복음진리에 두어야 한다. **모든 예배, 모든 구역 공과, 모든 성경공부, 모든 설교, 모든 찬양, 모든 기도, 모든 교제는 하나님의 아들 예수 그리스도 복음이 중심으로 선포되고, 끊임없이 복음을 반복해서 가르치고 체험되어야 한다.** 그래야 비로소 그리스도 교회는 세상을 향해 복음진리의 게시판과 같은 기관이 될 것이고, **신자 개개인은 세상의 지도자로(선지자요 예언자로) 파송 되어질 수 있을 것이다.** 구약시대 성전의 사역은 하나님께 바치는 행사였으나, 신약시대 교회사역은 신자들이 하나님과 함께 세상으로 나아가서 은혜와 구원을 나누어 주는 운동이다. 그리스도 교회는 이 세계에 대해 구경꾼이 아니다. **교회는 기도와 복음증거로 이 세계의 지도적 입장을 취해야 한다.** 복음 받은 그리스도인은 실상 모든 인류의 지도자들인 것이다.

예수는 그리스도 하나님의 아들. 예수님은 하나님의 아들 그리스도라는 증거로 죽은 자 가운데서 부활하셨다. 이 복음으로 우리 인생 모든 문제가 처리되고 해답을 얻는다. 이 복음으로 깊이 뿌리를 내릴 것이다. 복음을 가진 그리스도 교회는 바로 그리스도의 죽음과 부활이라는 복음진리의 게시판과 같아서 거기에 진리를 게시함으로 많은 사람에게 진리를 선포하는 역할을 수행한다. 복음 받은 교회의 모든 신자들은 이 복음진리의 증인으로 부름 받은 자들이다. 세상에 나가서 이 복음진리를 전할 것이다. 세상은 이 진리가 없어서 망하여 가고 있다. 그들은 어디서 왔고 어디로 가는지 의미도 모르고 방황하며 살고 있고, 삶의 목적과 의미도 살고 있다. 복음 받은 우리 그리스도인들은 이런 의미에서 선지자요 예언자이며 세상의 지도자인 것이다.

그러므로 복음 받은 예수제자들은 성령충만을 받아 성령의 권능으로 세상에 나가 예언자로서 삶을 살 것이다. 인생문제로 고민하는 자들에게 복음으로 답을 주며, 그들을 지도하고 섬기며 사랑할 것이다. 성령충만은 진리충만이요 사랑충만이다. 사랑은 성령의 모든 은사들의 목표다. 성령충만 받아 사랑충만함으로 세상 사람들의 찢어진 마음과 깨어진 모든 인간관계를 치유하는 전도자로 살기 바란다. 기도하고 기도하기 바란다.

3. 주와 그 은혜의 말씀께 부탁

지금 내가 여러분을 주와 및 그 은혜의 말씀에 부탁하노니 그 말씀이 여러분을 능히 든든히 세우사 거룩하게 하심을 입은 모든 자 가운데 기업이 있게 하시리라(행 20:32).

주 곧 하나님과 그 은혜의 말씀은 언제나 교회와 개인에게 생명과 능력의 원천이 된다. 사도 바울은 에베소를 떠나지만 주님과 그 은혜의 말씀은 그들과 함께 계신다. 그러므로 바울은 주님과 그의 말씀께 에베소 교인들을 부탁한다.

그들은 그들에게 어떠한 일이 일어날 것인가, 또는 어떻게 그들의 사명을 계속할 수 있을 것인가, 그들의 난관을 어떻게 극복할 수 있을까, 그들과 그들 가족의 생계문제는 어찌될 것인가를 염려하였다. 이러한 모든 복잡한 염려에 대하여 바울은 그들에게 신앙의 눈으로 하나님을 바랄 것과 하나님에게 사랑의 눈으로 그들을 보살펴 주십사 간구하라고 지시한다.

"지금 내가 여러분을 주와 및 그 은혜의 말씀에 부탁하노니" 먼저 바울은 주 곧 하나님께 그들을 부탁한다. 바울은 하나님께 그들에게 모든 것을 제공해 주시고 그들을 돌보아 줄 것을 간구한다. 그리고 그들이 필요로 하는 모든 것을 공급해 주실 것을 간구한다. 그리고 그들에게는 하나님께서 그들을 돌보아 주시리라는 확신을 가지고 하나님께 그들의 모든 염려를 맡기라고 격려한다. "무엇이든지 필요한 것이 있으면 하나님에게로 가라. 너희의 눈은 언제나 하나님에게로 향하게 하고, 여러 가지 궁

핍과 어려움을 당할 때 하나님을 의지하라. 너희가 의지할 하나님이 있고, 모든 것에 넉넉하신 하나님이 계시다는 것을 위로로 삼도록 하라"고 한다. 그러므로 바울 사도는 "나는 너희를 하나님께 맡긴다."고 하는 것이다. 즉 그들을 하나님의 섭리와 보호와 돌보심에 의탁한다고 한다. 어떤 난관에 처하더라도 하나님이 우리 가까이 계시기만 하면 그것으로 충분한 것이다(벧전 4:19).

다음에 바울은 '그 은혜의 말씀에' 그들을 맡긴다. 여기서 먼저 '은혜'라는 말, 곧 '하나님의 은혜'는 단순하게 하나님의 사랑만이 아니다. 또 단지 하나님의 호의만도 아니다. 그것은 하나님의 사랑의 대상이 되는 사람들을 온전케 하기 위하여 고난을 통하여 역사하는 그의 사랑이다. "**내가 여러분을 주와 및 그 은혜의 말씀에 부탁하노니**" 이 말씀은 다음과 같이 다시 표현할 수 있다. "너희는 하나님께서 그의 피로 사신 그의 것이다. 너희를 위협하는 크고 극악한 위험들이 있는데, 밖으로부터는 흉악한 이리의 위험이고 안으로부터는 너희 중에서도 제자들을 끌어 자기를 따르게 하려고 어그러진 말을 하는 사람들(30절)의 위험이다. 그러나 너희에게는 너희를 구하고 너희에게 힘을 줄 수 있는 하나님과 그의 은혜의 말씀이 있다." 하나님과 그의 은혜의 말씀은 언제나 교회에게 생명과 능력의 원천이 된다.

'**그 은혜의 말씀**'은 죽은 것이 아니고 그리스도께서 가지고 일하시는 도구이다. 하나님의 말씀이 실패하지 않음에 대하여 이사야는 말하기를, "**이는 비와 눈이 하늘로부터 내려서 그리로 되돌아가지 아니하고 땅을 적셔서 소출이 나게 하며 싹이 나게 하여 파종하는 자에게는 종자를 주며 먹는 자에게는 양식을 줌과 같이 내 입에서 나가는 말도 이와 같이 헛**

되이 내게로 되돌아오지 아니하고 나의 기뻐하는 뜻을 이루며 내가 보낸 일에 형통함이니라"고 하였고(사 55:10-11), 바울은 말하기를, "**하나님의 말씀은 매이지 아니하니라**"고 하였다(딤후 2:9).

또 어떤 사람들은 "말씀"을 그리스도로 이해한다. 그리스도는 "말씀이시기"(요 1:1)때문이다. 뿐만 아니라 그는 생명의 말씀이다. 그래서 그리스도를 본문은 '은혜의 말씀'이라고 부른다고 한다. 이런 관점에서 보면 주 곧, 하나님과 그리스도께 그들을 맡기는 것이다. 그래서 바울 사도는 그들을 하나님과 그의 섭리에만 위탁한 것이 아니라, 그리스도와 그의 은혜에 위탁한 것이다. 이는 그리스도께서 그의 제자들을 떠날 때, "**너희는 하나님을 믿으라. 그리고 역시 나를 믿으라**"라고 부탁하였던 것과 같은 것이었다. 또한 우리는 하나님의 은혜의 말씀을 그리스도의 복음으로 이해해도 결과는 같은 것이다.

바울은 그들을 '그 은혜의 말씀'에 부탁한다. 그들의 희망의 근거와 기쁨의 원천으로써만이 아니라, 그들의 생활의 규율로서의 하나님의 은혜의 말씀에다 그들을 위탁한 것이다. 그 말씀에 의하여 너희 자신이 다스림을 받아야하고, 그 말씀이 주는 교훈을 지키고, 그리고 그 말씀의 약속에 근거하여 살라고 한다.

그러면 바울은 무엇 때문에 그들을 '주와 및 그 은혜의 말씀'에 부탁하였는가? 바울은 그들을 그들의 적들로부터 보호해 달라든가 또는 그들의 가족들을 위해 먹을 것을 마련해 달라고 위탁한 것이 아니라 그들에게 가장 필요하고, 또 그들이 가장 귀하게 여겨야 할 영적인 축복을 내려 주실 것을 위탁하였다. 그들은 하나님의 은혜의 복음을 받았다. 그리고 그것을 전하도록 위임을 받았다. "**그 말씀이 여러분을 능히 든든히 세우**

사 거룩케 하심을 입은 모든 자 가운데 기업이 있게 하시리라"

　은혜의 말씀은 신자들에게 하늘기업(영생의 분깃)을 획득시키기 위해 그들을 신앙에 든든히 세운다. 하나님의 말씀과 하늘기업은 이렇게 밀접한 관계를 가지고 있다. ① 하나님의 말씀을 들음에서만 믿음이 생기고(롬 10:17), ② 하나님의 말씀을 영적으로 먹어야 그 믿음이 자라나고(벧전 2:2-3) 하나님의 말씀과 믿음이 화합하는 자는 안식(기업)에 들어간다(히 4:2-3).

　다시 설명하면, 하나님의 은혜의 말씀은 기업을 주신다. 말씀은 우리에게 지식을 제공할 뿐만 아니라 기업에 대한 약속을 제공해 준다. 즉 하나님의 말씀은 '거짓이 없으신' 하나님의 약속과 "예요 아멘이신 그리스도"의 약속을 우리에게 제공한다. 그리고 말씀은 성령이 임하는 통로이다. 이 말씀에 의하여 은혜의 성령은 주어진다. 이 성령은 약속의 보증이 되고, 약속된 영생의 보증이 된다. 이같이 우리에게 기업을 주는 것은 하나님의 은총의 말씀인 것이다.

　예수는 그리스도 하나님의 아들. 이 복음으로 우리 인생 모든 문제가 처리되고 해답을 얻는다. 이 복음으로 모두는 깊이 뿌리내리기를 소원한다. 이 복음은 모든 믿는 자에게 구원을 주시는 하나님의 능력이다. 그리스도 교회와 개인에게 생명과 능력을 공급한다.

　복음은 기도할 대 신자의 능력이 된다. 그러므로 복음 받은 그리스도인의 최고의 과업은 기도하는 것이다. 기도 중의 최고의 기도 성령충만을 받도록 기도하는 것이다. 그리하여 성령의 권능으로 땅 끝까지 전도자의 축복을 누리며 사는 것이다. 즉시 성령충만을 받도록 기도하기 바란다.

4. "자기 은혜의 말씀": 복음에 대한 고상한 정의

두 사도가 오래있어 주를 힘입어 담대히 말하니 주께서 그들의 손으로 표적과 기사를 행하게 하여 주사 자기 은혜의 말씀을 증언하시니(행 14:3).

'**자기 은혜의 말씀**'. 이것이야 말로 사도바울의 전도여행의 주제였다. '자기 은혜의 말씀'은 '복음에 대한 고상한 정의'였다.

사도바울은 새 도시들로 옮겨갈 때마다 새 메시지를 가지고 간 것이 아니라 언제나 동일한 메시지를 가지고 갔다. 그들은 말씀 전파의 방법을 상황에 적합하도록 바꾼 적은 있으나 전파의 내용, 즉 진리를 바꾼 적은 없다. 그들은 마침내 루스드라에 이르렀으나, 그곳에서도 비시디아 안디옥이나 수리아 안디옥이나 또는 처음의 예루살렘에서와 마찬가지로 하나의 동일한 메시지 즉 "**자기 은혜의 말씀**"을 전파하였다.

"**자기 은혜의 말씀**"이란 표현은, 바울사도가 전도여행 때에 선포하였던 **나사렛 예수에 관한 모든 사실**을 의미한다. 사도행전 17장에 보면 아덴 전도 시에도 "**이 말쟁이가 무슨 말을 하고자 하느냐**"(행 17:18)고 하는데, 말쟁이란 이야기꾼을 가리킨다. 당시에는 헬라의 도시들을 돌아다니면서 이야기를 해줌으로써 생활비를 벌던 사람들이 있었다. 그들은 여러 사람들을 모아 놓고 그들이 본 일들에 관하여 재미있는 이야기를 해줌으로써 구경꾼들을 즐겁게 해주는 사람들이었다. 바울도 이런 이야기꾼으로 여김 받았던 것이다. 과연 어떤 의미에서는 바울 일행도 그런 이야기꾼이었다. 그들은 우리가 지금 '옛 이야기'라고 부르는 것을 말했는데, 그 내용은 **예수의 생애와 죽음에 관한 이야기**였다. 또한 그들은 **부활에 관한 이야기**를 했다. 왜냐하면 예수의 부활은 그 밖의 모든 것을 변화시키고 설명하고 해석하는 것이기 때문이다. 그래서 그들은 이야기꾼이었는데, 그들의 이야기는 언제나 동일했다. 즉, **그들의 이야기의 주제는 "자기 은혜의 말씀"이었다.**

복음은 은혜의 말씀이요, 우리를 향한 하나님의 선하신 뜻에 대한 확신이요 우리 안에서 역사하시는 그의 선한 일의 수단이다. "자기 은혜의 말씀"은 죽은 것이 아니라 그리스도께서 가지시고 일하시는 도구이다. 그래서 사도행전 20:32에서도 **"지금 내가 여러분을 주와 및 그 은혜의 말씀에 부탁하노니 그 말씀이 여러분을 능히 든든히 세우사 거룩하게 하심을 입은 모든 자 가운데 기업이 있게 하시리라"**고 말씀하고 있다.

사도바울은 주(하나님)님께만 부탁한 것이 아니라 **"그 은혜의 말씀"**에도 에베소 교인들을 맡겼다. 바울사도는 **"자기 은혜의 말씀"** 혹은 그 은혜의 말씀에 신자들을 위탁하였다. 그것은 그 말씀이 그들로 하여금 옛날에 억매였던 일에서 손을 떼게 할 것이고, 또 그 은혜의 말씀에 의하여 그들 자신이 다스림을 받아야 할 것이다. 그리고 그 말씀이 주는 교훈을 지키고, 그 말씀의 약속에 근거하여 살게 할 것이다.

오늘 본문에 보면 **"그들의 손으로 표적과 기사를 행하게 하여 주사 자기 은혜의 말씀을 증언하시니"**하였다. '아멘이시요 신실한 증인'이신 그리스도 자신이 이 **"자기 은혜의 말씀"**의 증거자가 되신다고 하였다. 그리스도는 복음이 하나님의 말씀인 것을 우리에게 확신시켜 주신다. 그러므로 우리는 감히 우리의 영혼을 그 은혜의 말씀에 의탁할 수 있는 것이다.

우리가 다른 성경말씀에서 보듯이 말씀은 그 자체가 능력이 있다.

히 4:12절에서 말하기를 "**하나님의 말씀은 살아 있고 활력이 있어 좌우에 날선 어떤 검보다도 예리하여 혼과 영과 및 관절과 골수를 찔러 쪼개기까지 하며 또 마음의 생각과 뜻을 판단하나니**"라고 하였고, 요한복음 6:63에서는, "**살리는 것은 영이니 육은 무익하니라 내가 너희에게 이른 말은 영이요 생명이라**"고 하였으며, 요한복음 15:3에서는, "**너희는 내가 일러준 말로 이미 깨끗하여졌으니**"라고 하였고, 베드로전서 2:2에서는 "**갓난 아기들 같이 순전하고 신령한 젖을 사모하라 이는 그로 말미암아 너희로 구원에 이르도록 자라게 하려 함이라**"고 하였다.

예수는 그리스도 하나님의 아들. 이 복음으로 우리 인생 모든 문제가 처리되고 해답을 얻는다. 하나님의 아들 예수 그리스도 복음은 다른 표현으로 '그 은혜의 말씀'이다. 이 복음으로 깊이 뿌리를 내릴 것이다. 그리고 복음의 능력, 성령의 권능을 얻도록 성령충만을 위해 기도할 것이다. 성령충만의 권능으로 땅 끝까지 증인의 삶, '그 은혜의 말씀'을 전하는 삶, 전도자로서의 축복의 삶을 살 것이다. 즉시 기도하기 바란다. 성령충만을 받기 바란다.

모든 그리스도인은 자신만이 갖는 그 나름대로의 성령충만의 비밀을 갖고 기도해야 한다. 성령의 권능을 받은 그리스도인은 삶의 현장에서 자신의 지위와 여건에 합당한 전도자의 삶을 찾아내어 전도자의 삶을 살 것이다. 가정주부는 주부다운, 회사원은 회사원다운, 선생은 선생다운, 농부는 농부다운 전도자의 삶을 살아야 한다. 기도하고 기도하기 바란다.

5. 말씀이 왕성하여, 말씀은 흥왕하여

하나님의 말씀이 점점 왕성하여 예루살렘에 있는 제자의 수가 더 심히 많아지고 허다한 제사장의 무리도 이 도에 복종하니라(행 6:7).

하나님의 말씀은 흥왕하여 더하더라(행 12:24).

이와 같이 주의 말씀이 힘이 있어 흥왕하여 세력을 얻으니라(행 19:20).

(본문의 말씀은 사람이 예수를 그리스도로 믿음은 자기 자신의 힘이나 깨달음에서 나는 것이 아니고, 오직 하나님 말씀의 능력으로 말미암아 주어진 선물이라는 뜻이, 이 구절들에 내포되어 있다.)

여기서 "하나님의 말씀이 점점 왕성한다"함은 하나님 말씀의 능동성을 보여주는 말이다. 그 능동적인 정복력 때문에 인간의 심령이 그 말씀에 순종하게 된다. 그렇기 때문에 사도바울은 에베소 교회의 장로들을 이 말씀께 부탁하였었다. 사도행전 20:32 **"지금 내가 여러분을 주와 및 그 은혜의 말씀에 부탁하노니 그 말씀이 여러분을 능히 든든히 세우사 거룩하게 하심을 입은 모든 자 가운데 기업이 있게 하시리라"**.

하나님의 말씀은 곧 그리스도의 복음을 말한다. 그러므로 그 말씀은 죽은 것이 아니라 그리스도께서 가지시고 일하시는 도구이다. 하나님은 언제나 그 말씀과 함께 연합하여 계신다. 하나님의 말씀은 자신에게서 분리되어 있지 않으며, 그리스도와 성령님에게서도 분리되지 않는다.

그리하여 그리스도의 영이신 성령님은 이 말씀과 함께 하시며, 이 말씀으로써 역사하여 혹은 회개시키며, 혹은 강퍅케 하시며, 혹은 일어나게 하시며, 혹은 넘어지게도 하신다. 말씀은 성령님이 임하시는 통로이다.

또 **"하나님의 말씀은 흥왕하여 더 하더라"**고 한 말씀도 같은 의미를 갖는다. 하나님의 말씀인 복음은 땅에 떨어진 씨와 같이 "흥왕하여" 30배, 60배, 100배의 결실을 맺는다. **"이는 비와 눈이 하늘로부터 내려서 그리로 되돌아가지 아니하고 땅을 적셔서 소출이 나게 하며 싹이 나게 하여 파종하는 자에게는 종자를 주며 먹는 자에게는 양식을 줌과 같이 내 입에서 나가는 말도 이와 같이 헛되이 내게로 되돌아오지 아니하고 나의 기뻐하는 뜻을 이루며 내가 보낸 일에 형통함이니라"**(사 55:10-11)고 한다. 하나님의 말씀은 자연계에서도 효능을 발휘한다. 하나님은 눈에게 땅 위에 내리라고 말씀하신다. 하나님은 눈이 올 시기와 양과 적설기간을 지정하신다. 하나님은 적은 비와 큰 비도 그 같이 내리게 하신다(욥 37:6).

뿐만 아니라 하나님의 말씀은 섭리와 은혜의 왕국에서도 자연계에서의 효능처럼 확실하다. **"내 입에서 나가는 말도 이와 같이 헛되이 내게로 되돌아오지 아니하고 나의 기뻐하는 뜻을 이루며 내가 보낸 일에 형통함이니라"**(11절)고 한다. 하나님의 약속들은 모두가 적절한 시기에 완전한 성취를 이룰 것이며, 그 일점일획이라도 땅에 떨어지지 않을 것이다. 자비와 은혜의 약속들은 믿는 자들의 영혼에 실질적인 효과를 미칠 것이다. 비가 땅에 내려 열매를 맺도록 하는 것처럼 자비롭고 은혜로운 약속은 믿는 영혼을 성결하게 하고 위로하는데 효력을 나타낼 것이다.

분명히 하나님의 말씀, 예수 그리스도의 **복음은 보내시는 용도에 따라 상이한 효력을 미칠 것이다.** 만일 생명으로부터 생명에 이르는 냄새가 되

지 않는 경우라면, 그 말씀은 사망으로부터 사망에 이르는 냄새가 될 것이다(고후 2:16). 만약 하나님의 말씀이 양심을 각성시키거나 부드럽게 하지 않는다면, 양심을 마비시키고 마음을 강퍅하게 할 것이다. 하나님의 말씀은 이 길로든 저 길로든 효과를 거두며 그 뜻하신 바를 이루실 것이다.

하나님의 아들 그리스도가 이 세상에 오시는 것은 마치 이슬이 하늘에서 내리듯이 헛되지 않을 것이다. 왜냐하면 이스라엘 백성이 모이지 않으면, 그리스도는 이방인의 회심으로 영광을 받으실 것이다. 유대인들이 은혜를 거절할 때 은혜의 축복은 이방인들에게 베풀어져야 한다. 이는 혼인 잔치에 손님이 없어서는 안 되며 복음이 헛되이 돌아오지 않도록 하기 위해서이다.

하나님의 말씀은 거짓이 없으신 하나님의 약속과 **"예요 아멘이신 그리스도"**의 약속을 우리에게 제공함을 기억할 것이다. 그리스도의 복음은 모든 하나님의 말씀의 함축이요 중심인 것을 잊지 말 것이다.

예수는 그리스도 하나님의 아들. 예수님은 하나님의 아들 그리스도시라는 증거로 죽은 자 가운데서 부활하셨다. 부활하신 예수님은 하나님 보좌 우편에 앉아 통치하시면서 우리에게 성령을 보내주셨다. 예수님은 지금 성령을 통해서 우리와 함께 하신다. 그러므로 우리에게 성령충만을 받으라고 명령하신다. 성령충만 받아 성령의 권능으로 땅 끝까지 증인이 되라고 명하신다. 복음전도자로서 살라고 명하시는 것이다. 그러므로 우리 모두는 즉시 성령충만을 받도록 기도할 것이다. 때를 얻든지 못 얻든지 복음을 전할 것이다.

우리가 전한 복음은 보내시는 용도에 따라 상이한 효력을 미칠 것이다. 만일 생명으로부터 생명에 이르는 냄새가 되지 않는 경우라면, 그 말씀은 사망으로부터 사망에 이르는 냄새가 될 것이다. 기도하기 바란다. 주의 말씀이 달음질하여 영광스럽게 되도록 기도하기 바란다.

6. 그리스도는 하나님의 모든 약속의 성취자

하나님의 약속은 얼마든지 그리스도 안에서 예가 되니 그런즉 그로 말미암아 우리가 아멘 하여 하나님께 영광을 돌리게 되느니라(고후 1:20).

(**하나님의 약속은 구약에서 많이 볼 수 있다. 그 약속들이 아무리 많아도 그리스도가 오셔서 모두 성취시키셨다.** 예수 그리스도는, 하나님께서 예언하시고 예고하신 그대로 이 세상에 오셨다. 구약은 전혀 그리스도에게 대한 예언이다. 그 몇 부분 말씀뿐 아니라 그 모든 말씀이 그리스도를 지향하고 있다. 이렇게 예언대로 이 세상에 온 종교 창설자는 타 종교에는 없다.)

1) **구약의 예언 부분**이 장차 오실 예수 그리스도를 가리켰다는 것은 두말 할 것도 없다. 이는 불신 유대인들도 인정해야 한다. 그들도 메시야에 대한 예언이 456개라고 한다(모세5경에 75, 선지서에 243, 성문학이 138). 이 예언들이 예수님에게서 성취되었다. 이 예언들은 상고시대부터 나타났으니 아브라함에게 주신 예언 "네 씨로 말미암아 천하 만민이 복을 받으리라"는 것이다(창 22:18). 사무엘 때부터 이어 말한 모든 선지자도 이때를 가리켜서 말하였다(행 3:24).

2) **구약의 역사적 부분**도 그 요점은 그리스도를 예언하는데 있다. 이스라엘 백성들의 첫 번째 출애굽의 역사도 예수 그리스도와 그의 복음을 설명하는 모델이었고, 제2의 출애굽인 바벨론에서의 해방의 역사도 역시 그리스도 복음을 설명하는 예표였다. 또한 이스라엘 역사에 있어

서 주요한 인물은 다윗인데, 다윗을 그리스도의 모형으로 표현한 성경 구절이 많다.

3) **율법의 부분**도 그리스도를 가리켰다. 성전에서 양의 피를 제물의 요점으로 한 것은 그리스도를 가리킨 것이다. 그리고 모든 행하라는 법규들도 예수 그리스도로 말미암아서만 완성될 것이었으니, 그것도 그리스도를 기다리는 것이었다(롬 10:4).

4) 그리스도에게서 된 예언 성취는, 몇 십년 전 예언의 성취가 아니고 몇 백년, 몇 천년 전 예언들의 성취이다. 이와 같이 그리스도는 하나님의 모든 약속의 성취자이시다.

그 뿐만 아니라 그리스도는 하나님의 뜻을 순종하여 하나님 백성의 구속을 이룸에 있어서 절대적으로 참되셨다. 첫째, 그리스도는 외부적 순종만 아니라 마음으로 순종하셨고, 둘째 그리스도는 시간을 지켜가면서 하나님의 지시를 순종하셨고(요 2:1-11), 셋째 그리스도는 한 동작, 한 순간에서까지 하나님의 뜻대로 순종하셨고, 넷째 성경대로 순종하셨다. 성경은 육체적 생각과 전연 반대되는 것이니, 그것은 이 세상의 것들과 충돌된다. 그러나 그리스도께서는 성경대로 순종하셨다.

그리스도는 이렇게 완전히 순종하셨기 때문에 십자가상에서 말씀하시기를 "다 이루었다"고 하셨다(요 19:30). 이와 같은 "참"에 대하여 우리는 "아멘"하여 하나님께 영광을 돌리게 된다. 그리스도는 하나님의 "예"이시요 "아멘"이시다. 하나님은 '아멘'이시고(사 65:16) 그리스도도 또한 '아멘'이시다(계 3:14). '아멘'은 단순한 형식이 아니다. 그것은 예수가 오셨기에 하나님께 대한 확신을 가지고 기도를 올릴 수 있게하고, 하나님의 모든 위대한 약속은 확신을 가지고 내 것으로 할 수 있게하며, 또 예수께서 하나님의 보증, 하나님의 깨어지지 않을 '예'이기 때문에, 우리의 기도는 반드시 이루어지게 하고, 모든 위대한 약속은 참되다는 것을 믿는 우리의 확신을 표시하는 말이다.

그러나 그리스도를 믿지 않는 자는 "하나님을 거짓말하는 자로 만드는" 큰 죄인이다(요일 5:10). 그러므로 하나님을 거짓말하는 자로 여기는 것은 하나님과 극단적인 대항전으로 맞서는 것이다. 참이냐 거짓이냐 하는 문제에 있어서는, 사람과 하나님은 양극인 것이다. "사람은 다 거짓되되 오직 하나님은 참되시다 할지어다"라고 바울은 말하였다(롬 3:4). 이와 같은 참을 거짓이라고 하는 자는 멸망에 빠질 수 밖에 없다.

"하나님의 약속은 얼마든지 그리스도 안에서 예가 되니 그런즉 그로 말미암아 우리가 아멘하여 하나님께 영광을 돌리게 되느니라"(고후 1:20). 하나님의 모든 약속의 성취자 그리스도 이름으로 기도할 것이다. 하나님의 모든 약속을 기도로 응답 받을 것이다.

예수님은 그리스도 하나님의 아들. 예수님은 하나님의 아들 그리스도라는 증거로 죽은 자 가운데서 부활하셨다. 구약의 모든 약속이 그리스도의 죽음과 부활이라는 그리스도의 사건에서 성취되었다. 그리고 구약 시대 주어진 하나님의 모든 약속의 말씀이 그리스도의 십자가를 회전축으로 하여 미래의 영광으로 전환된다. 이 복음으로 깊이 뿌리내리기를 기원한다.

여러분 모두는 부활 승천하여 그리스도로 취임하신 예수의 영으로 충만함을 받고 그리스도의 사건의 증인되기를 기원한다. 기도하라. 성령 충만을 받기 바란다. 삶의 현장에서 자신의 지위에 합당한 전도자의 삶을 살기 바란다. 기도하고 기도하기 바란다.

7. 율법과 복음의 상관관계

³⁶선생님 율법 중에서 어느 계명이 크니이까 ³⁷예수께서 이르시되 네 마음을 다하고 목숨을 다하고 뜻을 다하여 주 너의 하나님을 사랑하라 하셨으니 ³⁸이것이 크고 첫째 되는 계명이요 ³⁹둘째도 그와 같으니 네 이웃을 네 자신 같이 사랑하라 하셨으니 ⁴⁰이 두 계명이 온 율법과 선지자의 강령이니라(마 22:36-40).

³율법이 육신으로 말미암아 연약하여 할 수 없는 그것을 하나님은 하시나니 곧 죄로 말미암아 자기 아들을 죄 있는 육신의 모양으로 보내어 육신에 죄를 정하사 ⁴육신을 따르지 않고 그 영을 따라 행하는 우리에게 율법의 요구가 이루어지게 하려 하심이니라(롬 8:3-4).

율법과 복음의 상관관계에 대한 바른 이해가 필요하다. 복음주의자 가운데서도 이 상관관계에 대한 오해가 있었다.

도덕적 율법(인간은 하나님께 순종해야 된다는 도덕률)**은 아담의 범죄 후에도 의(義)의 완전한 규범(불성문률)으로 존속하였다.** 그러다가 그 도덕률 자체가 시내산에서 하나님께로부터 기록의 형태로 주어졌다. 즉, 하나님께서 두 돌판에 새겨 주신 십계명인데, 처음 네 가지 계명은 하나님께 대한 우리의 의무요, 다음 여섯 가지는 인간에 대하여 우리의 행할 도덕이다(마 22:36-40 참조).

도덕법은 신자에게나 불신자에게 영원토록 순종을 요구하는 구속력을

가진다. 그것은 거기에 포함된 내용 뿐만 아니라, 그 율법을 주신 창조자 하나님의 권위 때문이다. 그리스도께서도 구약의 도덕법에 순종해야 할 우리의 책임을 어떤 방법으로도 폐지하시지 않고 도리어 강화하셨다(마 5:17-18).

참된 신자는 행위언약 아래에 속하지 않으므로 율법에 의하여 의롭다 함이 되거나 혹은 아주 망하도록 정죄되지 않는다. 그러나 그들에게나 일반 불신자들에게 율법은 매우 유익하게 사용된다. 율법의 사역은 선행은 장려하고 악행은 제지시키는데, 그것이 율법 아래서만 국한된 사역이라고 할 수 없다. 은혜 아래서도 율법의 사역은 계속된다.

그러므로 율법의 용도가 복음의 은혜와 상충되지 않고 도리어 서로 거기에 잘 조화된다. **그리스도의 성령은 인간의 의지를 설득시켜서 그로 하여금 자의로 순종하도록 까지 하신다.** 이렇게 된 신자는 율법에 계시된 하나님의 요구를 자유로이 또는 기쁘게 행하게 된다.

그런데 일부 복음주의자들은 율법이라는 주제에 관한 성경구절을 잘못 해석하고 있다. 그들은 "**그리스도는…율법의 마침이 되시니라**"(롬 10:4)의 말씀을 인용하면서 잘못 해석한다. 율법의 범주는 지금 폐지되었고, 우리는 더 이상 그것을 복종해야 하는 의무 아래 있는 것이 아니라 불순종해도 되는 자유를 가지고 있다는 것이다.

그러나 사도바울은 그와는 매우 다른 의미로 말한 것이다. 바울은 거룩함에 이르는 길이 아니라, 구원에 이르는 길에 대해 언급하고 있었다. 그는 우리가 하나님에게 받아들여지기 위해 '율법 아래 있는 것이 아니라 은혜 아래' 있다고 주장하고 있었다. 우리는 율법의 행위가 아니라 오직 믿음으로만 의롭다 함을 받았기 때문이다. 그러나 **우리는 성화되기**

위해서 여전히 도덕적 율법 아래 있다. 루터가 계속해서 말했듯이, **율법은 우리가 의롭다 함을 얻도록 하기 위해 우리를 그리스도께로 몰아 보내지만, 그리스도는 우리가 성화되도록 하기 위해 우리를 다시 율법으로 되돌려 보내신다.**

사도바울은 그리스도인 삶에서 율법이 차지하고 있는 위치에 대해 매우 분명하게 말해준다. 그는 **그리스도의 속죄사역과 성령의 임재(내주)는 둘 다 우리가 율법을 준수하도록 하기 위한 것이라고 주장한다.**

왜 하나님은 그의 아들로 하여금 우리의 죄를 위하여 왜 죽게 하셨는가? 그 대답은 "**그 영을 따라 행하는 우리에게 율법의 요구를 이루어지게 하시려고**"(롬 8:3-4)였다.

또 왜 하나님은 그 분의 영을 왜 우리 마음 속에 두셨는가? 그 대답은 "**우리 마음에 그분의 법을 기록하시려**"(고후 3:3 "너희는 우리로 말미암아 나타난 그리스도의 편지니 이는 먹으로 쓴 것이 아니요 오직 살아 계신 하나님의 영으로 쓴 것이며, 또 돌판에 쓴 것이 아니요 오직 육의 마음판에 쓴 것이라")함이었다.

따라서 구약에 나온 새 언약에 대한 하나님의 약속은 "**내가 나의 법을 그들의 속에 두며 그들의 마음에 기록하여**"(렘 31:33)라고 하였고, 또 "**내 영을 너희 속에 두어 너희로 내 율례를 행하게 하리니**"(겔 36:27)라고 표현될 수 있는 것이다. 이처럼 예수 그리스도는 우리를 순종하도록 부르신다. "**나의 계명을 지키는 자라야 나를 사랑하는 자니 나를 사랑하는 자는 내 아버지께 사랑을 받을 것이요 나도 그를 사랑하여 그에게 나를 나타내리라**"(요 14:21)고 하셨다. 그리스도께 대한 우리의 사랑을 입증하는 방법은 그 분의 계명들에 순종하는 것이다.

예수는 그리스도 하나님의 아들. 이 복음으로 우리 인생 모든 문제가 처리되고 해답을 얻는다. 이 복음으로 우리 모두는 깊이 뿌리내리기를 소원한다.

복음 받은 그리스도인은 도덕적 율법(곧 십계명)을 준수하도록 명령 받는다. 우리는 율법의 행위로 구원받는 것은 아니지만, 은혜로 구원받은 우리는 성화되도록 율법의 요구를 이루어야 한다. 물론 그것은 복음 받은 우리 안에 계신 성령의 역사로 가능하다. 그러므로 성령충만을 받도록 기도하라. 성령의 권능으로 율법의 의를 이루고, 그 의로운 삶으로 그리스도의 증인이 되라. 그래야 복음의 기치를 든 전도자로 살 수 있을 것이다.

한국 교회는 이렇게 사는 전도자의 삶이 무엇보다도 필요하다. 신앙과 행위가 분리된 신자는 세상에서 그리스도 증인의 삶에 부적합한 자가 된다. 성령충만을 받아 하나님 사랑과 이웃 사랑의 계명을 지키는 자들이 될 것이다. 자신의 삶으로 그리스도를 보이고, 입술로 증거하여 복음전도의 열매를 거둘 것이다. 기도하기 바란다.

8. 율법의 기능: 범죄를 더하게 하려함, 범법하므로 더한 것

율법이 들어온 것은 범죄를 더하게 하려 함이라 그러나 죄가 더한 곳에 은혜가 더욱 넘쳤나니(롬 5:20).

그런즉 율법은 무엇이냐 범법하므로 더하여진 것이라 천사들을 통하여 한 중보자의 손으로 베푸신 것인데 약속하신 자손이 오시기까지 있을 것이라(갈 3:19).

로마서 5:12-21은 아담과 그리스도의 유사점을 설명한다. 그러면 모세가 들어갈 자리는 어디 있는가? 아담, 모세, 그리스도가 다스리는 세 시대로 구분해야 하는 것이 아닌가? 아니다! 그렇게 되면 율법의 역할을 완전히 오해하는 셈이 될 것이다. 아담과 그리스도는 서로 반대되기 때문에 제3자가 들어설 여지는 전혀 없다.

그렇다면 율법의 목적은 무엇인가? 그것은 '**범죄를 더하게 하려함**'이다(롬 5:20). 율법은 죄를 규정하고 나타내 보임으로 그것을 드러낸다(롬 3:20). 율법은 죄를 범죄함으로 바꿔놓는다. '**율법이 없는 곳에는 범함도 없기**'(롬 4:15) 때문이다. 갈 3:19절에서 율법은 '**범법함을 인하여 더한 것이라**'고 하는 것이다. 심지어 롬 7:8절에는 율법이 죄를 유발시킨다고 한다.

이러한 말은 분명 유대인들에게 충격적이다. 그들은 모세 율법이 죄를 더하기 위해서가 아니라 의를 더하기 위해서 주어졌다고 생각했기 때문이다. 그러나 사도바울은 율법이 죄를 줄어들게 하기보다는 오히려 더하게 하며, 죄를 예방하기 보다는 오히려 유발시킨다고 말한다.

그렇다고 바울은 율법이 전혀 필요없다고 주장하지는 않는다. 율법은 하나님의 목적 안에서 불가결한 역할을 지닌다고 말한다. 물론 율법의 기능은 구원을 주는 것이 아니라, 사람들에게 그들이 구원을 필요로 한다는 것을 확신시키는 것이었다. 사탄은 우리가 율법에 의해 스스로 거룩하다고 입증하고자 할 것이다. 그러나 율법은 하나님이 우리가 죄인임을 입증하도록 주신 것이다. 마르틴 루터는 이렇게 말하였다. "율법의 중요한 점은…사람들을 더 나은 존재로 만드는 것이 아니라 더 나쁜 존재로 만드는 것이다. 즉 그들에게 그들의 죄를 보여 주는 것이다. 그것을 앎으로써, 그들이 겸손하고 놀라고 상처받고 깨어지도록 하기 위해서다. 그리고 이로서 그들이 은혜를 구하고 그럼으로써 복되신 씨(곧 그리스도)께 나오도록 하려는 것이다"

오늘날에도 율법이 하나님이 주신 바 임무를 행하도록 해야 한다. 현대교회의 가장 큰 잘못 중 하나는 죄와 심판을 약화시키는 것이다. 구약의 거짓 예언자들처럼 우리는 "하나님의 백성의 상처를 가볍게 여긴다" (렘 6:14, 8:11). 디트리히 본회퍼는 이렇게 표현했다. "율법에 복종할 때만 은혜에 대해 말할 수 있다. … 나는 너무 빨리 너무 직접 신약으로 가려는 것이 기독교적이지 않다고 생각한다." 우리는 절대 율법을 무시하고 바로 복음으로 가서는 안 된다. 그렇게 하는 것은 성경역사에 나타난 하나님의 계획과 모순된다.

그러나 유감스럽게도 율법이 그리스도인에게 제대로 인식되지 못하고 있다. 어떤 사람들은 그것을 무시하고, 어떤 사람들은 조롱한다. 그래서 현대 복음전도에서 우리는 진주(가장 값진 진주는 복음이다)를 돼지 앞에 던진다. 사람들은 진주의 아름다움을 볼 수가 없다. 사람들은 돼지 우리가 얼마나 더러운지에 대한 개념이 없기 때문에 진주의 아름다움을 보지 못한다. 어느 누구도 율법이 먼저 그를 자신에게 보여주기까지는 복음의 진가를 인정할 수가 없다. 칠흑같이 까만 밤하늘을 배경으로 할 때에야 별들은 나타나기 시작하며, 죄와 심판이라는 어두운 배경 속에서만 복음은 환하게 빛난다.

율법이 우리에게 상처주고 괴롭혀야 비로소 우리는 복음이 우리의 상처를 싸맬 필요가 있음을 인정할 것이다. 율법이 우리를 잡아서 가두어야 비로소 우리는 그리스도께서 우리를 자유하게 하시기를 갈망할 것이다. 율법이 우리를 정죄하고 죽여야 비로소 우리는 칭의와 생명을 위해 그리스도를 부를 것이다. 율법이 우리를 스스로에 대해 절망하게해야 비로소 우리는 예수님을 믿게 될 것이다. 율법이 우리를 지옥에 이르기까지 낮춰야 비로소 우리는 복음이 우리를 하늘로 올려줄 것을 의지할 것이다.

예수는 그리스도 하나님의 아들. 이 복음으로 우리 인생 모든 문제가 처리되고 해답을 얻는다. 이 복음으로 깊이 뿌리를 내릴 것이다. 복음으로 깊이 뿌리내리기 위해서는 율법 앞에서 우리가 얼마나 악한 죄인인가를 자각할 수 있어야 한다. 그래서 율법의 기능은 범죄를 더하려 하려 함이라고 성경은 말한 것이다. 율법 앞에서 죄인인 것을 자각한 자는 즉시 율법을 완성시키신 그리스도 앞으로 나올 것이다. 예수님을 그리스도로 믿고 율법의 모든 정죄에서 해방을 받을 것이다. 그리고 더 나아가 성령충만을 받아 그 율법을 지키는 자가 될 것이다. 곧 성화의 길을 걷는 것이다. 그래야 그리스도인다운 삶을 살고 전도자로서 기치를 높이 들 수 있을 것이다. 기도하기 바란다. 성령으로 충만하기 바란다. 즉시 기도할 것이다.

9. 아담의 원죄설(原罪說)과 예수 그리스도 복음

그러므로 한 사람으로 말미암아 죄가 세상에 들어오고 죄로 말미암아 사망이 들어왔나니 이와 같이 모든 사람이 죄를 지었으므로 사망이 모든 사람에게 이르렀느니라(롬 5:12).

(아담과 예수님은 모두 우주적 언약의 대표자였다. 아담은 온 인류를 대표한 하나님과의 언약의 파기자가 되었다. 반면에 예수님은 아담이 파기한 언약을 그의 대속의 죽음으로써 새 언약의 당사자가 되었다. 예수님의 죽음은 대속의 죽음이었으며, 계약 파기자를 대신하여 죽은 것이다.)

아담과 하와가 언약을 파기한 죄를 보통 원죄(原罪)라고 하는데, 이 표현은 부정확한 것이다. 원죄는 최초의 죄가 아니기 때문이다. 원죄란 특별히 아담과 하와의 죄를 가리키는 것이 아니다. 원죄란 **아담과 하와가 범했던 죄의 결과**를 가리킨다. 그 첫 범죄의 결과 온 인류에게 '**전가된 타락한 본성**'을 가리킨다. 원죄는 '**행위**'가 아니라 '**상태**'이다.

아담과 하와가 범했던 죄의 결과로 인간성은 도덕적 파멸의 구덩이에 빠졌다. 인간본성의 바탕에는 도덕적 타락이 흐르고 있다. 최초의 범죄 이후에 우리의 모든 것이 변했다. 인류는 부패해졌다. 이처럼 최초의 범죄로 인하여 생긴 부패와 죄의 본성을 교회가 원죄(原罪)라고 부른다.

오늘 우리가 앞서 읽은 로마서 5:12은 유명한 근거가 되는 주요 구절이다. 어떻게 대표자로서의 아담이 자기 모든 후손에게 죄와 죽음을 전달하게 되었는가? "…**한사람으로 말미암아 죄가 세상에 들어왔다**" 온 세상이 지금 죄와 죽음의 홍수에 밀려다니며 각종 죄악과 재앙 천지다.

이 근원이 무엇인가를 살펴보면 본성의 타락이라는 것을 알 수 있고, 그것이 언제 들어왔는가를 살펴보면 아담의 첫 번째 범죄 때라는 것을 알 수 있다. 그것은 어디까지나 '한 사람에 의한' 것이었으니 그가 다름 아닌 우리의 뿌리와 근원으로서의 대표이었다.

"**이러므로**"라고 로마서 5:12은 시작한다. 이 결론적인 말은 앞선 구절 "**우리 주 예수 그리스도로 말미암아**"(롬 5:11) 많은 사람에게 미친 구원의 은혜와 관련된 말이다. 곧 멸망도 한 사람, 아담으로 말미암아 모든 사람들에게 미친 사실을 언급하고자 한 것이다.

"**한 사람으로 말미암아 죄가 세상에 들어오고**" 하나님께서 모든 것이 아름답다고 선언하신 그 때(창 1:31) 세상에는 죄가 없었다. 아담이 사탄의 유혹으로 금단의 열매를 따 먹은 그때부터 비로소 죄가 들어왔다. 전에는 많은 천사들이 그들의 충성을 내팽개치고 그들의 최초의 영역을 떠났을 때, 이 천사들의 세계에 죄가 들어왔었다. 그러나 아직 이 인간 세상에는 아담이 범죄하기 전까지만 해도 죄의 자리가 없었다. 그러다가 이제 죽이고 파괴하는 원수와 훔치고 약탈해 가는 도둑으로써 등장한 것이다. 이 원죄가 아담의 후손에게 전가되었고 온 인류는 본성이 타락하게 되었다.

아담이 범죄하기 전에 자녀를 생산하지 않았으니 만큼, 그의 후손은 모두 다 범죄한 조상에게 속한 것이다. 이렇게 타락한 조상 아담을 대표자로 가진 인류는 다 죄인이다. 그러나 펠라기우스 학파에서는 "사람은 생래적으로 죄인이 아니다"고 하나, 이 학설은 비성경적이다.

"**죄로 말미암아 사망이 왔나니**" 사망은 죄의 삯이다. 분명히 "**네가 먹는 날에는 반드시 죽으리라**"는 경고가 있었다(창 2:17). 사탄의 유혹으로 범죄한 아담에게 하나님은 **"너는 흙이니 흙으로 돌아갈 것이니라"**(창 3:19)고 명하셨다.

"이와 같이 모든 사람이 죄를 지었으므로 사망이 모든 사람에게 이르렀느니라" "이와 같이"란 아담이 죄를 범한 결과로 모든 인류가 죽음의 법칙에 매이게 되었다는 뜻이다. **"모든 사람이 죄를 지었으므로"** 이 말은 유명한 원죄설(原罪說)의 근거가 된 구절이다. 조상 아담 안에서 모든 인류가 범죄하게 된 것을 가리키는 것이다. 그리하여 사망이 모든 사람에게 이르렀다. 이것은 예외가 없는 보편적인 운명이다. 죽음은 누구에게나 필연적으로 내려지기 마련이다. 이 원죄와 원죄로 인한 죽음의 문제를 해결한 것이 예수 그리스도 복음이다. 죄와 사탄을 정복한 것이다.

예수는 그리스도 하나님의 아들. 예수님은 하나님의 아들 그리스도라는 증거로 죽은 자 가운데서 부활하셨다. 우리 모두는 이 복음으로 깊이 뿌리를 내릴 것이다.

복음 받은 그리스도인은 그리스도의 죽음, 곧 그리스도의 보혈을 통해 부어지는 성령의 권능을 받아 죄 사함 받고 사탄을 정복할 권세를 받는다. 기도하라. 성령의 충만을 받도록 기도하라. 구원받은 그리스도인도 자신의 속에 죄가 잔존해 있기 때문에 날마다 성령충만, 믿음충만, 예수충만을 받아 육체·세상·사탄이라는 악의 3총사와 싸워 이겨야 한다. 더 많이 기도하기 바란다. 나름대로 성령충만의 비밀을 갖고 기도하기 바란다. 그래야 그리스도의 증인, 전도자로서 축복의 삶을 살 수 있을 것이다. 즉시 기도하기 바란다.

10. 아담은 그리스도의 모형

¹³죄가 율법 있기 전에도 세상에 있었으나 율법이 없었을 때에는 죄를 죄로 여기지 아니하였느니라 ¹⁴그러나 아담으로부터 모세까지 아담의 범죄와 같은 죄를 짓지 아니한 자들까지도 사망이 왕 노릇 하였나니 아담은 오실 자의 모형이라(롬 5:13-14).

(아담은 오실자의 모형이다. 여기서 '오실 자'란 그리스도를 가리킨다(고전 15:45). 아담을 그리스도의 모형이라고 하는 것은 한 사람이 많은 사람들을 대신하는 원리에 있어서, 아담은 벌써 그리스도의 모형이라는 뜻이다. 다시 말하면, 하나님께서 벌써 오래 전에 첫 사람 아담에게서 그리스도의 속죄원칙을 예표하셨다. 그러므로 대표 원리는 우연한 것이 아니고 구원사적인 진리다.)

이 구원사적인 진리인 대표 원리를 본문 로마서 5:13-14이 설명한다. **"죄가 율법 있기 전에도 세상에 있었으나 율법이 없을 때에는 죄를 죄로 여기지 아니하느니라"**고 한다. 율법은 죄를 정하는 것이므로 율법이 있기 전에는 죄로 정죄 받을 수 없다. 그런데 아담으로부터 모세까지 사람들이 정죄 받은 것은 아담의 범죄에서 이미 결정적으로 정죄 받고 있었던 것이 된다. 그러면 그들의 죄는 무슨 죄인가? 그것은 소위 '원죄'인 것이다. 그들은 그들 자신의 죄가 아니라 아담의 범죄로 인하여 타락한 인간본성의 부패성인 원죄로 정죄 된 것이다. 이 원죄는 율법 있기 전에도 세상에 있었던 것이다.

그래서 14절 **"그러나 아담으로부터 모세까지 아담의 범죄와 같은 죄를**

짓지 아니한 자들까지도 사망이 왕 노릇 하였나니"라고 하였다. 인간 상식으로는 율법이 없을 때는 정죄를 받지 않는 것이다. 그러나 성경은 '아담으로부터 모세까지 아담의 범죄와 같은 죄를 짓지 아니한 자들까지도 사망이 왕 노릇 하였나니'라고 한다. 아담은 범죄하면 반드시 죽으리라는(창 2:17) 분명한 계명을 받고 범죄하였으므로 죽었다. 그러나 이런 경로를 통해 범죄한 일이 없는 모든 사람도 다 죽었다. 즉, 사망이란 형벌의 무서운 지배 하에 놓여 있는 것이다. 그러므로 **아담 한 사람의 죄가 모든 사람을 사망 아래 두게 되었다는 결론이 되고, 이 결론에서 그리스도 한 사람의 의가 모든 사람을 살게 한다는 '대표 원리'가 성립되는 것이다.**

아담은 그리스도의 모형이다. ① 아담이 죄의 원천이므로 온 인류에게 죄를 미치게 한 것처럼, 그리스도는 의의 원천으로 온 인류에게 의를 미치게 하였다. ② 아담에서 모든 사람이 죽은 것처럼 그리스도에서 모든 사람은 산 것이다. ③ 아담의 죄는 뒤따른 인간의 죄와 관계없이 독립적으로 모든 자에게 죽음을 초래한 것처럼, 그리스도의 의는 뒤따르는 인간의 의와 관계없이 독립적으로 생명을 초래한다. ④ 양인은 다 그 뒤에 전 인류를 이끌었다. ⑤ 전자는 그의 그늘에 서서 후자의 빛에 대하여 증거한다. ⑥ 아담 밑에 그의 생육법으로 타락한 인류가 있는 것처럼, 그리스도 밑에 성령을 통하여 새로운 인류가 있다.

아담은 오실 자 그리스도의 모형이었다. 아담이 그에게 속한 모든 사람의 대표이듯이, 그리스도도 그에게 속한 모든 사람의 대표다. 이 대표 원리는 우연한 것이 아니고, 구원사적인 진리이다. 절대로 믿을만 하다. 하나님은 창세 전에 중보자 그리스도를 통한 구원계획을 갖고 계셨다(엡 1:4). 그리고 인류 역사 속에서 구속사적인 진리의 첫 모습으로 아담을 오실 자의 표상으로 하신 것이다.

그러므로 세상에는 오직 두 우두머리가 있다. 아담과 그리스도이다. 아담 안에서 죽음과 지옥이 선고되나, 그리스도 안에서 생명과 천국이 선물로 주어진다. 어느 대표를 따르느냐에 따라서 그 사람의 운명이 결정된다.

예수는 그리스도 하나님의 아들. 이 복음으로 우리 인생 모든 문제가 처리되고 해답을 얻는다. 이 하나님의 아들 예수 그리스도 복음으로 깊이 뿌리내리기를 기원한다.

모든 인류는 아담 아래 있든지 그리스도 안에 있든지 둘 중의 하나다. 중간영역은 없다. 그리스도 안에 없으면, 곧 예수님을 참되게 그리스도로 믿지 않는다면 그 사람의 머리는 아담이다. 아담 안에서 죽음과 지옥이 기다린다. 그러나 누구든지 예수 그리스도를 믿고 영접하여 하나님의 자녀가 되면 생명과 하늘나라가 상속된다. 운명이 바뀌는 것이다. 예수 그리스도 복음은 인간 운명문제의 완전해결이다.

그러므로 예수 그리스도 복음을 받아 깊이 뿌리내리고, 성령의 충만을 받도록 기도하라. 영생을 누리고 천국을 소망으로 갖고 살며, 복음 없는 세상에 예수 그리스도를 증거할 것이다. 이런 자에게 예수님은 세상 끝날까지 성령으로 함께 하시며, 복음전도자로 살게 하실 것이다. 나름대로 성령충만의 비밀을 갖고 기도하여 성령충만을 받아 성령의 권능으로 전도자의 삶을 살 것이다. 하나님과 그리스도께서는 전도자를 위하여 지구를 자전하게 하고 계신다는 것을 믿기 바란다. 기도하고 기도하라.

11. 죄(罪)의 의인화(擬人化)

¹²그러므로 한 사람으로 말미암아 죄가 세상에 들어오고 죄로 말미암아 사망이 들어왔나니 이와 같이 모든 사람이 죄를 지었으므로 사망이 모든 사람에게 이르렀느니라 ¹³죄가 율법 있기 전에도 세상에 있었으나 율법이 없었을 때에는 죄를 죄로 여기지 아니하였느니라 ¹⁴그러나 아담으로부터 모세까지 아담의 범죄와 같은 죄를 짓지 아니한 자들까지도 사망이 왕 노릇 하였나니 아담은 오실 자의 모형이라(롬 5:12-14).

(바울사도는 죄를 의인화(擬人化)시키고 있다. "이러므로 한 사람으로 말미암아 **죄가 세상에 들어오고···**" 죄가 문을 열고 들어왔다. 죄가 의인화되었다. 로마서 5:21에서는 "죄가 왕 노릇 한다"고 말한다.)

    이것은 죄가 어떤 자질이 모자라는 것이 아니며, 소극적인 국면에 속한 것이 아니라 적극적이고 활동적이며, 일을 만드는 그 무엇이라고 진술하는 것이다. 죄가 들어와서 다스리고 통치하고 왕 노릇하여 엄청난 행동성을 증명한 것이다.
    죄의 의인화는 성경적 교훈의 특징이다. 그것은 놀랄 일이 아니다. 왜냐하면 **죄가 마귀의 인격을 통해서 들어왔기 때문이다.** 비성경적인 생각은 마귀가 있다고 믿지 않는 것이다. 그러나 여기서 사도바울은 죄란 하나의 적극적인 것으로 그것을 설명한 충분한 이유를 가지고 있음을 보여준다. 그래서 바울은 죄를 의인화시켜서 죄가 이 세상에 들어왔음을 우리에게 가르쳐주고 있는 것이다.

죄란 일반적으로 하나님께 대해 반역하는 태도이며, 혐오하는 마음이다. 그리하여 하나님의 율법을 거부하는 것이다. 오늘 본문대로 본다면 죄란 새 통치원리가 사람의 삶에 들어온 것을 의미한다. 그것은 우리가 타락한 상태에 있다는 것과 우리가 부패하여졌으며 우리의 습관이나 실제 행동들은 이 통치 원리에 의해 조종 된다는 것을 의미한다.

한편으로 죄가 '세상에 들어왔다'는 말은 죄가 '세상에 침입하였다'는 것을 의미한다. 죄는 세상에 '들어왔다'. '침입하여' 들어왔다. 죄는 뛰어 들어왔다. 인간의 생명 속에 덮치고 들어왔다. 세상이 죄로부터 완전히 자유로웠던 역사상 어느 한 기간이 있었다. 죄는 침입자이다. 하나님은 세계를 완전하게 창조하시고 그것을 낙원이라고 부르셨다. 또한 하나님 자신의 형상을 따라 사람을 완전하게 창조하셨다. 하나님은 그 모든 것을 보시고는 보시기에 좋았다. 그때는 죄가 없었다. 그러나 죄가 세상에 들어온 것이다.

'**죄로 말미암아 사망이 왔나니**'. 사망을 가져온 것은 죄라고 한다. 전에는 죽음이 없었다. 죽음은 "**죄의 삯은 사망이라**"고 하는 사실을 입증하면서 죄로 말미암아 들어온 것이다. 창세기 2:17에서 "**선악을 알게 하는 나무의 실과는 먹지 말라 먹는 날에는 반드시 죽으리라**"고 하였다. 이 율법을 범한 인류는 창세기 3:19의 선고를 받게 되었다. "**너는 흙이니 흙으로 돌아갈 것이니라**". 이것이 사망이다. 사도바울은 고린도전서 15:56에서 "**사망이 쏘는 것은 죄**"라고 말하였다. 그러므로 죄가 아니었다면 아담은 죽지 않았을 것이다.

"**사망이 모든 사람에게 이르렀느니라**". 여기서 이르렀다는 것은 사망이 인류의 모든 각 개인에게 미쳤다는 것을 의미한다. 그러므로 죽음의 사실은 보편화 되었으며, 우리 모두는 죽으려 태어나게 된 것이다.

오늘 본문에서 사도바울은 창세기 1-3장이 문자 그대로의 역사임을 믿고 있다. 물론 우리 예수님도 믿으셨다. 예수님은 **"창조시부터 저희를 남자와 여자로 만드셨다"**고 말씀하셨다. 우리 예수님은 구약을 믿으셨다. 더 나아가 구약에 예언된 인생문제 해결의 주인공에게 전가된 것을 대신 혼자서 짊어져 주시기 위해서 죄 없는 몸으로 이 세상에 태어나셨다. **"하나님이 죄를 알지도 못하신 이를 우리를 대신하여 죄로 삼으신 것은 우리로 하여금 그 안에서 하나님의 의가 되게 하려 하심이라"**고 고후 5:21절에서 사도바울은 말했다. 오직 죄 문제 해결은 십자가에서 대속의 죽으심을 당한 그리스도를 믿음으로만 가능하다. 하나님의 아들 예수 그리스도의 복음은 죄와 사탄의 정복이다.

예수는 그리스도 하나님의 아들. 이 복음으로 우리 인생 모든 문제가 처리되고 해답을 얻는다. 우리가 하나님의 아들 예수 그리스도의 복음을 받을 때 죄와 사탄의 권세에서 해방 받는다. 이 복음으로 우리 모두는 깊이 뿌리내리기를 소원한다.

죄와 사탄의 권세에서 해방 받는 그리스도인에게 하나님은 공백상태로 놔두시지 않고 성령을 부으셔서 성령의 내주·인도·역사를 따라 살게 하신다. 그러므로 복음 받은 여러분은 성령의 충만을 받도록 기도할 것이다. 기도한 만큼 성령충만을 받는다. 더 많이 기도하라. 정시로 무시로 기도하라. 그리하여 삶의 현장에서 성령의 권능으로 죄와 사탄의 세력을 정복하고 하나님 사랑과 이웃 사랑의 그리스도 증인으로 살기 바란다. 기도하고 기도하라. 성령의 충만을 받으라.

12. 아담과 그리스도의 대조
(더욱 효과적, 압도적 우세의 그리스도)

¹⁵그러나 이 은사는 그 범죄와 같지 아니하니 곧 한 사람의 범죄를 인하여 많은 사람이 죽었은즉 더욱 하나님의 은혜와 또한 한 사람 예수 그리스도의 은혜로 말미암은 선물은 많은 사람에게 넘쳤느니라 ¹⁶또 이 선물은 범죄한 한 사람으로 말미암은 것과 같지 아니하니 심판은 한 사람으로 말미암아 정죄에 이르렀으나 은사는 많은 범죄로 말미암아 의롭다 하심에 이름이니라 ¹⁷한 사람의 범죄로 말미암아 사망이 그 한 사람을 통하여 왕 노릇 하였은즉 더욱 은혜와 의의 선물을 넘치게 받는 자들은 한 분 예수 그리스도를 통하여 생명 안에서 왕 노릇 하리로다(롬 5:15-17).

아담과 그리스도는 각각 두 시대의 머리이다. 아담은 옛 시대 곧 사망의 시대의 머리이며, 그리스도는 새 시대 곧 생명의 시대의 머리이다. 그러므로 그리스도의 선물은 아담의 범죄와 '같지 아니하니'(15-16절) 그보다 '더욱' 효과적이라는(15-17절) 진술이다.

대표 원리에 의하여 타락한 인류는, 역시 대표 원리의 방법으로 구원될 수 있다. 그러나 구원을 위한 의의 세력은, 타락을 연출한 죄의 세력보다 훨씬 강한 것이다. 죄의 세력은 인류의 조상 한 사람을 대표로 하고 모든 인류에게 임했으나, 의의 세력은 창조자이시고 하나님이신 예수 그리스도를 대표로 하고 임한 것이다(15절). 죄의 세력이 피조물의 힘이라면, 의의 세력은 창조자의 힘이다. 그러므로 의의 세력은, 죄의 세력을 이기고 무한 분량으로 넘친다. 우리가 보는 대로 죄의 세력은 세상에 편재하여 홍수같이 무서운 것인데, 이것보다 천양지차로 크게 나타나는 의의 세력은 너무 위대하여 생각만 해도 기쁜 것이다.

그래서 "**더욱 하나님의 은혜와 또는 한 사람 예수 그리스도의 은혜로 말미암은 선물이 많은 사람에게 넘쳤느니라**"(15절)고 하였다. '더욱'이란 말로써 사망과 생명 사이의 대조를 하고 있는 것이다. "한 사람의 범죄로 인해 많은 사람이 죽었다. 그러나 여기 불멸의 생명, 영생, 하나님의 생명을 가지고 있는 분이 계신다. 이 영생은 사망보다 '더욱 더' 크다. 만일 사망이 확실하다면 생명은 얼마나 더 확실한 것인가?" 그러므로 아담과 그리스도 두 대표의 행동의 본질이 서로 달랐다.

또한 아담과 그리스도 두 대표 사이의 행동의 결과도 서로 달랐다. 아담의 경우 하나님의 심판은 단지 한 사람으로 인하여 임한 반면, 하나님의 선물은 많은 범죄로 인하여 주어졌다. 세상 사람들은 많은 죄를 지으면 한 가지 죄를 지었을 때보다 더 심판을 받게 되리라고 예상할 것이다. 하지만 은혜는 다른 산술체계 안에서 운용된다. "단 하나의 악행이 심판이라는 응답을 받는다는 것은 우리가 이해할 만 하다. 그러나 모든 시대에 걸쳐 축적된 죄와 죄책이 하나님의 값없이 주시는 선물이라는 응답을 받는다는 것은 인간의 이해를 뛰어 넘는 기적이다."

죄의 세력은 한 죄인 아담에 대한 처분을 기점으로 하여 많은 사람들에게 미쳤으나, 그것은 인간의 죄 값에 알맞은 분량이었다. 그러나 은사는 행한 대로 갚는 법칙에 속한 것이 아니어서(다시 말하면, 심판이 아니어서), 많은 죄인들이 많은 죄악들을 상대하고 넘치게 나타난 은사인 것이다(16절). 아담의 범죄로 인하여 사망이 인류에게 왕 노릇하였으나, 그리스도로 말미암은 의는 신자들로 하여금 생명으로 왕 노릇하게 하는 것이다(17절).

예수 그리스도는 '**왕 중의 왕**'으로 묘사된다. 그러면 그가 왕이신 그 왕들은 누구인가? 그리스도인, 우리 자신이다. 예수님은 '왕중의 왕'이시고 그의 백성들은 왕들이다. 우리들 각자를 왕으로 삼으셨다. 우리는 그와 함께 왕 노릇 할 것이며, 세상을 판단하고 천사를 판단할 것이다. "**한 사람의 범죄로 말미암아 사망이 그 한 사람을 통하여 왕 노릇 하였은즉 더욱 은혜와 의의 선물을 넘치게 받는 자들은 한 분 예수 그리스도를 통하여 생명 안에서 왕 노릇 하리로다**"(17절). 아담을 피조물의 주(主)로 삼으셨으나 그는 그 지위를 잃어버렸다. **우리는 그것을 되돌려 찾을 뿐 아니라 무한정으로 더욱 더 큰 지위를 차지할 것이다.** 성부와 함께 최고의 왕관을 쓰신 성자 그리스도와 함께 우리도 왕관을 쓸 것이다. 이것이 우리를 기다리고 있는 전망이다. 우리 모두는 이미 이 순간 그리스도께서 우리를 '**왕과 제사장**'으로 삼으셨다는 사실을 실감해야 할 것이다. 지금 우리가 그와 함께 하늘 보좌에 앉았다는 것을 기억해야 할 것이다.

예수는 그리스도 하나님의 아들. 이 복음으로 우리 인생 모든 문제가 처리되고 해답을 얻는다. 이 복음으로 깊이 뿌리를 내릴 것이다. 복음 받은 그리스도인은 예수 그리스도로 말미암는 풍성한 은혜를 깊이 깨달을 것이다. 그리고 복음의 능력, 성령의 권능을 얻도록 성령충만을 위해 기도할 것이다. 성령충만의 권능으로 땅 끝까지 증인의 삶, 전도자로서의 축복의 삶을 살 것이다. 즉시 기도하기 바란다. 성령충만을 받기 바란다. 더 많이 성령충만을 받도록 기도할 것이다.

13. 아담과 그리스도의 비교, 유사성

[18]그런즉 한 범죄로 많은 사람이 정죄에 이른 것 같이 한 의로운 행위로 말미암아 많은 사람이 의롭다 하심을 받아 생명에 이르렀느니라 [19]한 사람이 순종하지 아니함으로 많은 사람이 죄인 된 것 같이 한 사람이 순종하심으로 많은 사람이 의인이 되리라(롬 5:18-19).

(아담과 그리스도의 유사점이 강조되고 있다. 한사람의 한 가지 행동이 많은 사람의 운명을 결정했다.)

18절 "그런즉 한 범죄로 많은 사람이 정죄에 이른 것같이 한 의로운 행위로 말미암아 많은 사람이 의롭다 하심을 받아 생명에 이르렀느니라" 아담의 행위와 그리스도의 행위의 직접적 결과들, 즉 정죄와 의롭게 함에 대해 말한다.

먼저 한사람의 범죄와 불순종으로 말미암아 많은 사람이 죄인이 되었고, 심판은 모든 사람을 정죄에 이르게 했다. 여기서 다음과 같은 내용을 확인하게 된다.

1) 아담의 죄는 불순종의 죄다. 그것은 분명하고 명백한 명령에 대한 불순종으로 그 명령은 시험명령이었다. 그러므로 아담이 행한 일이 악했던 것은 그것이 금지된 일이었기 때문이고 다른 죄는 없었다. 그러나 이것은 그 자체로서는 아주 사소한 것처럼 보였지만 다른 죄의 문을 열어 놓았다.

2) 죄의 해악성과 폐해는 아주 강력하고 광범위하다. 그렇지 않다면 아담의 죄의 죄책이 지금까지 그렇게도 멀리 미치지도 않았을 것이고, 그토록 깊고 긴 물줄기가 되지도 않았을 것이다. 아담의 죄 안에 그토록 엄청난 악이 존재한다는 것을 누가 상상했겠는가?

3) 아담의 죄로 말미암아 많은 사람이 죄인이 되었다. 우리는 합법적인 절차에 따라 죄인으로 낙인 찍혔다.

4) 아담의 불순종으로 말미암아 죄인 된 자들 모두를 정죄하는 심판이 있을 것이다. 죄의 확정 판결을 받았으니 정죄 받는 것이 당연하다. 한 가정에 내려지는 권리 박탈처럼 온 인류가 유죄선고 아래 있다. 천국 법정에는 우리에게 불리하게 선언되고 등록된 심판이 있다. 만일 그 심판이 역전되지 않는 한, 우리는 영원히 그 아래에서 지옥으로 침몰 할 수밖에 없다.

똑같은 방법으로 '한 사람'(마지막 아담 예수 그리스도)**의 의와 순종으로 말미암아** 많은 사람이 의인이 되고, 그 결과 값없이 주시는 은사가 모두에게 임하게 되었다. 이 진리가 얼마나 중요하든지 반복하여 강조되고 있다. 여기서 다음과 같은 사실을 살펴볼 수 있다.

1) 그리스도의 의의 본질과 그것이 주어지는 방법. 그것은 그 분의 순종으로 말미암아서다. 첫째 아담의 불순종은 우리를 파멸시켰으나 마지막 아담의 순종은 우리를 구원한다. 다시 말해 그 분의 순종은 중보의 율

법에 대한 순종으로서, 그것은 그분이 모든 의를 이루기 위해 자신의 영혼을 죄를 위해 제공하시는 것을 말한다. 이 율법에의 순종으로 말미암아 그 분은 우리를 대신해서 한 의를 이루셨으며 하나님의 공의를 만족시키고 우리가 그의 은총의 길에 들어설 수 있게 되었다.

2) 그리스도의 순종으로 '많은 사람이 의인이 될 것이다'(19절). 한 사람과 대조되어 있는 많은 사람은 여기서 세상에 흩어져 있을 때에는 적지만, 함께 모으면 무수히 많은 사람들로서, 그들에게는 은혜의 선택이 주어져 있다. '의인이 되리라' 즉 그들은 특허중에 의해 허가를 받은 것처럼 의인이 될 것이다. **이처럼 이 둘 사이, 곧 아담으로 말미암은 우리의 멸망과 그리스도로 말미암은 우리의 회복사이의 대조**는 명약관화하다.

아담의 불순종은 우리들이 죄인의 범주에 놓이는 근거였으며, 그리스도의 순종은 많은 사람이 의인의 범주에 놓일 근거였다. "**아담 안에 있는 당신 자신을 보라. 당신은 아무런 일도 하지 않았지만 죄인이라고 선포되었다. 그리스도 안에 있는 당신을 보라. 그리고 당신이 아무런 일도 하지 않았는데 의인으로 선포되는 것을 보라**". 이것이 아담과 그리스도의 유사성이다.

예수는 그리스도 하나님의 아들. 예수님은 하나님의 아들 그리스도시라는 증거로 죽은 자 가운데서 부활하셨다. 이 그리스도의 죽음과 부활의 복음으로 깊이 뿌리내리기를 기원한다.

복음을 받고 예수 그리스도를 마음 중심에 영접할 때 하나님께 대한 우리의 모든 불순종의 죄는 사함 받고 의인이라 칭함을 받는다. 우리는 우리의 죄를 없애기 위해 아무런 일도 하지 않았으나 예수 그리스도를 믿고 그리스도 안에 있다는 이유 하나로 의인으로 선포되었다. 뿐만 아니라 하나님은 우리를 의인답게 살 수 있도록 성령을 선물로 주셨다.

부활하신 예수님은 하나님 보좌 우편에 앉아 그리스도로 통치하시면서 우리에게 성령을 보내주셨다. 예수님은 지금 성령을 통해서 우리와 함께 하신다. 그러므로 우리에게 성령충만을 받으라고 명령하신다. 성령충만 받아 성령의 권능으로 땅 끝까지 증인이 되라고 명하신다. 복음 전도자로서 살라고 명하시는 것이다. 그러므로 우리 모두는 즉시 성령충만을 받도록 기도할 것이다. 때를 얻든지 못 얻든지 복음을 전할 것이다. 기도하고 기도하기 바란다.

14. 사망의 왕국과 은혜의 왕국: '사망의 왕국'은 '죄'가 왕 노릇, '은혜의 왕국'은 '은혜'가 왕 노릇

이는 죄가 사망 안에서 왕 노릇 한 것같이 은혜도 또한 의로 말미암아 왕 노릇 하여 우리 주 예수 그리스도로 말미암아 영생에 이르게 하려 함이라
(롬 5:21).

(역사책은 왕조의 흥망에 관하여 기술한다. 어떤 왕이 즉위하여 넓은 영토를 다스린다. 그러나 갑자기 다른 나라에서 한 왕조를 세워 처음 왕을 정복하고 다시 다스리기 시작한다. 본문은 복음진리를 이해시키기 위해 두 왕조의 예를 들어 설명한다. 세상에 있는 모든 사람은 죄 아래 있든지 은혜 아래 있든지 둘 중 하나다. 사망의 왕국에서 죄의 다스림과 지배를 받고 살든지, 은혜의 왕국에서 은혜의 왕 노릇을 받고 살든지 어느 한 편에 속해 있다.)

"이는 죄가 사망 안에서 왕 노릇한 것 같이". 왕은 죄, 신하는 전 인류, 그 영토는 사망이다. 이와 같이 인생은 죽음이란 숙명적인 판도에서 죄의 종살이를 하는 것이다. 그리스도 안에 있지 않은 세상은 죄의 통치 아래 있다. 죄는 하나의 폭군이다. 죄는 하나의 군주이다. 그리하여 그리스도를 떠나 있는 인류는 '죄의 왕 노릇 아래' 있다. 죄가 사망의 왕국(영역)에서 왕권을 행사하고 있는 것이다.

인간의 의지란 아담의 타락 아래 매여 있다. 타락한 인간은 본래 하나님을 선택할 자유가 없다. 세상신이 그렇게 하는 것을 불가능하게 만든다. 우리는 허물과 죄로 죽었다. 그것의 굴레 아래서 죄는 왕 노릇하는

것이다. 물론 죄가 왕 노릇할 때 사망도 왕 노릇한다.

한편 은혜도 왕 노릇한다. "**은혜 또한 의로 말미암아 왕 노릇하여**". 본문은 죄와 은혜를 의인화시키고 있다. 마치 죄가 한 인격인 것처럼 은혜도 같은 방식을 취하고 있다. 왕은 은혜, 신하는 그리스도인, 그 영토는 영생이다. 하나님의 은혜는 죄인들을 의롭게 하시는 법에 의하여 지배하며 그 목적은 그리스도의 공로를 통하여 사망에서 벗어나 영생으로 인도하는 것이다.

은혜라는 것은 받을만한 자격 없는 자에게 베풀어지는 호의이며, 받을만한 자격 없는 자에게 보여준 자비이며, 값없이 주어지는 선물이다. 구속의 역사는 죄에 대해 은혜의 승리로 끝나는 역사이다. 성경은 주로 두 세력간의 투쟁의 역사이다. 인간이 타락한 순간부터 이야기는 시작된다. 원수가 하나님의 동산에 들어왔다. 하나님의 완전한 세계에 와서 사람을 유혹하여 그를 넘어뜨렸다. 그 순간부터 죄가 왕 노릇하기 시작하였다. 그러나 즉시 하나님은 약속을 하시고 은혜가 그 투쟁 속에 들어왔다. 여자의 후손이 뱀의 머리를 상하게 하는 것이다. 곧 오늘 성경 본문이 의인화시켜 말하는 죄와 은혜의 두 세력간의 대 투쟁이다. 은혜만이 죄를 침노하여 땅을 빼앗기에 넉넉한 오직 유일한 세력이다.

'**은혜가 왕 노릇한다**'. 한 인간이 그리스도인이 되는 순간 그 안에서 은혜가 왕 노릇하기 시작한다. 은혜가 단순히 그리스도인에게 제공된 것이 아니라, 은혜는 역사한다. 죄가 우리의 생명 안에서 하나의 세력이 있던 것 같이 은혜도 우리의 생명 속에서 한 세력이 된 것이다. 만일 그렇지 않다면 한 사람도 구원받지 못할 것이다. 은혜는 역사하되 왕으로 역사한다. 왕으로서 다스린다. 그것은 은혜가 거듭나지 못한 사람들 안에서 왕 노릇하는 것이다. 은혜의 세력은 전능한 힘이다.

은혜의 왕국의 설립은 베드로전서1:20에 보면 창세전이었다. 은혜는 창세전에 성부와 성자와 성령의 사이에 열린 영원한 회의에서 그 권좌를 받은 것이다. **은혜가 즉위하여 권좌를 차지한다는 것은 신적인 결정이었다.** 곧 구속언약이 이루어졌다는 것이다. 이것이 은혜왕국의 시작이었다. '은혜는 의로 말미암아 왕 노릇한다.' 이 의는 예수 그리스도의 의이다. 그는 '여자에게서 나시고 율법아래' 오셨다. 그는 율법에 복종하셨고 지키셨고 높이셨다. 그리고 일점일획까지 다 이루셨다. 그런 다음 십자가 상에서 율법이 죄에 대하여 내리는 심판을 받으셨다.

이런 일이 있었기 때문에 우리들은 우리의 죄로부터 용서를 받을 수 있는 것이다. 그리고 하나님께서는 우리를 용서하심에 있어서 정당하고 의로웠다. **더구나 하나님은 예수 그리스도의 의를 우리의 것으로 간주하고 우리 계산에 넣고 우리에게 전가시켰다. 그것은 은혜가 왕 노릇하는 방법이다.** 그것은 언제나 '의 안에' 왕 노릇한다. 그것은 공의와 율법을 옆으로 밀어 붙이지 않는다. 율법과 공의를 높여주고 만족시켜주고 완성시켜 준다. "**내가 율법이나 선지자를 폐하러 온 줄로 생각하지 말라 폐하러 온 것이 아니요 완전하게 하려 함이라**"(마 5:17).

은혜와 의는 분리되지 않는다. 히브리서 4:16에서 "**은혜의 보좌 앞에 담대히 나아갈 것이니라**"고 한다. 우리는 이 말씀을 따를 때 은혜와 의를 똑같이 기억해야 한다. 보좌는 율법이 시행되고 공의가 베풀어지고 권력이 행사되는 것이다. 보좌는 존엄하고 권위로운 장소이다. 그러나 그 보좌는 은혜의 보좌이다. 은혜는 보좌에 첨가된 요소다. 그래서 우리가 기도할 때마다 보좌에 가까이 있다는 것과 거룩하고 의로운 하나님께 가까이 나아가고 있다는 것을 기억해야 한다. 동시에 우리는 담대함과 확신과 확증을 가지고 은혜의 보좌 앞에 나아가야 한다. 우리는 언제나 이 두면을 기억하고 있어야 하는 것이다. '은혜의 보좌'이며 '의의 보좌'인 것이다.

그리스도 안에 있음으로써 받는 복들을 **'은혜의 왕 노릇'**이라는 말보다 더 잘 요약해 주는 표현은 없다. 은혜는 십자가를 통해 죄를 사해주며 죄인에게 의와 영생을 주기 때문이다. 은혜는 목마른 영혼을 만족시키고 굶주린 영혼을 좋은 것으로 채워준다. 은혜는 죄인들을 성화시키고 그들을 그리스도의 형상으로 만들어 간다. 은혜는 시작한 것을 완성하기로 결정하여 반항자들 마저도 계속 그 안에 남아있게 한다. 그리고 언젠가 사망을 멸하고 하나님 나라를 완성할 것이다. 그러므로 '은혜가 왕 노릇한다'는 진리를 확신할 때, 우리는 하나님의 보좌를 '은혜의 보좌'로 기억할 것이며, 자비를 받고 모든 필요한 은혜를 얻기 위해 담대하게 그 보좌에 나아갈 것이다. 그리고 이 모든 것은 **"우리 주 예수 그리스도로 말미암아"** 즉 **그 분의 죽으심과 부활로 말미암아** 이루어졌다.

예수는 그리스도 하나님의 아들. 예수님은 하나님의 아들 그리스도라는 증거로 죽은 자 가운데서 부활하셨다. 이 그리스도의 죽음과 부활의 복음으로 깊이 뿌리내리기를 기원한다.

이 그리스도의 죽음과 부활의 복음으로 깊이 뿌리내린 그리스도인들은 자신의 영광스러운 지위를 바로 깨달아야 한다. 죄와 사망의 왕국에서 종살이하던 지위에서 은혜의 왕국의 시민이 된 것이다. 우리는 예수 그리스도를 믿음으로 은혜가 왕 노릇 하는 나라에서 은혜로 살고 있다.

그러므로 우리 모두는 예수 그리스도의 의를 힘입고 은혜의 보좌 앞에 담대히 나가 은혜를 구할 것이다. 때를 따라 돕는 은혜를 구해 살 것이다. 무엇보다 모든 은혜의 총합인 성령의 충만을 구해 받을 것이다. 성령의 권능 받아 복음의 전도자로 살 것이다. 무엇보다도 삶의 현장에서 자신의 삶의 지위에 합당한 전도자의 삶을 찾아내야 한다. 기도하기 바란다. 성령의 충만을 받기 바란다.

제 17 장
성령충만의 내용(Ⅱ)

체질을 만들어라
복음체질
기도체질
성령충만체질
전도체질

1. 복음과 성령(Ⅰ)

  우리가 복음을 받는 순간, 곧 예수를 하나님의 아들 그리스도로 믿는 순간에 성령을 받는다. 신약성경에 따르면 그리스도께로 입문하는 것은 한 단계의 체험으로서, 그 단계에서 우리는 회개하고 믿고, 세례를 받으며, 죄의 용서와 성령의 선물을 둘 다 받고, 그 이후에는 내주하시는 성령의 권능에 의해 성숙한 그리스도인으로 자라간다.

  그러나 가톨릭은 입문의 첫 단계는 세례이며, 두 번째 단계는 사도들의 계승자로 간주되는 주교의 견진 성사로써 주교의 안수를 통해 성령이 주어진다고 믿는다. 한편 일부 오순절 교회도 카리스마적 교회들과 함께 역시 두 단계 입문을 가르치지만 가톨릭과는 좀 다르게 설명한다. 그들에게 있어 첫 번째 단계는 회심과 중생으로 되어 있으며, 두 번째 단계는 '성령 안에서의, 또는 성령의 세례'로써 그것은 종종 오순절 지도자의 안수와 결합되어 있다. 이러한 두 단계 입문의 근거는 사도행전 8장의 사마리아인들의 체험 등에서 보통 구하고 있다.

  우리는 사마리아인들의 체험이 실제로 두 단계에 걸쳐 일어났다는 것을 부인하지 않는다. 또한 우리에게는 한번 일어난 일이 다시 한번 일어날 수도 있다는 것—특히 환경이 비슷하다면—을 부인할 권리는 없다. 그러나 "성령을 받는 것이 회심과 세례 이후에 일어난 두 번째 경험이 되는 것이 하나님의 통상적인 목적은 아니다"는 것을 인정해야 한다. 왜냐하면 사마리아에서 일어나는 일은 사도들의 명백하고 일반적인 가르침에서 벗어나기 때문이다. **두 단계에 걸친 체험을 한 사마리아인들의 상황은 예외적인 것이었다. 우리는 믿는 그 순간에 죄 사함과 성령을 함께**

받는다. 심지어 방언 말함도 두 단계에 걸친 그리스도인의 체험의 일반적인 권리도 아니다. 다른 목적이 있었다. 성령이 없는 사람은 그리스도인이 아니다(롬 8:9). 사도행전은 일종의 과도기적인 현상을 기록한 경우가 많으며, 사도행전의 경험만 가지고 어떻게 성령을 받느냐는 원리적인 교리로 만들어서는 안 된다.

사도행전에 나타난 성령 받는 네 가지 경우를 각각 정리해보고자 한다.

1) 오순절 성령강림

¹오순절 날이 이미 이르매 저희가 다 같이 한 곳에 모였더니 ²홀연히 하늘로부터 급하고 강한 바람 같은 소리가 있어 그들이 앉은 온 집에 가득하며 ³불의 혀같이 갈라지는 것이 그들에게 보여 각 사람 위에 하나씩 임하여 있더니 ⁴저희가 다 성령의 충만함을 받고 성령이 말하게 하심을 따라 다른 언어들로 말하기를 시작하니라(행 2:1-4).

사도 베드로는 사도행전 2:14-21에서 구약선지자 요엘의 예언을 인용하여, 유대인들에게 요엘서 2장의 성취를 확인하였다. 예수님께서 마지막 날들 또는 메시아 시대를 여셨으며 이를 입증하는 최종적 증거가 성령의 부으심이라는 것은 신약 저자들 모두의 일치된 확신이었다.

오늘의 우리는 120명의 제자들이 기다려야 했던 것처럼 성령이 별도로 오시기를 기다릴 필요가 없다. 성령께서는 오순절 날 이미 오셨으며, 그의 교회를 결코 떠나신 적이 없기 때문이다. 베드로의 설교대로 "**너희**

가 회개하여 각각 예수 그리스도의 이름으로 세례를 받고 죄 사함을 받으라 그리하면 성령의 선물을 받으리니"(행2:38)라는 말씀대로 믿으면 된다. 두 단계의 체험이 아니다.

2) 사마리아 사람들의 성령 받음

¹⁴예루살렘에 있는 사도들이 사마리아도 하나님의 말씀을 받았다 함을 듣고 베드로와 요한을 보내매 ¹⁵그들이 내려가서 그들을 위하여 성령받기를 기도하니 ¹⁶이는 아직 한 사람에게도 성령 내리신 일이 없고 오직 주 예수의 이름으로 세례만 받을 뿐이더라 ¹⁷이에 두 사도가 저희에게 안수하매 성령을 받는지라(행 8:14-17).

두 단계 입문의 부당성은 신약성경 전체 교리에 위배됨을 서론에서 말한 바와 같다. 두 단계에 걸친 체험을 한 사마리아인들의 상황은 사도들의 안수와 함께 예외적인 경우였으며, 가톨릭 식으로건 오순절 식으로건 오늘날 우리를 위한 규범으로 받아들여서는 안 된다.

그러나 어떤 사람들은 사마리아인들이 경험한 첫 단계는 참된 회심이 결코 아니었으며, 단순히 지적 동의였다고 해석한다. 그러나 이 견해는 빌립의 사역이 축복된 것임을 말한 것을 보아 받아들이기 어렵다. 한편 칼빈은 "**사마리아 사람들은 그들에게 주어진 양자의 영을 받았으므로, 성령의 특수한 은사였다**"고 말한다. 다수의 개혁주의 주석가들은 그를 따르는 경향이 있다.

이런 칼빈의 설명보다는 **기독교 선교라는 역사적 전후 배경 안에서 해**

석 하는 것이, 신약성경의 나머지 부분과도 일치하는 유일한 설명으로 보인다. 한마디로 말하면 **초창기 교회의 분파에 대한 신적 거부권으로 보는 것이다.** 유대인들과 사마리아인 간의 지역적인 분열의 경향 때문에 베드로와 요한이 사마리아의 신자들을 교회로서 공식적으로 영접함이 필수였다.

성령의 선물이 늦게 주어진 것에 대한 가장 자연스러운 설명은 이것이 예루살렘 외부뿐만 아니라, 사마리아 내부에 선포된 첫 번째 경우였다는 것이다. 사마리아 사람들은 유대인들과 이방인들 중간에 걸쳐있는 일종의 중간점과도 같은 존재였다. 실로 사마리아 사람들의 회심은 마치 이방인들을 부르신 것의 첫 열매와도 같은 것이었다. 사마리아 사람들과 유대인들과의 불화는 오래 지속되어온 상태였다. 그런데 그들이 예루살렘에 있는 유대인들이 받은 복음 곧 하나님의 말씀을 받았다.

복음은 사마리아인들에게 환영을 받았지만, 사마리아 사람들은 유대인들에게 환영을 받을 것인가? 아니면 예수 그리스도 교회 안에는 유대 그리스도인들과 사마리아 그리스도인들이라는 분리된 파벌이 생기게 될 것인가? 그들이 그리스도를 분열시키거나 아니면 적어도 그들 스스로 새로운 별개의 교회를 구성할 위험이 존재 했다.

이러한 역사적 배경에 비추어 볼 때, 하나님께서 의도적으로 이 사마리아인 회심자들에게 성령을 주지 않고 계셨다는 것이 이치에 맞는다. 이러한 지연은 단지 일시적인 것으로, 사도들이 와서 빌립의 사마리아 복음 전도를 승인하고, 회심자들과 대등하게 구속받은 공동체에 합류하는 진실한 그리스도인임을 확인해 주는 공적인 표시를 줄 때까지만 필요한 것이었다. 차후로는 유대인들과 사마리아인들은 아무런 구별 없이 기독교 공동체 내에 들어오게 되었다. 한 성령이 계셨기 때문에 한 몸이 되었다.

오늘날에는 더 이상 사마리아인도, 또 그리스도의 사도들도 없다. **오늘날 우리는 우리가 믿는 그 순간에 죄 사함과 성령을 함께 받는다.** 기도하면 모든 성령 받은 그리스도인은 "**우리 구주 예수 그리스도로 말미암아 우리에게 그 성령을 풍성히 부어 주신다**"(딛 3:6).

예수는 그리스도 하나님의 아들. 예수님은 하나님의 아들 그리스도라는 증거로 죽은 자 가운데서 부활하셨다. 부활하신 예수님은 지금 성령으로 우리 가운데서 역사하신다. 그러므로 성령충만을 받으라고 명령하셨다. 우리 모두가 성령충만을 받도록 기도하여 권능 받고 복음전도자로서 축복의 삶을 살 것이다. 즉시 기도하기 바란다. 모든 복음 받은 그리스도인은 예외 없이 성령을 선물로 받았다. 성령님의 은혜와 은사가 충만히 임하도록 기도하고 기도할 것이다.

개혁주의 교회신자들 가운데 중생 이후 성령세례라는 별도의 체험을 주장한 오순절주의 신자들로 인하여 혼란을 일으키는 자들이 있다. 그러나 우리는 믿는 순간에 죄 사함과 성령을 함께 받는다. 사마리아 사람들의 성령 받음은 칼빈의 주장처럼 성령의 특수한 은사로나, 초창기 교회의 분파에 대한 신적 거부권으로 보는 것이 합당하다. 그러므로 모든 복음 받은 그리스도인은 성령충만을 받도록 기도하고 기도할 것이다. 성령의 권능 받아 전도자로서의 삶을 살 것이다. 기도하기 바란다.

2. 복음과 성령(Ⅱ)

우리가 예수를 하나님의 아들 그리스도로 믿는 순간에 죄 사함과 성령을 함께 받는다. 신약성경에 따르면 그리스도께로 입문하는 것은 한 단계의 체험으로서, 그 단계에서 우리는 회개하고, 믿고, 세례를 받으며, 죄의 용서와 성령의 선물을 둘 다 받고, 그 이후에는 내주하시는 성령의 권능에 의해 성숙한 그리스도인으로 자라간다.

그러나 오순절교회는 두 단계 입문을 가르친다. 그들은 첫 번째 단계로 회심과 중생을 말하고, 두 번째 단계로 성령세례(많은 경우 그 표적으로써 '방언' 말함)를 말한다. 그 예로 행 8장의 사마리아 사람들의 예(앞서 정리한 바 있다)와 사도행전 10장의 고넬료와 그 가정의 예, 그리고 사도행전 19장의 에베소교회의 방언 말함을 든다.

우리는 사도행전 8장의 사마리아인들의 성령 받음은 기독교 선교라는 역사적 전후 배경 안에서 해석한 바 있다. 초창기 교회의 분파에 대한 신적 거부권으로 이해했다. 성령보류의 가장 중요한 측면은 분열의 방지였고, 유대인들과 사마리아인 간의 지역적인 분열 경향 때문이었다. 이후로는 유대인들과 사마리아인들은 아무런 구별 없이 기독교 공동체 내에 들어오게 되었다. 한 성령이 계셨기 때문에 한 몸이 되었다.

그러면 사도행전 10장의 고넬료가 성령 받는 것과 19장의 에베소교회에서 성령 받고 방언·예언하는 것은 어떻게 설명되는가? 결론은 오늘날 우리는 예수 그리스도를 믿는 순간에 죄 사함과 성령을 함께 받는다는 것이다.

1) 고넬료와 그의 가족들의 성령 받음과 방언 말함

⁴²우리에게 명하사 백성에게 전도하되 하나님이 살아 있는 자와 죽은 자의 재판장으로 정하신 자가 곧 이 사람인 것을 증언하게 하셨고 ⁴³그에 대하여 모든 선지자도 증언하되 그를 믿는 사람들이 다 그의 이름을 힘입어 죄 사함을 받는다 하였느니라 ⁴⁴베드로가 이 말을 할 때에 성령이 말씀 듣는 모든 사람에게 내려오시니 ⁴⁵베드로와 함께 온 할례 받은 신자들이 이방인들에게도 성령 부어 주심으로 말미암아 놀라니 ⁴⁶이는 방언을 말하며 하나님 높임을 들음이러라 ⁴⁷이에 베드로가 이르되 이 사람들이 우리와 같이 성령을 받았으니 누가 능히 물로 세례 베풂을 금하리요 하고(행 10:42-47).

이방인들도 하나님의 말씀 곧 예수 그리스도 복음을 받는 데에 관해서 유대인들은 편견을 가지고 있었다. 사도행전 11:1-3에 보면 "**유대에 있는 사도들과 형제들이 이방인들도 하나님 말씀을 받았다 함을 들었더니 베드로가 예루살렘에 올라갔을 때에 할례자들이 비난하여 이르되 네가 무할례자의 집에 들어가 함께 먹었다 하니**"라고 하면서 베드로의 이방인 복음전도를 비난하였다. 이때 베드로는 하나님께서 시키신 일이었음을 말하고, 특히 이방인들에게 예수의 죽음과 부활, 그리고 심판주 되신 그리스도와 죄 사함의 복음을 전할 때에 이방인들도 자기들과 똑같이 성령을 받고 방언을 말하는 것을 증거하였었다. 베드로의 이 말을 듣고서야 할례 받은 예루살렘교회 그리스도인들은 "**이방인들에게도 생명을 얻는 회개를 주셨도다**"(행 11:18)고 인정하였다. 유대인들의 이방인에 대한 인종적 편견을 극복시키기 위해서는 방언 말함이 꼭 필요하였다.

2) 에베소 교인들의 성령 받음과 방언 말함

¹아볼로가 고린도에 있을 때에 바울이 윗지방으로 다녀 에베소에 와서 어떤 제자들을 만나 ²이르되 너희가 믿을 때에 성령을 받았느냐 이르되 아니라 우리는 성령이 계심도 듣지 못하였노라 ³바울이 이르되 그러면 너희가 무슨 세례를 받았느냐 대답하되 요한의 세례니라 ⁴바울이 이르되 요한이 회개의 세례를 베풀며 백성에게 말하되 내 뒤에 오시는 이를 믿으라 하였으니 이는 곧 예수라 하거늘 ⁵그들이 듣고 주 예수의 이름으로 세례를 받으니 ⁶바울이 그들에게 안수하매 성령이 그들에게 임하시므로 방언도 하고 예언도 하니 ⁷모두 열두 사람쯤 되니라(행 19:1-7).

이 사건은 일부 오순절파와 은사주의 집단의 증거본문이 된다. 기독교의 입문은 두 단계를 거치는 것으로 즉 믿음과 회심으로 시작해서 그 후에 성령을 받는 일이 뒤따른다고 주장되어 왔다. 그러나 그런 주장은 잘못이다.

이에 대한 반론은 "이 제자들이 결코 그리스도인들이 아니었다"고 한다. 비록 그들이 예수님에 대한 세례요한의 증거를 들은 자이나 예수님에 대한 지식이 빈약한 자들이었다. 그들은 오순절에 대해서 모르고 있었다. 그들은 여전히 구약시대에 살고 있었다. 그들은 예수님에 의해 새로운 시대가 도래 했다는 것도, 그 분을 믿고 그 분의 이름으로 세례받은 **사람들은 새 시대의 독특한 축복인 내주하시는 성령을 받는다**는 것도 몰랐다. 사도가 손은 얹은 것은 방언을 말하는 것과 예언하는 것과 함께, 사마리아에서처럼 에베소에만 특별히 해당된 것으로써, 특정한 집단이 성령에 의해 그리스도께 속하게 되었음을 가시적으로, 또 공개적으로 보여주기 위한 것이었다. 신약에서는 이러한 것들을 일반화시키지 않고 있다. 오늘날 이런 제자들은 더 이상 없다.

예수는 그리스도 하나님의 아들. 이 복음으로 우리 인생 모든 문제가 처리되고 해답을 얻는다. 이 복음으로 우리 모두는 깊이 뿌리내리기를 소원한다.

모든 복음 받은 그리스도인은 당연히 성령을 선물로 받았다. 누구든지 그리스도의 영이 없으면 그리스도의 사람이 아니다(롬 8:9). 구약시대부터 메시야(그리스도) 시대가 오면 성령이 부어질 것이 예언되어 있었다. 신약시대의 특징은 성령과 진리의 시대인 것이다. 우리는 신랑되신 그리스도를 성령의 권능으로가 아니면 섬길 수가 없다(롬 7:6).

그러므로 복음 받은 여러분은 잘못된 교리에 오도되지 말고, 당연히 성령의 충만을 받도록 기도할 것이다. 기도한 만큼 성령충만을 받게 되어 있다. 성령충만은 믿음으로 받는다. 복음으로 뿌리내린 자의 특권이다. 동시에 의무이기도 하다. 기도하여 성령충만을 받으라. 성령의 권능 받아 그리스도의 증인, 복음전도자로의 축복의 삶을 살기 바란다. 즉시 기도하고 기도하라.

3. 생수의 강, 성령

물은 히브리에서는 살아 있는 것으로 칭하여진다. 그 이유는 그 물이 계속 움직이기 때문이다. 성령의 은혜와 위로는 생명수(이 말은 곧 흐르고 있는 물을 의미한다)와 비교된다. 왜냐하면 성령의 은혜와 위로는 영적 생활을 소생시키는 활력적인 원리들이고 영원한 삶의 전조이며 시작이기 때문이다.

1) 에덴동산

[10]강이 에덴에서 흘러 나와 동산을 적시고 거기서부터 갈라져 네 근원이 되었으니 [11]첫째의 이름은 비손이라 금이 있는 하윌라 온 땅을 둘렀으며 [12]그 땅의 금은 순금이요 그 곳에는 베델리엄과 호마노도 있으며 [13]둘째 강의 이름은 기혼이라 구스 온 땅을 둘렀고 [14]셋째 강의 이름은 힛데겔이라 앗수르 동쪽으로 흘렀으며 넷째 강은 유브라데더라(창 2:10-14).

에덴동산에는 4개의 강들이 흘렀다. 성경본문에서 '강'이 문장 첫 머리에 나와 강조되었다. 이것이 일종의 의인화 표현이다. 그것은 궁극적으로는 성령님의 역사를 상징하는 것이다. 에덴동산에 있는 네 줄기의 강들은 에덴동산을 상쾌하게 하고, 열매를 풍성하게 하여 주었다. 소돔 땅은 **"온 땅에 물이 넉넉하니 여호와의 동산 같았다"**(창 13:10)고 하였다. 하나님은 당신이 심은 나무들에게 물을 넉넉히 대어 주신다. 하늘의 낙원에는 이것들 보다 훨씬 좋은 강이 흐르고 있다. 이것은 생명의 강인데,

에덴에서 발원하는 것이 아니고, 하나님과 어린 양의 보좌로부터 흘러나와서(계 22:1) 우리 하나님의 성을 기쁘게 하는 강이다(시 46:4).

2) 제 2의 에덴동산, 가나안 땅

네 하나님 여호와께서 너를 아름다운 땅에 이르게 하시나니 그 곳은 골짜기든지 산지든지 시내와 분천과 샘이 흐르고(신 8:7).

이스라엘 백성들이 앞으로 들어가 차지할 땅은 "여호와의 동산 에덴과 같이 물이 풍성한 곳"이다. 그 땅은 **"골짜기든지 산지든지 시내와 분천과 샘이 흐르는"** 곳이었다. 그리하여 그 땅은 풍성한 소산을 가져다주는 땅이었다. 아마 거기에는 가나안 사람들이 우물을 발견하고 또 팠기 때문에 아브라함의 때보다 더 많은 물이 있었을 것이다. 모세가 이렇게 가나한 땅의 물이 풍성함을 기록한 것은 장차 올 더 아름다운 나라의 상징을 보았기 때문이었을 것으로 본다. 즉 예수 그리스도 복음 교회는 신약성서의 가나안이며, 그 곳에는 성령의 은사들과 은혜가 샘물처럼 샘솟는 곳인 것이다.

3) 신약시대, 생수의 강, 성령

[37]명절 끝 날 곧 큰 날에 예수께서 서서 외쳐 이르시되 누구든지 목마르거든 내게로 와서 마시라 [38]나를 믿는 자는 성경에 이름과 같이 그 배에서 생수의 강이 흘러나오리라 하시니 [39]이는 그를 믿는 자의 받을 성령을 가리

켜 말씀하신 것이라 (예수께서 아직 영광을 받지 않으셨으므로 성령이 아직 그 들에게 계시지 아니하시더라)(요 7:37-39).

구약시대 성령님은 완전히 지배적인 권위로 임하시지 않았다. 곧 성령님은 아직 이 땅에 공적으로 모습을 드러내지 않으셨다는 것이다. 모든 시대의 모든 신자들이 성령에 의하여 성화되었고 위로를 받았으나, 그 당시 "영의 직분"(고후3:8)은 완전히 나타나지 않은 상태였다. 수많은 그의 이적적인 은사와 함께 성령을 부어주시는 역사가 일어나지 않는 상태였다는 것이다. 그러나 예수님께서 영광을 받으실 때 성령은 임하게 될 것이다. 곧 예수님의 죽음과 부활을 통한 구원의 경륜이 이루어지면, 성령님은 은혜와 은사를 부어주시는 것이다.

본문은 생수의 강을 성령으로 표현한다. 신약시대에는 넘쳐흐르는 생명수가 있다. 모세를 믿었던 이스라엘 백성들은 바위에서 흘러나온 물을 마셨다. 그러나 신약신자들은 반석 되신 그리스도에게서 생명수의 강물을 마신다. 생명수의 강은 풍성함과 지속성을 의미하는 말이다. 은혜의 주인공 그리스도 안에는 은혜가 늘 충만해 있다.

그리스도인은 언제나 목마르고 언제나 마셔야 하는 영적 갈증환자다. 그래서 그리스도인은 계속해서 성령으로 충만하기 위해서 계속해서 주 예수께로 와야 한다.

4) 영원시대(신천 신지 시대). 풍성한 생명수의 강

¹또 저가 수정같이 맑은 생명수의 강을 내게 보이니 하나님과 및 어린 양

의 보좌로부터 나와서 ²길 가운데로 흐르더라 강 좌우에 생명나무가 있어 열두 가지 열매를 맺되 달마다 그 열매를 맺고 그 나무 잎사귀들은 만국을 치료하기 위하여 있더라(계 22:1-2).

이 말씀은 창세기 2:10에 기록된 에덴동산에 있는 강을 연상시킨다. 인간의 죄로 인하여 잃어버렸던 것을, 말일에 하나님께서 더 좋게 회복시킨다. 구약시대 멀리서 내어다 보던 풍성한 생명수가 이 세계에 공급된다.

"생명수의 강"이란 말은 그것이 늘 흐르는 강이란 뜻도 가지면서, 생명을 주는 강이란 뜻이다. "하나님과 어린양의 보좌로부터" 나온다고 했으니, 그것은 하나님과 예수 그리스도께서 주시는 모든 내세 생명의 무궁한 생명을 표상한다. 이는 **요 7:39에 의하여 성령을 상징한다**고 볼 수도 있다. **어쨌든 생명수 강이 상징하는 생명은, 성령과 및 예수님의 나타나심으로 말미암아 신자들의 영혼과 몸을 다 함께 영생케 해주는 것이다.**

모든 그리스도인은 하나님 아버지께 나아와 "우리 구주 예수 그리스도로 말미암아 우리에게 그 성령을 풍성히 부어주소서"(딛3:6)라고 항상 기도하며 살아야 생명수의 강물을 마시며 살 수 있다. 하나님께서 우리를 살려주시는 생명의 은혜는 쉬지 않고 주어지는 것이므로, 신자가 한번의 생명수를 마시며 만족하는 것은 결국 생명 없는 자가 되고 만다. 그러므로 **"때를 따라 돕는 은혜를 얻기 위하여"** 끊임없이 성령 충만의 은혜를 구하고 또 구할 것이다.

예수는 그리스도 하나님의 아들. 이 복음으로 우리 인생 모든 문제가 처리되고 해답을 얻는다. 이 복음으로 깊이 뿌리를 내릴 것이다. 이 복음으로 깊이 뿌리를 내릴 때 성령이 부어지게 되어 있다.

성경은 성령의 은혜와 위로를 생명수로 비교하여 표현한다. 성령의 은혜와 위로는 영적 생활을 소생시키는 활력적인 원리들이고 영원한 삶의 전조이며 시작이기 때문이다. 그러므로 예수 그리스도의 오심으로 말미암아 부어주신 성령을 모든 그리스도인들은 충분히 받아 누려야 한다. 모든 그리스도인들은 목마르고, 언제나 마셔야 하는 영적 갈증환자다. 모든 그리스도인들은 계속해서 성령으로 충만하기 위해서 계속해서 주 예수께 나와야 한다.

예수 그리스도로 말미암아 성령을 풍성히 부어 주시도록 기도하라. 기도하고 기도하라. 나름대로 성령충만의 비밀을 갖고 기도할 것이다. 그리하여 성령의 권능 받아 그리스도의 증인으로 살 것이다. 복음전도는 복음 받은 그리스도인의 삶의 목표요 방향이다. 모든 그리스도인은 삶의 현장에서 자신의 지위와 형편에 합당한 전도자의 삶을 찾아내어 전도자의 삶을 살 것이다. 기도하고 기도하기 바란다.

4. 성령충만의 요약(Ⅰ)

⁹기록된 바 하나님이 자기를 사랑하는 자들을 위하여 예비하신 모든 것은 눈으로 보지 못하고 귀로 듣지 못하고 사람의 마음으로 생각하지도 못하였다 함과 같으니라 ¹⁰오직 하나님이 성령으로 이것을 우리에게 보이셨으니 성령은 모든 것 곧 하나님의 깊은 것까지도 통달하시느니라 ¹¹사람의 일을 사람의 속에 있는 영 외에 누가 알리요 이와 같이 하나님의 일도 하나님의 영 외에는 아무도 알지 못하느니라 ¹²우리가 세상의 영을 받지 아니하고 오직 하나님으로부터 온 영을 받았으니 이는 우리로 하여금 하나님께서 우리에게 은혜로 주신 것들을 알게 하려 하심이라 ¹³우리가 이것을 말하거니와 사람의 지혜가 가르친 말로 아니하고 오직 성령께서 가르치신 것으로 하니 영적인 일은 영적인 것으로 분별하느니라 ¹⁴육에 속한 사람은 하나님의 성령의 일들을 받지 아니하나니 이는 그것들이 그에게는 어리석게 보임이요, 또 그는 그것들을 알 수도 없나니 그러한 일은 영적으로 분별되기 때문이라(고전 2:9-14).

1) **영적인 지식은 어떤 교과서에 의하여 전달되는 것이 아니라 성령의 특별한 역사에 의해 알게 된다.** 아무도 하나님과 우리 주 예수 그리스도에 관해서 알 수 없고, 오직 하나님의 영에 의해서만 알 수 있다. 특별히 성령의 조명을 받지 아니하고는 하나님의 아들 예수 그리스도의 구원에 대해 이해하지 못한다.

2) **기독교는 매우 이성적인 종교다.** 왜냐하면 하나님이 이성적인 분이시기 때문이다. 의심할 것 없이 기독교에는 이성을 밝게 해주는 요소들이 있다. **인간의 마음을 회복시키는 은혜로운 역사가 있는 종교가 기독교이다. 인간의 마음은 말씀 속에서 성령에 의해 회복된다.** 성령은 인간의 마음을 밝게 해주고 영적인 신비함을 분명히 알게 해준다. 성령에 의해 사람들은 빛을 보고 선함과 유익함의 필요성을 경험하며, 가장 선한 것과 최고의 목적을 기대한다. 그래서 우리는 기독교가 얼마나 신비한 종교인가 하는 것을 합리적으로 알기를 원하는데, 먼저 우리는 인간이 부패했다는 것을 알아야 한다. 따라서 **우리의 마음이 먼저 성령으로 회복되어야 한다.** 그래야 영적인 것을 이해할 수 있다. 성령의 사역은 이성의 훈련으로는 알 수 없다. **성령의 사역에 대해 함부로 말하는 것을 조심해야 한다.**

3) **성령에 대한 교리는 복음진리들 가운데 두 번째로 큰 제목이다.** 하나님의 영광 가운데서 선한 심령들이 중요하게 생각하는 것이 바로 이 주제이다. 하나님은 타락한 인간들이 위대하고 영광스러운 하나님의 사역을 알 때에, 죄인들을 구원하셔서 은혜의 영광을 찬미하게 하신다. 하나님은 이를 위해 두 가지 방법을 사용하셔서 인간을 구원하신다. 하나는 사람들에게 그의 아들을 주신 것이고, 다른 하나는 그들에게 성령을 주신 것이다. 여기서 우리는 삼위일체 하나님께서 영광을 받으시는 증거를 알 수 있는 것이다. **"하나님께 영광을 돌림"이 하나님의 사역 중 최대의 목적이다.** 여기에서 성부의 사랑과 은혜와 지혜를 알 수 있고, 성자의 사랑과 은혜와 비하의 모습을 알 수 있으며, 구원의 계획과 성취의 신

비를 알 수 있다. 그리고 모든 심령들에게 영광스럽게 적용하시는 성령의 사랑과 은혜와 능력을 알 수 있다.

죄가 처음으로 세상에 들어온 이후, 하나님께서는 구원의 약속을 두 가지로 하셨는데, 그 하나는 우리와 같은 모습을 가지신 그의 아들을 우리에게 보내시어 우리를 위해 세상에서 고난을 당하게 하시고, 다른 하나는 그의 영을 세상에 주셔서 그의 아들이 성육신하여 성부께 순종하고 고난당한 결과,이것들이 우리에게 유효하도록 하신 것이다. 구약성경의 최대의 약속과 믿음의 목적과 신자들의 소망은 몸을 입으시고 하나님의 아들이 오시는 것이었고, 마침내 이 약속이 성취 된 후 신약성경의 최대의 약속은 성령께서 오신다는 것이다.

우리 주 예수 그리스도께서 세상을 떠나실 때가 가까웠을 때, 그는 제자들에게 성령을 보내겠다는 약속을 하셨다. 이때 제자들의 마음은 근심으로 가득하였다(요 16:5-6). 사기가 저하된 제자들에게 예수님은 이러한 약속을 하셨다. **"내가 떠나가는 것이 너희에게 유익이라"**(요 16:7). 예수님께서 떠나시면 보혜사를 제자들에게 보내겠다고 하신 것이다. 예수님은 제자들에게 마지막으로 말씀하셨다. **"내가 아버지께 구하겠으니 그가 또 다른 보혜사를 너희에게 주사 영원토록 너희와 함께 있게 하리니 그는 진리의 영이라 세상은 능히 그를 받지 못하나니 이는 그를 보지도 못하고 알지도 못함이라 그러나 너희는 그를 아나니 그는 너희와 함께 거하심이요 또 너희 속에 계시겠음이라 내가 너희를 고아와 같이 버려두지 아니하고 너희에게로 오리라"**(요 14:16-18). 또한 이와 같이 성령에 관해서 말씀하셨다. **"내가 아직 너희와 함께 있어서 이 말을 너희에게 하였거니와 보혜사 곧 아버지께서 내 이름으로 보내실 성령 그가 너희에**

게 모든 것을 가르치고 내가 너희에게 말한 모든 것을 생각나게 하리라" (요 14:25-26).

또 불안해하는 제자들에게 말씀하셨다. "지금 내가 나를 보내신 이에게로 가는데 너희 중에서 나더러 어디로 가는지 묻는 자가 없고 도리어 내가 이 말을 하므로 너희 마음에 근심이 가득하였도다 그러나 내가 너희에게 실상을 말하노니 내가 떠나가는 것이 너희에게 유익이라 내가 떠나가지 아니하면 보혜사가 너희에게로 오시지 아니할 것이요 가면 내가 그를 너희에게로 보내리니 그가 와서 죄에 대하여, 의에 대하여, 심판에 대하여 세상을 책망하시리라 죄에 대하여라 함은 그들이 나를 믿지 아니함이요 의에 대하여라 함은 내가 아버지께로 가니 너희가 다시 나를 보지 못함이요 심판에 대하여라 함은 이 세상 임금이 심판을 받았음이라 내가 아직도 너희에게 이를 것이 많으나 지금은 너희가 감당하지 못하리라 그러나 진리의 성령이 오시면 그가 너희를 모든 진리 가운데로 인도하시리니 그가 스스로 말하지 않고 오직 들은 것을 말하며 장래 일을 너희에게 알리시리라 그가 내 영광을 나타내리니 내 것을 가지고 너희에게 **알리시겠음이라**"(요 16:5-14).

이것은 예수님이 슬픔에 잠겨 있는 제자들에게 유언으로 후세에 남기신 매우 귀중한 유산이다. 그렇기 때문에 예수님은 반복하여 말씀하시고 중요성을 일깨워 주신 것이다. 예수님은 약속하신 성령을 통해서, **"내가 세상 끝날까지 너희와 항상 함께 있으리라"**(마 28:20)는 약속과 **"두세 사람이 내 이름으로 모인 곳에는 나도 그들 중에 있느니라"**(마 18:20)는 약속을 현재 성취하고 계신다.

예수는 그리스도 하나님의 아들. 예수님은 하나님의 아들 그리스도시라는 증거로 죽은 자 가운데서 부활하셨다. 부활하신 예수님은 하나님 보좌 우편에 앉아 그리스도로 통치하시면서 우리에게 성령을 보내주셨다. 예수님은 지금 성령을 통해서 우리와 함께 하신다. 그러므로 우리에게 성령충만을 받으라고 명령하신다.

성령충만 받아 성령의 권능으로 땅 끝까지 증인이 되라고 명하신다. 복음전도자로서 살라고 명하시는 것이다. 그러므로 우리 모두는 즉시 성령충만을 받도록 기도할 것이다. 성령충만 받아 성령의 권능으로 삶의 현장에서 전도자로서의 삶을 살 것이다. 가정주부는 가정주부다운, 회사원은 회사원다운, 기업가는 기업가다운, 농부는 농부다운 전도자의 삶을 사는 것이다. 기도하고 기도하기 바란다.

5. 성령충만의 요약(Ⅱ)

⁶그가 또한 우리를 새 언약의 일꾼 되기에 만족하게 하셨으니 율법 조문으로 하지 아니하고 오직 영으로 함이니 율법 조문은 죽이는 것이요 영은 살리는 것이니라 ⁷돌에 써서 새긴 죽게 하는 율법 조문의 직분도 영광이 있어 이스라엘 자손들은 모세의 얼굴의 없어질 영광 때문에도 그 얼굴을 주목하지 못하였거든 ⁸하물며 영의 직분은 더욱 영광이 있지 아니하겠느냐 (고후 3:6-8).

여호와께서 이르시되 내가 그들과 세운 나의 언약이 이러하니 곧 네 위에 있는 나의 영과 네 입에 둔 나의 말이 이제부터 영원하도록 네 입에서와 네 후손의 입에서와 네 후손의 후손의 입에서 떠나지 아니하리라 하시니라 여호와의 말씀이니라(사 59:21).

1) 복음을 전파하는 일이나 성령의 위대한 사역은 그 목적에 있어서는 동일한 것이다. 그렇게 때문에 복음 자체를 '성령의 직무'라고도 한다.

성령의 사역이란 성령의 효과적인 직무이며 은사(gift)와 은혜(graces)를 사람들에게 나누어주어 성령과 사람이 교통하게 하는 것을 말한다. 이것은 복음에 영광을 돌리는 일이며 복음을 유익하고 효과 있게 하는 일이다. 복음에서 만일 영이 떠날 수 있는가? 복음에서 영이 떠나간다는 생각은 무지와 불신의 소치에서 나온 말이다.

하나님의 언약이란 **"네 위에 있는 나의 영과 네 입에 둔 나의 말이 이제부터 영원하도록 네 입에서와 네 후손의 입에서와 네 후손의 후손의 입**

에서 떠나지 아니하리라 하시니라 여호와의 말씀이니라"(사 59:21)고 하신 하나님의 말씀이다. 그러므로 우리가 복음을 전할 때에는 성령의 연합적인 약속을 기억하면서 효과적으로 사역에 참여하여야 한다.

2) 성령이 없는 사람의 상태는 그리스도가 계시지 않는 사람이며 하나님이 내어버린 사람이다. 복음을 믿는 척하는 사람들이 있다. 그들은 성령을 모셔 들이기에는 아직도 거리가 먼 사람들이다. 예수 그리스도께서 약속하신 성령은 주님께서 교회를 세우시기 위하여 남겨주신 기본적인 약속이다. 또한 이 약속은 예수님이 몸으로 이 세상에 계속해서 계시기를 소원하는 성도들을 지지하시기 위한 것이며, 동시에 주님의 사역을 효과적으로 중재, 조정하기 위하여 주신 것이다. 곧 복음사역이다.

사람들은 성령을 모른다. 그래서 그들은 성령 없이 기도하려고 하며, 성령 없이 가르치며, 성령 없이 하나님께도 가며, 성령 없이 모든 일을 수행하며 '모든 일이 잘 되었다!'고 소리친다. 그리고 이러한 사람들을 귀중한 그리스도인이라고 한다.

3) 하나님의 아들 예수 그리스도의 이름 위에 그리스도 교회의 기초가 세워졌다(마 16:18-19). 하나님의 아들 예수 그리스도는 우리가 아버지를 영화롭게 하는 것처럼 영화롭게 높임을 받으셔야 한다. 그러나 이제는 그리스도께서 아버지에게로 올라가셨다. 그리고 그의 모든 일을 성령께 다 맡기셨다(요 16:7 이하). 이러한 계획에 의하여 성령께서는 교회 안에서 찬양을 받으시게 되었다. **지금 교회의 의무는 하나님의 영을 높이고 아버지의 이름과 아들의 이름을 높이는 것이다.**

성령의 사역을 제한하는 것은 그리스도께서 약속하신 진리를 거부하는 것이요 교회를 쓰러뜨리는 행위다. 아무도 성령에 의하지 아니하고는 그리스도를 믿을 수 없고 순종할 수 없으며, 하나님을 섬길 수 없기 때문이다. 그러므로 **만일 성령의 교통이 중단된다면 믿음도 끝나고 기독교도 역시 끝장이 나고 말 것이다.**

4) 사람의 마음속에 있는 죄를 자각하게 하고 경건한 슬픔과 겸손케 하는 일은 성령께서 하시는 일이다. 성령께서는 중생케 하시고, 성화시키시고, 은혜를 공급하시고, 기도를 하게 하시고, 세상에 복음이 전파되게 하신다. 사람은 큰 평안, 위로, 확신, 거룩한 영향을 성령에 의해 받고 배운다. 사람들은 이러한 것들을 경험을 통해 알게 된다. 그래서 사람들은 신성한 확신을 하게 된다. 사람들의 마음에 유효적인 성령의 사역이 없다면 "사람들은 하나님 나라에 들어가지 못한다." 참되게 복음을 받은 그리스도인들은 이 말씀을 거룩한 진리로 받아들인다. 성령님의 역사가 없이는 그리스도인의 삶은 끝장이 나는 것이다. 그러나 **반면에 모든 성령님의 역사는 그 역사하는 기초가 예수 그리스도 복음인 것을 반드시 알아야 한다.** 성령님은 오로지 복음을 통해서만 사람들에게 역사한다. 그래서 **우리가 계속해서 성령으로 충만하기 위해서는 계속해서 예수께 나가야 한다.**

예수는 그리스도 하나님의 아들. 예수님은 하나님의 아들 그리스도라는 증거로 죽은 자 가운데서 부활하셨다. 부활하신 예수님은 지금 성령으로 우리 가운데서 역사하신다. 그러므로 성령충만을 받으라고 명령하셨다. 우리 모두가 성령충만을 받도록 기도하여 권능 받고 복음전도자로서 축복의 삶을 살 것이다. 즉시 기도하기 바란다.

성령충만은 믿음으로 받는다. 기도하고 기도하라. 기도한 만큼 성령님의 은혜와 은사가 임하게 되어있다. 특별한 육신적 감각의 체험을 기대하지 말고 기도하라. 성령님은 영이시기 때문에 원리적으로 육체의 감각적 체험을 주시는 분이 아니다. 주실 수도 있으나, 없다고 이상하게 여길 필요가 없다.

성령충만의 보편적인 표지는 믿음충만이요, 예수충만이며, 진리충만이고, 거룩충만이며, 사랑충만이다. 기도하여 성령충만을 받으라. 성령의 권능으로 전도자의 삶을 살 것이다. 기도하고 기도하기 바란다.

6. 성령충만의 요약(Ⅲ) : 성부 하나님에 의한 성령의 통치(Ⅰ)

너희 하늘 아버지께서 구하는 자에게 성령을 주시지 않겠느냐(눅 11:13).

내가 아버지께 구하겠으니 그가 또 다른 보혜사를 너희에게 주사 영원토록 너희와 함께 있게 하리니(요 14:16).

너희에게 성령을 주시고 너희 가운데서 능력을 행하시는 이의 일이 율법의 행위에서냐 혹은 듣고 믿음에서냐(갈 3:5).

보라 내가 나의 영을 너희에게 부어 주며(잠 1:23).

우리 구주 예수 그리스도로 말미암아 우리에게 그 성령을 풍성히 부어 주사(딛 3:6).

성령을 주시는 성부 하나님의 사역은 다섯 가지로 나눌 수 있다. ① 성령을 주심. ② 성령을 보내심. ③ 성령을 다스리심. ④ 성령을 부어주심. ⑤ 성령을 우리들에게 두심이다.

1) 하나님은 성령을 주신다.

"너희 하늘 아버지께서 구하는 자에게 성령을 주시지 않겠느냐"(눅 11:13), "그가 우리에게 성령을 주셨다"(요일 3:24, 14:16, 26 등). 이렇게 성령을 주시는 것은 하나님의 권위와 자유와 관대함을 나타낸다. 이것이 권위를 나타낸다는 것은 무엇이든지 사람에게 마음대로 주신다는 데서 그 의미를 찾아 볼 수 있다. 누구도 자신의 것이 아닌 한 아무것도 줄 수 없다. 성령을 주심은 하나님의 선물이다. 신자들은 성령을 받는다(요 7:39).

선물을 받은 자는 큰 특권이고 유익이다. 그러나 실제적으로 어떤 사람들은 특별한 목적을 위해서는 성령을 받았으나 결국에 가서 그들의 영혼에는 이익이 없는 경우도 있었다. 그들은 그들의 인격과 은사를 성화시킬 수 있는 하나님의 은혜는 없이, 단지 하나님의 은사만을 받았다. 그들은 이전에 선지자 노릇을 한 자들이었고, 귀신을 쫓아낸 자들이었다. 그러나 그들은 계속해서 불법을 자행하는 자들이었다. 그들은 마지막 날에 주님으로부터 거절을 받을 자들이다(마 7:22-23).

그러나 본질상 선하지 않으며, 좋은 목적도 없고, 받는 자의 유익에 적합하지 않은 성령의 선물이란 없다. 왜냐하면 비록 몇몇 은사들의 직접적인 목적은 받는 자의 영적 유익이 다른 이들의 교화에 있다 할지라도, 은사 자체의 장점과 은사의 사용은 은사를 받은 자에게 큰 유익을 줄 수 있기 때문이다. 비록 은사는 은혜가 아니지만 은사는 은혜를 일으키고 활동시키며 활력을 일으킨다. 그 결과 은혜는 강화되어지고 증가되어진다. 그리고 은사는 영광을 드러나게 한다. 왜냐하면 어떤 이들이 지혜롭게 되고 효과적인 일군이 되는 것은 은사로 말미암기 때문이다. 그들은 "많은 사람을 옳은 데로 돌아오게 한 자는 궁창의 빛과 같이 빛날 것이며 별과 같이 영원토록 빛나리라" (단 12:3). 그러나 사람들의 불신과 감사치 않음과 정욕은 아무리 선한 것이라도 망쳐 놓을 수 있게 된다. 일반적으로 성령을 받는 것은 헤아릴 수 없을 만큼의 특권이요, 이익인 것이다.

2) 하나님은 성령을 보내신다.

"내가 아버지께로부터 너희에게 보낼 보혜사 곧 아버지께로부터 나오시는 진리의 성령이 오실 때에 그가 나를 증언하실 것이요"(요 15:26)라고 예수님은 말씀하셨다. "성령을 보내심"은 "성령을 주심"과 동일한 권위와 자유와 관대함을 나타내는 것이다.

"성령을 보내심"은 하나님이 성령을 주시고, 성령을 보내신 사람들 안에서 또한 이러한 사람들에 대해서만 하나님의 권능과 은혜의 축복된 결과들을 낳게 할 수 있다고 암시하는 것이다. 특별한 사역과 목적을 위해서 하나님에 의해 성령이 보내지기 전에는 성령은 사람들 안에 혹은 사람들과 함께 있지 않는다.

한편 "성령을 보내신다"는 말은 그의 은사들과 은혜들을 모든 사람들에게 일반적으로 주시지 않는다는 것을 시사한다. 다른 말로하면 사람들이 은사나 은혜를 받기 원한다 하여 모두 받는 것이 아니라는 것이다. 왜냐하면 성령을 받을 대상을 하나님이 선택하시고 구별하셔서 성령을 보내시는 특별한 주권을 가지고 계시기 때문이다. 그러나 예수 그리스도 복음을 받은 신자는 언제든지 하나님은 성령을 보내시되 풍성히 보내신다. 구하는 만큼 충만히 보내신다. 구하고 구할 것이다.

예수는 그리스도 하나님의 아들. 이 복음으로 우리 인생 모든 문제가 처리되고 해답을 얻는다. 이 복음으로 우리 모두는 깊이 뿌리내리기를 소원한다. 복음으로 뿌리를 내릴 때 우리는 성령충만을 받을 수 있다. 하나님이 성령을 우리에게 선물로 주시기 때문이다. 하나님은 복음 받은 신자에게 성령을 보내시되 풍성히 보내신다. 구하는 만큼 충만히 보내신다. 그러므로 복음 받은 그리스도인들은 성령의 충만을 구할 이유가 있는 것이다.

복음 받은 그리스도인의 최고의 과업은 기도하는 것이다. 기도 중의 최고의 기도 성령충만을 받도록 기도하는 것이다. 모든 복음 받은 그리스도인은 그 나름대로 성령충만을 받는 비밀을 갖고 기도해야 한다. 성령충만 받아 성령의 권능으로 삶의 현장에서 전도자의 삶을 사는 것이다. 학자는 학자다운, 교사는 교사다운, 정치가는 정치가다운, 예술가는 예술가다운, 의사는 의사다운 전도자의 삶을 살아야 한다. 기도하고 기도하기 바란다.

7. 성령충만의 요약(Ⅳ): 성부 하나님에 의한 성령의 통치(Ⅱ)

너희에게 성령을 주시고 너희 가운데서 능력을 행하시는 이의 일이 율법의 행위에서냐 혹은 듣고 믿음에서냐(갈 3:5).

이것이 너희 간구와 예수 그리스도의 성령의 도우심으로 나를 구원에 이르게 할 줄 아는 고로(빌 1:19).

보라 내가 나의 영을 너희에게 부어 주며(잠 1:23).

우리 구주 예수 그리스도로 말미암아 우리에게 그 성령을 풍성히 부어 주사(딛 3:6).

나는 목마른 자에게 물을 주며 마른 땅에 시내가 흐르게 하며 나의 영을 네 자손에게, 나의 복을 네 후손에게 부어 주리니(사 44:3).

성령을 주시는 성부 하나님의 사역은 다섯 가지로 나눌 수 있다. ① 성령을 주심. ② 성령을 보내심. ③ 성령을 다스리심. ④ 성령을 부어주심. ⑤ 성령을 우리들에게 두심이다.

1) 하나님은 성령을 주신다.

2) 하나님은 성령을 보내신다.

3) 하나님은 성령을 다스리신다.

"너희에게 성령을 주시고 너희 가운데서 능력을 행하시는 이의 일이 율법의 행위에서냐 혹은 듣고 믿음에서냐"(갈 3:5). 하나님은 사람들에게 성령을 계속적으로 주시고 또한 풍성하게 공급하신다. 그래서 빌립보서 1:19에는 "이것이 너희의 간구와 예수 그리스도의 성령의 도우심으로 나를 구원에 이르게 할 줄 아는 고로"라고 하였다. 여기서 '도우심'이란 '예수 그리스도의 성령의 추가적인 공급'(The supply of the Spirit of Jesus Christ)을 의미한다. '에피코레기아(ἐπιχορηγία)'는 당신의 "믿음에 덕을 더하는 것"처럼 동일한 것끼리 더하거나 다른 종류의 것을 더하는 데 사용되었다. **성령을 받은 사람은 매일 더 많은 성령의 공급이 필요하다. 이럴 때에 하나님은 신자들에게 성령이 공급되도록 성령을 다스리신다.**

4) 하나님은 그의 성령을 사람들 안에 또는 위에 두신다.

"내가 나의 영을 그에게 주었은즉"이라고 성경은 말한다(사 42:1). 이 말씀의 뜻은 하나님이 그의 사역을 효과적으로 하신다는 것이다. 하나님은 그의 백성에게 그의 성령을 주시고 보내실 뿐만 아니라, 그의 성령을 참으로 백성들 위에 머무르게 하신다. 그 결과로 그의 백성들은 성령과 함께 하는 것이다. 하나님은 사람들의 마음과 지성에 성령을 주신다. 왜냐하면 하나님이 계획하신 사역과 목적을 이루어 드리기 위한 것이기 때문이다.

5) 하나님은 성령을 신자들에게 부어주신다.

"보라 내가 나의 영을 너희에게 부어줄 것이다"(잠 1:23)고 하였다. 이 말씀은 복음시대와 직접적인 관계가 있다는 것을 알 수 있다. 복음시대 이전에는 하나님이 성령을 조금 주셨지만, 복음시대에는 성령을 부어주셨기 때문이다. 이 표현에는 중요한 세 가지 뜻이 포함되어 있다.

(1) 부어주신다는 말은 완전히 족한 충만을 나타내는 말이다. 구름이 많아야 비가 많이 내리고 밭고랑을 충분히 적실 수 있는 것과 같이 성령을 충족히 부어 주신다는 의미다. 사도 바울은 "우리 구주 예수 그리스도로 말미암아 우리에게 그 성령을 풍성히 부어 주사"라고 하였다.

(2) **붓는다는 뜻은 성령의 은사와 은혜에 대하여 하는 말이다. 그러나 이 말이 성령의 위(位)와는 무관하다.** 성령을 부어 주실 때에는 풍성하게 주신다. 그리고 그의 은혜와 은사는 여러 사람이 아니고 한 사람이라 할지라도 풍부하게 주신다. 동일한 사람에게 수차례에 걸쳐 주시는 것이 아니라 단 한번만으로도 풍성하게 주신다.

(3) 이 표현은 성령이 정결케 하시고, 거룩케 하시고, 위로하시고 새롭게 하시는 사역과 관계가 있다. 성령은 종종 물로 비유되었다(겔 36:25). 그래서 우리 주님은 성령을 "물이 풍부한 강"(사 32:2)으로 부르셨다. 성령을 붓는다는 것은 성령께서 부은바 된 사람을 위로하시고 새롭게 하시는 것과 관계가 있다. 성령은 비로도 비유된다. **성령은 메마르고 열매**

를 맺지 못하고 타서 갈라진 땅과 같은 인간의 심령에 부어 주셔서 사람의 심령이 샘이 되게 하시며 거룩하고 의로운 열매들을 맺게 하신다는 것이다(히 6:7). 이와 같이 성령에 의해서 그리스도께서도 "그는 벤 풀 위에 내리는 비 같이, 땅을 적시는 소낙비 같이 내리리니"(시 72:6) 라고 하여, 땅을 적시는 소낙비같이 임하신다. 선하신 주님은 우리들에게 이러한 물들과 새롭게 하시는 소낙비를 항상 주신다.

예수는 그리스도 하나님의 아들. 예수님은 하나님의 아들 그리스도라는 증거로 죽은 자 가운데서 부활하셨다. 부활하신 예수님은 하나님의 보좌 우편에 앉아 그리스도로 취임하시어 아버지 하나님으로부터 성령을 받아서 우리에게 성령을 부어주신다. 그래서 복음 받은 그리스도인은 성령충만을 받으라는 명령을 받는다. 받으라고 하셨으니 구하면 받게 되어있다. 하나님 아버지께 "예수 그리스도로 말미암아 저에게 성령을 풍성히 부어주소서"라고 기도할 것이다.

성령을 붓는다는 뜻은 성령의 위(位) 자체가 아니라, 성령의 은사와 은혜에 대하여 하는 말이다. 성령님은 메마르고 열매를 맺지 못하고 타서 갈라진 땅과 같은 인간의 심령에 부어주셔서 사람의 심령이 샘이 되게 하시고 거룩하고 의로운 열매를 맺게 해주신다. 기도할 것이다. 성령의 충만을 받을 것이다. 성령의 권능 받아 현장에서 그리스도의 증인으로 살 것이다. 복음전도를 삶의 목표와 방향으로 정하고 살 것이다. 주께서 세상 끝 날까지 함께 해주실 것이다. 즉시 기도하여 성령충만을 받기 바란다. 전도자로서의 삶을 살것이다. 기도하고 기도하기 바란다.

8. 성령충만의 요약(Ⅴ)

¹형제들아 신령한 것에 대하여 나는 너희가 알지 못하기를 원하지 아니하노니 ²너희도 알거니와 너희가 이방인으로 있을 때에 말 못하는 우상에게로 끄는 그대로 끌려 갔느니라 ³그러므로 내가 너희에게 알리노니 하나님의 영으로 말하는 자는 누구든지 예수를 저주할 자라 하지 아니하고 또 성령으로 아니하고는 누구든지 예수를 주시라 할 수 없느니라(고전 12:1-3).

²¹우리를 너희와 함께 그리스도 안에서 굳건하게 하시고 우리에게 기름을 부으신 이는 하나님이시니 ²²그가 또한 우리에게 인치시고 보증으로 성령을 우리 마음에 주셨느니라(고후 1:21-22).

술 취하지 말라 이는 방탕한 것이니 오직 성령으로 충만함을 받으라(엡 5:18).

1) 은사들보다 은혜가 더 영광스럽다.

18세기 미국의 대각성 운동의 주역이요 청교도 신학자인 조나단 에드워즈는 성령의 은사들과 성령의 은혜와 사랑 및 성화의 관계를 이렇게 정리 하였다. 에드워즈가 보기에 방언이나 방언통역, 예언, 혹은 신유 같은 소위 초자연적인 은사들보다 훨씬 더 탁월하고 영광스러운 것은 성령의 은혜, 사랑 및 성화였다. 에드워즈는 성령의 영향을 두 가지로 분류했다. 하나는 일반적이요 은혜스러운 것이요, 다른 하나는 비범하고 이적적인 것이다. 그런데 에드워즈는 전자가 후자보다 훨씬 더 탁월하고 영광스럽다고 주장했다. 비범한 은사를 가지고 있으나 하나님이 보시기에는 가증하여 지옥으로 가는 일이 얼마든지 있을 수 있다고 그는 생각했다. 선지자들과 사도들의 최대의 특권은 그들이 영감을 받았고 이적을 행했다는 것이 아니라, 그들의 탁월한 거룩성이었다. 그들 마음에 있는 은혜가 그들의 이적적 은사보다 수천 배 더 큰 그들의 존귀요 명예였다. 에드워즈는 비상한 은사들을 아주 낮게 평가하는 반면 성령의 교통하심을 아주 높이 평가했다.

그는 이렇게 말하였다. "나는 다가온 영광스러운 교회시대에 이 이적적 은사들의 회복을 기대하거나 원하지 않는다. 내가 보기에 그것은 그 시대의 영광에 아무 것도 더하지 못하고 오히려 그것을 감소시킬 것 같다. 나라면 일년 동안 예언적 환상들과 계시들을 보는 것보다는 15분 동안 성령님의 달콤한 영향을 즐기는 편을 택하겠다. 그리스도의 영적, 신적 아름다움과 무한한 은혜, 생명을 주신 사랑을 보여주고, 신앙의 거룩한 움직임과 신성한 사랑, 그리고 달콤한 만족 및 하나님 안에서의 겸손한 기쁨을 발하는 그 영향 말이다."

2) 에드워즈가 제시한 성령의 역사에 대한 다섯 가지 적극적 표지

에드워즈는 하나님의 성령의 역사에 대한 확실하고 뚜렷한 성경적 증거들과 표지들로써 다음 다섯 가지를 적극적인 표지로 제시하였다.

그는 이러한 표지들은 사탄이 절대로 흉내 내거나 흉내 내려고 하지 않는 것들이며, 오직 성령의 역사로 일어나는 것들이라고 말한다. 에드워즈는 본문으로 삼은 요한1서 4장을 근거로 해서 표지들을 제시한다.

첫째, 성령은 예수님을 주, 그리스도, 하나님의 아들이라고 시인하게 하시고 높이게 하신다. 둘째, 성령은 세상을 미워하도록 하며 죄에 대한 회개를 주신다. 셋째, 성령은 성경을 존중하고, 성경을 사랑하도록 역사하신다. 에드워즈는 특히 성경 계시를 무시하고 직접적인 계시를 주장하는 광신주의자들에 대항하여 성령은 자신이 기록하도록 하신 성경을 무시하시지 않는다고 일침을 놓는다. 넷째, 성령은 진리의 영으로서 진리를 드러내 주고, 진리를 깨닫게 해 준다. 에드워즈가 시무하던 교회에서 성령의 역사가 일어나게 된 촉매제는 매 주일마다 선포되는 성경적인 설교와 목요일마다 전해진 '이신칭의' 강론과 같은 심도 있는 청교도적 강론들이었다. 다섯째, 성령은 하나님과 사람을 사랑하게 해주며, 사랑은 성령의 역사를 분별할 수 있는 가장 중요한 표지다. 정리를 해보면 성령의 역사를 분별할 수 있는 본질적인 표지는 예수 충만, 거룩 충만, 성경 충만, 진리 충만, 사랑 충만이라고 할 수 있다.

3) 신자에게 주어진 성령의 은사를 식별하는 성경의 표준(고전 12:3)

고린도전서 12:3은 성령의 은사를 식별하는 표준을 보여주는 요절이다. **"그러므로 내가 너희에게 알리노니 하나님의 영으로 말하는 자는 누구든지 예수를 저주할 자라 하지 아니하고 또 성령으로 아니하고는 누구든지 예수를 주시라 할 수 없느니라"**.

성령의 은사는 "예수를 주시라"는 신앙고백에서 요약되고 귀일되어야 하는 것이다. 성령의 은사란 그 자체의 황홀상태를 즐기는 것도, 그것을 받은 자신을 자랑하는 것도 아니다. 다만 이 은사를 통해 예수의 구주성을 알고 전파함에 있는 것이다. 동시에 어떤 별스러운 은사가 없다할지라도 "예수를 주시라" 믿는 믿음은 성령을 받은 가장 좋은 증거인 것도 명심해야 할 것이다. 왜냐하면 "성령으로 아니하고는 누구든지 예수를 주시라 할 수 없기"때문이다.

　우리 그리스도인들의 신앙고백은 성령에 의해 되어지는 것이다. 사람이 마음으로 믿는 것과 입으로 신앙을 고백하는 일은 불가분리의 관계다(롬 10:10). 왜냐하면 사람이 입으로 예수님을 "저주할 자라 부인하면서, 마음으로는 '주님'이라고 신앙을 표현할 수는 없기 때문이다." 따라서 예수님을 주님이라고 마음으로 믿고 입으로 시인하는 일은 성령의 사역인 것이다.

　예수는 그리스도 하나님의 아들. 예수님은 하나님의 아들 그리스도시라는 증거로 죽은 자 가운데서 부활하셨다. 부활하신 예수님은 하나님 보좌 우편에 앉아 그리스도로 통치하시면서 우리에게 성령을 보내주셨다. 예수님은 지금 성령을 통해서 우리와 함께 하신다. 그러므로 우리에게 성령충만을 받으라고 명령하신다. 성령충만을 받으라고 명령하셨으니 구해서 받으면 된다. 아무 어려울 것 없다.

　성령충만은 믿음으로 받는다. 예수가 주시요 그리스도시라는 확실한 신앙고백이 성령충만 받은 신자의 가장 큰 표지다. 성령충만은 예수충만이요 그리스도충만이며, 진리충만이고 사랑충만이다. 복음 받은 그리스도인은 그들 나름대로 성령충만의 비밀을 가지고 기도하여, 성령의 권능 받고 현장에서 그리스도 증인의 삶을 살 것이다. 모든 신자는 삶의 현장에서 전도자의 삶을 찾아내야 한다. 회사원은 회사원다운, 기업가는 기업가다운, 공무원은 공무원다운, 교사는 교사다운 전도자의 삶을 찾아내어 전도자의 삶을 살아야 한다. 기도하기 바란다.

9. 성령충만의 요약(Ⅵ): "성령충만은 어떤 체험이 따르는가?"

성령충만은 어떤 체험이 올 수도 있고 안 올 수도 있다. 오히려 안 오는 것이 더 정상이다. 성령님은 영이시기 때문이다. 그러나 성령충만을 받으면 구원의 확신이 생긴다. 곧 예수를 주님이시요 그리스도라고 믿는 믿음이 생긴다. 이 믿음이 성령충만 받고 성령의 은사도 나타나는 것의 최종적이고 확실한 증거다.

¹형제들아 신령한 것에 대하여 나는 너희가 알지 못하기를 원하지 아니하노니 ²너희도 알거니와 너희가 이방인으로 있을 때에 말 못하는 우상에게로 끄는 그대로 끌려 갔느니라 ³그러므로 내가 너희에게 알리노니 하나님의 영으로 말하는 자는 누구든지 예수를 저주할 자라 하지 아니하고 또 성령으로 아니하고는 누구든지 예수를 주시라 할 수 없느니라(고전 12:1-3).

²¹우리를 너희와 함께 그리스도 안에서 굳건하게 하시고 우리에게 기름을 부으신 이는 하나님이시니 ²²그가 또한 우리에게 인치시고 보증으로 성령을 우리 마음에 주셨느니라(고후 1:21-22).

술 취하지 말라 이는 방탕한 것이니 오직 성령으로 충만함을 받으라(엡 5:18).

어떤 신비주의자들에 의해서 성령충만의 역사는 열광적인 황홀경이나 환희, 또는 이상한 발성의 언어를 동반하는 것으로 가르쳐졌다. 그러나 이러한 체험을 일반화한 것은 전혀 비성경적이다.

성령은 사람들에게 무의식적인 황홀경을 가져오지 않는다. 성령은 사람들의 **지적인 능력을 사용하신다.** 악한 영이 사람들의 몸과 씨름하는 것 같이, 성령은 성경을 믿는 사람들의 이성을 사용하셔서 합리적으로 역사하신다. 실로 성령의 역사는 우리들의 심령을 일깨운다. 다른 한편으로는 우리가 이해할 수 없는 창조적인 능력 이상의 것을 부여하신다. 실로 성령의 역사는 **우리들의 심령을 일깨운다.** 다른 한편으로는 우리가 이해할 수 없는 **창조적인 능력 이상의 것**을 부여하신다.

사도 바울은 **"술 취하지 말라 이는 방탕한 것이니 오직 성령으로 충만함을 받으라"**(엡 5:18)고 한다. 이 말씀처럼 기독교란 고무적인 것이며 힘을 북돋아 주는 가슴 벅찬 것이다. 그리스도인들이 하나님의 감격과 격려와 새 힘을 원한다면 술 마시러 갈 필요가 없고 오직 성령의 충만을 받을 것이다.

술이란 각성제가 아니라 진정제이다. 알콜이 작용하는 것은 고등중추기관들을 마비시키고 뇌에 있어서 보다 더 하등한 요소들이 일어나 주도권을 잡는다. 그래서 그 사람은 일시적으로 기분이 좋아진다. 그리고 두려운 감정이 없어진다. 그러나 분별력을 잃고 판단하는 능력을 상실하게 된다. 알콜은 그 사람의 고등중추기관을 마비시키고 보다 본능적이고 본태적인 요소를 풀어놓게 한다. 소위 더 동물적이 되었다는 것이다.

반면에 성령의 작용은 다르다. **성령의 작용은 진정으로 각성시켜 주는 것이다. 성령은 각성제인 것이다.** 성령님은 알콜 작용과 같이 우리를 어리석게 하거나 속게 하기 위하여 나타나는 것이 아니고, **활동적이고 적극적인 진정한 각성자이시다.** 성령님은 우리의 모든 기능을 일으켜 세

운다. 마음과 지성을 고무시킨다. 역사적으로 볼 때 성령의 권능이 부어진 영적 부흥의 시대에는 교육열이 일어났었다. 학교 가기를 원하고 책을 읽기를 원했다. 성령께서 그들의 이성을 각성시킨 것이다.

성령님은 이성뿐만 아니라 심정도 고무시키신다. 심정의 가장 깊은 곳까지 움직일 수 있게 하신다. 그리하여 성령님의 이러한 역사를 체험하고 사는 목회자들은 항상 대하여 온 말씀에 이제는 더 이상 자극시킬 것이 없고 더 말할 말씀이 없다고 생각하는 것이 아니라, "**그는 이제 시작하고 있다**"고만 느끼는 것이다. 경이로움이 갈수록 더해지는 것이다. 그리스도인은 그의 마음이 확장되고, 그의 심정이 자라고 커지는 사람이다. 무엇인가를 하고 싶어 하고, 무엇인가를 공헌하고 싶어 하고, 하나님 나라를 확장하고 싶어 하고, 예수가 그리스도라고 사람들에게 전하고 싶어한다. 그리고 다른 사람도 자기처럼 누리기를 원한다. 그것은 전인(全人), 즉 지성과 감정과 의지에 감화를 준다.

"**술 취하지 말라 이는 방탕한 것이니 오직 성령으로 충만함을 받으라**" (엡 5:18). 여기서 "**충만하다**"는 것은 "**…의 기운으로(감화로) 산다**"는 것을 뜻한다. 사도 바울은 술기운으로 살지 말고 성령의 기운(감화)으로 살라고 말하는 것이다. "**…의 기운으로 산다**"는 것은 우리의 전체 인격, 즉 '지, 정, 의'가 다른 영향과 다른 세력에 의해서 조종을 받고 있다는 것을 의미한다. 그것은 물론 성령님의 역사다.

요약하면 성령의 은사는 우리의 이성적 지식을 무시하는 것이 아니다. 오히려 성령충만 받으면 우리가 가진 지식이 더욱 정상적이 되는 것이다. 성령충만이란 세상일에 대한 관심을 모두 버리는 것을 결코 뜻하지 않는다. 오히려 성령충만한 상태는 자신이 하고 있는 이 세상의 일들,

곧 가정, 사업, 직업을 비롯한 모든 생활에 그리스도의 인도하심을 따라 행하는 것이며, 그리스도의 다스림을 받으며 몸과 마음과 뜻을 다하여 수행하는 것을 뜻한다.

예수는 그리스도 하나님의 아들. 예수님은 하나님의 아들 그리스도라는 증거로 죽은 자 가운데서 부활하셨다. 부활하신 예수님은 지금 성령으로 우리 가운데서 역사하신다. 그러므로 성령충만을 받으라고 명령하셨다. 받으라고 하셨으니 받으면 된다.

그러면 신자가 성령충만을 받을 때 어떤 체험이 따라야 하는가? 성령은 영이시기 때문에 물질적이고 육신적으로 생각하면 안 된다. 물론 그 개인의 필요에 따라 어떤 체험이 올 수도 있다. 그러나 다수의 정상적인 그리스도인의 성령충만은 육체적으로 나타나는 체험이 아니라, 예수는 주시라는 신앙고백에서 확증된다. 성령충만은 곧 "예수충만"인 것이다. 진리충만이요 거룩충만이며, 말씀충만이요 사랑충만이다.

성령충만을 받은 그리스도인은 그들의 심령이 일깨워지고, 지성·감정·의지가 진정으로 각성된다. 성령은 우리의 모든 기능을 일으켜 세우는 것이다. 그래서 마음과 지성을 고무시킨다. 창조적인 능력이 나타난다. 자신이 하고 있는 이 세상의 일들에 보다 적극적으로 그리스도의 인도를 따라 행하며, 그리스도의 다스림을 받고 순종의 삶을 살게 한다. 그러므로 성령충만을 구해서 받을 것이다. 기도하고 기도하라. 나름대로 성령충만의 비밀을 갖고 기도하며 살기 바란다. 성령의 권능을 받아 그리스도 증인으로 살기 바란다. 전도자로서의 축복의 삶을 살기 바란다. 즉시 기도하라.

제 18 장
결 론

체질을 만들어라
복음체질
기도체질
성령충만체질
전도체질

1) 인간은 예수님이 그리스도이심을 알고 믿을 때에 구원을 얻는다.
인간이 예수님을 알지 못하면 예수님이 하신 일의 역사는 그 사람에게 효과를 내지 못한다. 그래서 인간이 구원을 얻기 위해서는 "예수, 그는 누구신가?"와 "예수, 그는 무엇을 하셨는가?"에 대한 참된 인식과 믿음을 가져야 한다. 이 두 가지 질문에 대한 답을 복음이라고 한다. **"예수, 그는 누구신가?"** 예수는 하나님의 아들이시다. 예수는 그리스도시다. 예수는 주님이시다. **"예수, 그는 무엇을 하셨는가?"** 예수는 우리 죄를 대신하여 죽으시고 부활하셨다. 예수님의 죽음과 부활이 예수님이 하신 일의 결론이다. 이 예수님의 죽음과 부활을 **"그리스도의 사건"**이라고 한다.

구약성경에서 그리스도는 고난(죽음)과 영광(부활)의 사건을 일으키는 자로 예언되어 있었다. 그래서 누구든지 죽음과 부활의 사건을 일으키는 자는 그리스도가 되는 것이다. 바꾸어 말하면, 죽음과 부활이라는 사건은 곧 **"그리스도의 사건"**이 되는 것이다. 어떤 인물이 자신이 그리스도라는 것을 입증하려면 그는 구약성경대로 우리 죄를 위해 죽으시고 장사 지낸 바 되었다가 사흘 만에 다시 살아나야(고전 15:3-4) 그리스도로 인정될 수 있다. 지금까지 인류 역사상 오직 한 분, 예수님만이 죽음과 부활을 예언하시고, 구약성경의 예언 그대로 죽음과 부활을 성취하심으로 예수님은 하나님의 아들 그리스도로 선포되셨다. 예수님은 그리스도시요 살아계신 하나님의 아들이신 것이다. 이 말씀을 믿고 마음속에 받아들이면 구원을 얻는다. 영생을 얻는다. 하나님의 자녀가 된다.

2) 우리가 예수 그리스도를 믿는다고 할 때, 이 말은 풀어서 말하면 예수님을 그리스도로 믿는다는 말이다. 그리스도는 인생문제 해결의 직분

이고 직함이다. 죄와 죽음, 율법과 재앙, 지옥과 사탄의 권세에서 해방시키는 직분이다. 하나님을 떠난 인생들에게 하나님께 나아가 하나님을 만나 뵈옵게 하는 중보자의 직함이다. 창세기 3장에서 인간이 **하나님께 범죄하여**(①) **하나님을 떠나고**(②) **마귀의 자녀가 되어**(③)버린 인생의 근본문제(3가지)를 해결하는 직함이 그리스도다.

이 그리스도의 직함을 설명하기 위하여 하나님은 이스라엘 민족을 택하시고, 그들에게 그리스도의 모형을 보내어 이 인생문제 세 가지를 해결해 주는 구원을 이루어 주셨다. 그러므로 그리스도의 모형도 세 가지 모습을 띠고 나타났다. 하나님을 떠난 인생들에게 하나님을 보여주고 하나님의 뜻을 알려주는 선지자 직함, 하나님께 범죄하여 죽음과 저주에 빠진 인생들을 구원해 주는 제사장 직함, 이 세상 임금 마귀의 자녀로 마귀의 종살이 하는 인생들을 구원해주는 왕의 직함이 그리스도의 모형으로 필요했다. 그러나 이 세 가지 직분은 부분적 그리스도로 온전한 그리스도를 예표한 것이었다.

때가 차매 예언대로 온전한 그리스도가 오셨으니 곧 예수님이시다. 예수님은 그 자신으로 하나님을 우리에게 보여 주시고(선지자), 그 자신이 제물과 제사장이 되어 주심으로 하나님과 우리 사이에 죄악의 장벽을 없애 버리고 하나님께 나아가게 하셨으며(제사장), 또 십자가 죽음으로 죽음의 세력 잡은 자 마귀를 정복하셨으며, 죄와 사망과 세상을 정복하셨다(왕). 예수님은 한 몸에 선지자·제사장·왕의 사역을 완성하신 것이다. 그래서 예수님을 그리스도라고 부른다.

이렇게 복음은 인류의 역사 속에서 역사적인 사건으로 완성되었다. 하나님께서는 인류의 역사 속에 직접 개입하셔서 "역사적인 그리스도의 사건"을 일으켜 복음진리를 확증하셨다. "역사적인 그리스도의 사건" (그리스도 죽음과 부활의 사건)은 우리의 유일한 구원의 근거요 복음진리의 핵심이다.

  3) 이 복음을 바로 알고 믿어 마음 중심에 받아들이면 구원을 얻는다. 이 복음은 모든 믿는 자에게 구원을 주시는 하나님의 능력이 된다. 그리하여 복음을 받은 그리스도인이 기도하면 하나님의 능력이 나타나게 되어 있다. 복음의 언약은 기도하기 위해 주어진 것이다. 기도하지 않으면 복음의 능력과 효과가 그 개인에게 나타나지 않는다. 기도가 없으면 복음은 하나의 문서에 불과하게 된다.

  예수님은 자신이 인생문제 해결의 직함을 가지신 그리스도에 취임하시고자 할 때, 예수 그리스도의 이름으로 기도하면 응답하시겠다고 약속하셨다(요 14:14, 16:24). 그러므로 모든 복음 받은 그리스도인은 반드시 기도해서 응답을 받으며 살아야 한다. 기도는 믿음의 실천이이기 때문에 기도하지 않는 그리스도인이란 스스로 믿음 없는 불신자임을 천명하는 것이다. 따라서 그리스도인은 기도해야 한다. 무시로, 정시로 기도해야 한다. 쉬지 말고 기도해야 한다. 24시간 기도하며 살아야 한다.

  4) 기도 중에 최고의 기도는 성령충만의 기도다. 모든 그리스도인은 반드시 성령충만을 받도록 기도해야 한다. 성령충만 받는 것은 모든 그리스도인에게 주어진 특권이요 의무다. 하나님의 명령이기 때문에 반드시 성령충만을 받아야 한다. 성령충만은 그리스도 안에서 모든 신자에게 값없이 주어지는 은혜이며, 성령충만을 받기 위해 신자가 선취해야 할

전제조건은 오직 예수 그리스도 복음신앙 뿐이다. 모든 복음 받은 신자는 기도하면 당연히 성령충만을 받는다. 성령충만은 믿음으로 받는다. 성령님의 역사는 복음으로 말미암아 신자들에게 나타난다. 누구나 성령님의 역사를 입고자 한다면 복음을 들어야 하고 복음을 믿어야 한다.

동시에 **신자가 성령으로 충만하기 위해서는 계속해서 주 예수께 와야 한다.** 신자는 언제나 "예수 그리스도로 말미암아 우리에게 그 성령을 풍성히 부어주소서"(딛 3:6)라고 기도해야 한다. 성령충만은 오직 예수님의 보혈을 통해서만 성도에게 부어지는 것이다. **그러므로 예수 그리스도와 성령은 분리 되어서는 안 된다. 복음과 성령충만은 불가분리의 일체다. 성령충만은 곧 복음충만이요 예수충만인 것이다. 또한 진리충만이요 말씀충만이며, 거룩충만이요 사랑충만이다.**

하나님은 그의 택하신 자들을 구원하시고자 계획하셨을 때 두 가지 방법을 채택하셨다. 즉, 그들을 위해 자기 아들을 주시는 것과 그들에게 그의 영을 주시는 방법이다. 그렇게 하심으로써 성삼위 하나님이 각기 영광을 받으시는 것이다. 그러므로 하나님께서 죄가 세상에 처음 들어올 때부터 그의 백성들에게 두 가지 주된 약속을 해주셨으니, 곧 그의 아들을 보내사 죽게 하시겠다는 것과 또한 그 아들의 활동을 열매 맺도록 하시기 위해 그의 성령을 보내시리라는 것이었다. 그러므로 우리의 구원은 성부·성자·성령 삼위일체 하나님의 사역이며, 결코 나누어서는 안 된다. 복음과 성령충만을 분리해서는 안 된다. 복음 받은 그리스도인은 이 복음으로 반드시 성령충만을 받아야 한다.

그런데 신자들이 성령충만을 구하는데 힘쓰지 않는 이유는 그들이 거룩한 삶을 살기를 원하지 않는데도 있지만(사실은 성별된 삶이 성령 안에서 천국을 이루는 행복한 삶이다.) 성령의 체험 유무와도 무관하지 않다고 보인다: 잘못된 성령충만의 체험, 즉 열광적인 황홀경이나 방언 등의 신비체험을 동반하는 것으로 가르치는 비성경적인 무리들이 있기 때문이었다. **성령충만은 믿음으로 받는다.** 성령충만으로 어떤 체험이 올 수도 있고 안 올 수도 있다. 오히려 안 오는 것이 더 정상이다. 그러나 성령충만이 오면 믿음이 생긴다. 믿음충만이다. **성령의 역사를 분별할 수 있게 하는 가장 중요한 표지는 예수충만, 거룩충만, 성경충만, 진리충만, 사랑충만이다.** 성령충만 받은 신자에게 특이한 체험이 나타날 수 있으나, 그것은 성령에 의해서 나타난 것일 수 있지만, 사탄의 역사에서도 나타날 수 있다는 것을 알아야 한다. 그러므로 그런 체험은 성령의 역사의 본질적 표지가 아니다.

5) 복음과 성령충만. 계속해서 복음을 듣고, 반복해서 복음을 듣고 무시로 정시로 성령충만을 구해야 한다. 그리스도 교회와 하나님의 백성에게는 항상 복음진리를 저버리고 타락하는 경향이 있다. 오랫동안 지속되는 전통과 반복되는 습관이 진리의 자리를 빼앗는 것이다. 죄의 현존과 시간의 흐름이라는 두 가지 요인 때문에 어떤 인격적인 관계나 영적인 체험도 자율적 영속성을 지닐 수 없다. 각각은 계속해서 영양분을 공급하고, 유지하고, 부채질을 해주어야 불꽃을 보존할 수 있지 그렇지 않으면 사라지고 말게 되어있다.

더구나 복음 받은 그리스도인도 여전히 그 안에 죄가 잔존해 있기 때문에, 인간은 완전 죄인인 것을 잊어서는 안 된다. 그러므로 우리는 스스로 구원을 얻을 수 없고 오직 믿음을 통한 성령의 은혜로 말미암아 구원을 얻는다. 365일, 아니 10년 아니라 100년간을 예수 그리스도 복음을 주제로 날마다 나누어도 언제나 새로우며, 날마다 순간마다 성령충만을 구해도 목마른 자의 삶이 복음과 성령충만으로 답이 나온 제자의 모습이다.

6) 성령충만 받은 그리스도인은 불건전 신비주의자들과는 달리 오직 복음을 위해, 오직 전도를 위해 그 능력을 발휘한다. 주님의 지상명령 "오직 성령이 너희에게 임하시면 너희가 권능을 받고 예루살렘과 온 유대와 사마리아와 땅 끝까지 이르러 내 증인이 되리라"(행 1:8)고 하신대로 복음전도에 삶의 목적을 두고 살아간다. 복음 받은 그리스도인의 **삶의 방식은 성령충만이고 삶의 목적은 복음전도다.**

그러므로 신자들이 그리스도의 지상명령을 무시하고 살아가면 어떤 것을 해도 형통하지 못하게 되어 있다. **복음전도에 삶의 방향을 정하고, 그것을 목적으로 살지 않으면 어떤 것을 해도 나중에는 실패하게 되어 있다.** 신자는 복음의 증인으로 살기 위해 성령충만의 하나님의 권능을 받아 이 권능으로 건강을 유지하고, 공부하고, 사업하고, 직장생활하고, 예술과 문화활동을 하고, 정치가나 과학자나 기업가나 문화 예술가가 된다.

하나님은 복음전도자와 세상 끝 날까지 함께 하신다. 세상은 복음전도자를 위하여 존재하고 유지된다. 악한 세상을 하나님께서 멸망시키지 않으시고 보존하는 것은 그 안에 구원 얻을 영혼이 있고, 이를 전도할 전도자가 있기 때문이다. 하나님은 전도자를 중심으로 세계역사를 이끌어 가신다. 세상에 전도자가 더 이상 필요 없게 되는 날, 세상은 종말이 올 것이다. 그리스도께서 재림하실 것이다.

그러므로 모든 복음 받고 복음에 뿌리내린 예수제자들은 그들이 소명

받은 삶의 현장에서 자신의 지위와 책임과 환경에 합당한 전도자의 삶을 찾아내야 한다. 그것이 자신의 삶을 형통하게 하는 것이요 무한한 만족과 함께 임마누엘의 축복을 누리는 삶이 된다.

7) 전도의 본질은 로잔 언약(1974)의 선언처럼 "기쁜 소식을 널리 전파하는 것이며, 기쁜 소식이라 함은 예수 그리스도께서 성경대로 우리 죄를 위하여 죽으시고, 죽은 자 가운데서 다시 살아나시어 통치하시는 주로서 지금도 회개하고 믿는 이들에게 사죄와 성령의 자유케 하시는 은사를 공급하신다"는 것이다. 그러나 로잔 언약은 동시에 그리스도인의 사회적 책임을 강조하고 있다. 복음전도와 사회활동은 기독교 선교에 있어서 동반자라는 것이다. 그래서 혹자는 '구원'이란 말은 "개인의 칭의와 중생, 그리고 보다 큰 사회, 경제적 정의를 실현하기 위한 사회의 정치적 개조의 양자를 함축한다"고 주장한다.

우리는 이러한 주장 가운데서 개인구원이 일차적인 것이며, 하나를 선택할 경우에는 영원한 구원이 일시적 복지보다 훨씬 중요하다고 말하지 않을 수 없다. 그러나 그와 같은 대립은 없을 것이다. 예수님께서 복음을 선포하는 것과 병든 자를 고치고 굶주린 자를 먹이시는 것을 결합하셨기 때문이다.

양자는 그리스도인의 의무의 일부이긴 하지만, 하나님께서는 상이한 사람들을 상이한 사역에로 부르시며 그들에게 적절한 은사를 부여하신다. 우리는 복음전파와 사회활동 간의 양극화를 거부해야 하지만, 특수화를 거부하지는 않아야 한다. 모든 사람이 모든 것을 할 수는 없다. 어떤 사람은 개인구원의 복음전도자가 되도록, 또 다른 사람은 사회사업가가 되도록, 혹은 정치가가 되도록 부름 받은 것이다. 각 지역 교회 내에는 그리스도의 몸으로서 개인구원의 복음전도와 사회활동 양자에 헌신하는 무리들이 함께 공존할 자리가 있다.

우리는 복음전도와 개인적인 회심의 절대적인 중요성을 인정하지만, 사회활동이라는 소위 사회 구원을 무시해서는 안 된다. 둘은 함께 손을 잡고 나가야 한다. 우리는 예수 그리스도의 복음이 개인적인 구원의 기쁜 소식일 뿐만 아니라, 사회적·세계적·우주적인 해방과 회복에 대한 구원의 기쁜 소식이라는 사실도 명심하고 주님의 소명에 따라 부름 받은 영역에서 복음전도를 위해 헌신해야 한다.

결어(結語). 예수는 그리스도 하나님의 아들. 예수님은 하나님의 아들 그리스도라는 증거로 죽은 자 가운데서 부활하셨다. 이 복음으로 여러분 인생 모든 문제가 처리되고 해답을 얻는다. 이 복음으로 깊이 뿌리내리기를 기원한다.

죽은 자 가운데서 부활하신 예수님은 지금 하나님 보좌 우편에 앉으사 그리스도로 통치하시면서 그의 성령으로 우리와 함께 하신다. 그래서 성령충만을 받으라고 명하신다. **성령의 권능을 받고 땅 끝까지 그리스도의 증인이 되라고** 명령하신다. 여러분 모두가 "성령을 예수 그리스도로 말미암아 우리에게 풍성히 부어 주시도록" 기도할 것이다. 성령충만은 믿음으로 받는다.

성령충만 받은 그리스도인의 삶의 목표는 복음전도다. 복음전도는 영혼 구원뿐만 아니라 흑암사회도 구원하는 것이다. 복음전도는 개인구원으로만 끝나는 것이 아니라, 복음이 현장에 전파되면 그곳에 흑암세력이 무너지는 역사도 일어난다. 사회가 정화되는 것이다. 부패되고 타락한 문화가 정의롭고 사랑과 평강을 가져다주는 문화로 바뀌는 것이다. 한 가정에 복음이 전파되고, 복음의 능력이 나타내게 되면 가족들이 즉시 구원을 다 얻지 않는다고 해도 그 가정이 갖고 있는 오랫동안의 흑암권세는 무너지게 된다. 그래서 복음전도자는 이 사실을 놓고도 예수 그리스도 이름으로 흑암권세를 꺾는 기도를 지속적으로 정시기도에는 반드시 드려야 한다. 복음전도자는 넓은 의미의 전도 영역인 기독교 문화(변혁과 샬롬의 대중문화)운동의 선구자인 것이다.

예수님의 제자는 복음·기도·성령충만·전도로 해답이 나와야 한다. 복음이 인생 모든 문제의 해답인 것을 믿고, 예수 그리스도 복음언약을 붙잡고 24시간 기도 속에서 해답을 얻으며 살 것이다. 기도 중에 최고의 기도인 성령충만을 받도록 기도할 것이다. 그리스도인의 삶의 방식은 성령충만이고, 그 목적은 복음전도이다. **모든 복음 받은 그리스도인 제자들의 훈련목표는 복음체질, 기도체질, 성령충만체질, 전도체질을 만들어 가는 것이다.** 기도하고 기도하기 바란다.

Fullness of the Holy Spirit through Jesus Christ

후기(後記)

　독자들을 섬기기 위한 이유로 후기를 붙이는 것을 기꺼이 선택했습니다. 저자의 서문보다는 때로 저자의 후기가 그 책이 말하고, 또 강조하고자 하는 바를 더 사실적으로, 그리고 구체적으로 표현할 수 있기 때문입니다.
　저자가『복음과 성령충만』이라는 책을 쓴 이유는 서문에 나와 있습니다. 제가 특별히『복음과 성령충만』이라는 제명을 걸게 된 데에는 제 개인적인 신앙적 체험이 작용하고 있었다고 할 수 있습니다. 저는 하나님의 아들 예수 그리스도 복음을 받은 이후 성령충만을 받아야한다는 진리를 굳게 믿어서, 그것을 구하며 신앙생활을 해왔습니다. 그러나 오순절주의자들이나 은사주의자들의 개인체험 위주의 성령론 때문에 수십 년간 고민을 해온 바가 있었습니다. 소위 "두 번째 축복"이라는 성령세례였습니다.
　성경을 연구하고 기도하며 복음진리를 깨달아가는 동안에 저는 두 가지 큰 진리를 이전과 달리 더욱 깊이 확신하게 되었습니다. 그것은 **복**

음에 대한 절대가치와 믿음으로 성령충만 받는다는 진리의 확신이었습니다.

먼저 저는 하나님의 아들 예수 그리스도의 복음은 모든 것이며, "**그리스도 복음 안에 모든 것 다 있다**"는 확신을 가지게 되었습니다. 복음은 인생 모든 문제의 해답인 것입니다. 그러므로 우리는 복음으로 인생 모든 문제의 답을 얻고, 복음으로 항상 만족하며, 복음으로 흑암세상을 살리는 복음전도자의 축복된 삶을 살아야 한다고 굳게 믿는 것입니다.

이렇게 복음이 인생문제의 진정한 해답이며, 복음 속에 모든 것이 다 있기 때문에 어떤 신비주의자들처럼 초월적 신비를 추구할 필요도 없고, 또 관상기도 옹호자들처럼 신비주의적 영성을 추구할 필요가 없습니다. 예수 그리스도야말로 이 세상의 모든 신비를 뛰어넘는 참된 신비인 것입니다. 예수 그리스도 안에 있는 경건의 비밀을 참되게 깨달을 때(딤전 3:16), 더 이상 세상의 헛된 신비는 가치가 없다는 것을 깨닫게 될 것입니다. 인간은 하늘진리(예수 그리스도)에 접촉할 때 미칠듯한 황홀지경의 경이를 느끼는 것입니다. 그리스도 안에서 이 황홀의 경이를 맛본 자는 예수 그리스도 외에 다른 것을 추구하지 않습니다. 신비주의자들이나, 관상기도자들이나 뉴에이지적 영성을 추구하는 자들은 참되게 예수 그리스도 복음 속에 들어와 예수 그리스도를 알되, 깊이 그리고 더 풍성하게 알게 되기를 기원하는 바입니다.

또 한편 참되게 복음을 받은 신자는 성령을 받은 자로서, 당연히 공로가 아닌 **믿음으로 성령충만을 받는다**는 진리를 확신해야 합니다. 물론 이러한 진리의 교리는 전통 장로교인들이 이미 주장하고 있는 진리입니다.

성령충만은 오직 믿음으로 받는 것이며, 참되게 예수 그리스도 복음에 뿌리를 내리고 복음의 능력을 체험하는 자는 예수 그리스도 이름으로 기도하면 당연히 성령충만을 받는다는 것은 자명한 사실인 것입니다. 성령충만은 복음 받은 모든 그리스도인의 특권이며, 동시에 의무입니다. 성령충만은 오순절주의자들의 특정체험을 쫓아 받는 것이 아님을 알아야 합니다. 그런 체험이 있을 수도 있으나, 그런 체험은 교리화할 수 없는 것이며, 체험이 기준이 아니라 오직 하나님의 말씀만이 기준이 되는 것입니다.

성령은 예수님을 주와 그리스도, 하나님의 아들로 시인하게 하시고 높이시는 분입니다. 성령은 세상을 미워하도록 하고 죄에 대한 회개를 주십니다. 성령은 진리의 영으로서 진리를 깨닫게 하고 성경을 사랑하게 해줍니다. 또한 성령은 하나님과 사람을 사랑하게 해줍니다. 그러므로 성령충만의 본질적인 표지라면 예수충만이요, 거룩충만이요, 진리충만이요, 사랑충만이라고 할 수 있습니다.

바라건데 복음 받은 모든 그리스도인들은 예수 그리스도를 알되, 깊이 그리고 더 풍성하게 알아가기를 바랍니다. 우리는 죽을 때까지 그리스도를 추구해도 그 그리스도 안에 있는 신비를 다 맛볼 수 없을 것입니다. 저는 복음 속에 모든 것이 다 있다는 확신을 가진 이후, 예수 그리스도 복음 선포는 이제부터 시작이라고 생각하며, 날마다 365일 모든 설교와 성경공부에 있어서 예수 그리스도를 주제로 정하고 복음을 선포하고 있습니다. 그리고 이 영광스러운 복음을 누리는 길이 기도이기 때문에 우리는 24시간 기도 속에 살아야 하며, 또한 기도 중에 최고의 기도는 성령충만 받는 기도이므로, 우리는 날마다 정시로 무시로 성령충만을 받도록 기도하는 것입니다. 기도한 만큼 성령충만을 받을 것입니다.

성령충만은 예수 그리스도로 말미암아 부어지는 것이므로 우리는 날마다 그리고 계속해서 주님께 나와 구한다는 사실을 잊지 말 것을 반복해서 당부하고자 합니다. 예수 그리스도 복음은 성령충만 받는 지반인 것을 본서에서 강조하였습니다. 또 어떻게 성령충만을 우리 심령 속에 부음 받을 것이냐는 성령의 인도대로 따를 것이지만, 저는 개인적인 방법으로 요 7장 37-39절에 근거하여 제 심령에 부어주시도록 기도할 때에 제 배에 성령의 은혜가 가득차기를 상상하면서 계속 기도합니다. 이런 방법은 저에게는 매우 효과적이며 지루하지 않으면서도 능력 있는 충만을 얻는 방법이라고 믿습니다.

성령에 대한 강조가 본서에 많은 가운데 성령의 시여(施與)방법으로 하나님은 성령을 통치하고 다스리신다는 표현에 대한 오해가 있을 것 같아 이에 대한 언급이 필요하다고 봅니다. 이런 표현은 성령이 성부 하나님께 종속되어 있다는 의미가 아닙니다. 성부·성자·성령은 각각 구별된 인격체이시나, 이 삼위는 동일한 신적 본질을 소유하고 계시며, 영광과 존귀와 능력에서 동등하십니다. 그러나 성부·성자·성령은 동시에 일체이신 하나님이라는 사실을 다시 한번 강조하고자 합니다. 다만 존재의 질서로 보아서 성부가 제1위요, 성자가 제2위요, 성령이 제3위라고 말할 수 있으며, 이에 따라 성부 하나님은 제1위로서 창조와 섭리 및 구원사역에 있어서 삼위일체를 대표하는 사역과 경륜을 펼친다는 의미에서 하나님은 성령을 다스린다는 표현을 쓰고 있는 것입니다.

또한 본서에서 예수님께서 "성령을 통해서 우리와 함께 하신다"는 표현은 성령 안에 예수님이 거하신다는 의미입니다. 우리는 성부·성자·성령 세 위격 간에 상호 내주함으로 하나가 되심을 믿습니다. 곧 성부는 성자와 성령 안에 내주하시고, 성자는 성부와 성령 안에 내주하시며, 성령은 성부와 성자 안에 내주하시는 방식, 즉 완전히 연합된 존재로 계시기 때문에 한분 하나님이 계신다는 말인 것입니다.

한편 복음 받은 우리가 성령충만을 받은 가장 큰 목적은 주님의 약속대로 땅 끝까지 그리스도 증인으로 살기 위한 것입니다. 그러나 본서는 별도로 전도에 관한 장을 마련하지 않았습니다. 다만 결론에서 **복음전도와 사회적 책임과의 관계**를 언급함으로 총체적 선교개념을 언급했습니다. **진정한 선교란 복음전도와 사회활동을 포함하는 포괄적 행위**라는 것을 강조하고자한 것입니다. 사회활동은 복음전도의 결과일 수도 있으며, 복음전도에 이르는 교량역할을 할 수도 있습니다. 또한 사회활동은 복음전도의 결과와 목표로서 그 뒤를 따르며 또한 그것의 교량으로서 복음전도에 선행할 뿐만 아니라, 또한 그것의 동반자로서 그것에 수반되는 것입니다. 다만 굳이 우선순위를 나눈다면 로잔언약에 따라 복음전도가 우선적이 되어야 한다고 결론지었습니다.

끝으로 『복음과 성령충만』을 출간함에 있어서 저자가 보다 더 완전한 내용으로 만들고자 하여 많은 횟수에 걸쳐 수정한 바 있습니다. 이런 불편에도 불구하고 기꺼이 용납해 주신 CLC 사장님이신 박영호 목사님께 먼저 감사를 드립니다. 또한 무엇보다도 교재출간의 수정책임을 맡은 담당 간사님의 수고가 많았습니다. 하나님께 감사한 것은 담당 간사님이 『복음과 성령충만』교재를 수정하면서 은혜를 많이 받았다는 이야기를 들었습니다. 특히 명쾌하면서도 반복적으로 성령 하나님을 소개하여 그분을 갈망하게 만들었다는 신앙진술은 이 책의 저자로서 고무적인 것이었습니다. 앞으로 담당 간사님이 복음·기도·성령충만·전도로 답이 나오고 이 네 가지 체질로 만들어진 최고의 예수님 제자가 되기를 기원하는 바입니다.

예수는 그리스도 하나님의 아들. 예수님은 하나님의 아들 그리스도라는 증거로 죽은 자 가운데서 부활하셨습니다. 예수님은 지금 성령 안에서 우리와 함께 계시면서, 성령충만을 받으라고 명령하십니다. 성령의 권능 받아 그리스도 증인으로 살라고 명하십니다. 그러므로 우리 모두는 **복음체질·기도체질·성령충만체질·전도체질을 만들어 예수 그리스도의 제자로 살아야 합니다. 예수 그리스도**. 저에게는 항상 황홀한 이름이고, 제 생명이며, 저의 모든 것입니다. 모든 영광을 하나님과 그의 아들 예수 그리스도께 돌려 드립니다.

저자 임덕규

하나님의 아들 예수 그리스도로
답이 나오기 위한 복음공과

신구약을 관통하는
그리스도

임덕규 지음/ 신국판/ 352면/ 14,000원

본서는 신·구약성경을 관통하는 그리스도를 드러내어 신자들로 하여금 '예수가 하나님의 아들 그리스도'이심을 믿게 하고, 예수 그리스도로 말미암아 인생의 모든 문제의 해답을 얻도록 하는 목적으로 쓰여졌다. 그리스도 안에 모든 것이 다 있음을 확증시키고자 하는 것이다.

"인생 모든 문제의 해결자 되신 그리스도를 만나는 길"

인생 모든 문제의 해답 I, II, III

임덕규 지음/ 신국판/ 360, 368, 352면/ 10,000원

3권으로 엮어진 본서는 '인생의 문제 해결'이라는 큰 주제를 놓고 인생 각론의 구체적인 내용을 복음의 관점에서 다루고 있다.

복음과 성령충만(Ⅱ)
Fullness of the Holy Spirit through Jesus Christ(Ⅱ)

2011년 10월 11일 초판 발행

지은이 | 임 덕 규

펴낸곳 | 사)기독교문서선교회
등록 | 제16-25호(1980. 1. 18)
주소 | 서울시 서초구 방배동 983-2
전화 | 02) 586-8761~3(본사) 031) 923-8762~3(영업부)
팩스 | 02) 523-0131(본사) 031) 923-8761(영업부)
홈페이지 | www.clcbook.com
이메일 | clckor@gmail.com
온라인 | 국민은행 043-01-0379-646, 기업은행 073-000308-04-020
　　　　　예금주: 사)기독교문서선교회

ISBN 978-89-341-1150-4 (94230)
　　　 978-89-341-1151-1 (세트)
* 낙장·파본은 교환해 드립니다.